Alex Ian Psarski Cabral
Cristiane Helena de Paula Lima Cabral
Joel Gomes Moreira Filho
(organizadores)

ESTUDOS EM HOMENAGEM AO PROFESSOR MÁRIO LÚCIO QUINTÃO SOARES

EDITORA MERAKI

G633   Gomes Moreira Filho, Joel et al

Estudos em Homenagem ao Professor Mário Lúcio Quintão Soares/ Lima Cabral, Cristiane Helena de Paula; Gomes Moreira Filho, Joel; Psarski Cabral, Alex Ian. Andradina: Meraki, 2020.

Bibliografia

ISBN 978-65-88781-03-6

1. Teoria Geral do Estado. 2. Direito Constitucional. 3. Direito Internacional

1. Título

CDU – 342   CDD – 340.07

Sumário

APRESENTAÇÃO

Natural de Pirapora, Minas Gerais, Mário Lúcio Quintão Soares – ou apenas Professor Mário Quintão, como também é conhecido, é filho de Maria Marta Quintão e Carlos Frederico Soares.

Graduou-se em Direito pela Universidade Federal de Minas Gerais no ano de 1977. Fez mestrado e doutorado na mesma instituição.

Com uma linda história de amor pela academia foi professor da Escola de Contas Professor Pedro Aleixo do Tribunal de Contas do Estado de Minas Gerais, por dez anos. Atualmente é professor da Pontifícia Universidade Católica de Minas Gerais (PUC-MG) e consultor da Coordenação de Aperfeiçoamento de Pessoal de Nível Superior (CAPES).

Com uma trajetória marcante na defesa dos direitos fundamentais e da democracia, tornou-se um dos maiores nomes da advocacia mineira, tendo sido fundador e Primeiro Presidente da Subseção Pedro Leopoldo (MG) e conselheiro federal da Ordem dos Advogados do Brasil por doze anos.

O propósito da presente obra é mais do que render-lhe uma homenagem, é servir como estandarte de reconhecimento por toda a sua contribuição à educação e à justiça, ilustrando uma vida honrada e justa.

Entre os organizadores e outros tantos que o admiram e respeitam, há um consenso: não melhor maneira de homenagear o autor de obras de referência nas temáticas de Teoria Geral do Estado, Direito Constitucional e Direito Internacional, senão honrando a sua biografia com mais uma contribuição na área do Direito Público.

Esses estudos representam colegas da advocacia e da docência e milhares de alunos na graduação e na Pós Graduação. São apenas alguns artigos face à sua imensa obra.

Um "novo" propósito para a inovação: a pandemia que reinventou o Estado

> "(...) Por ser estreita a senda - eu não declino. Nem por pesada a mão que o mundo espalma; Eu sou dono e senhor de meu destino; Eu sou o comandante de minha alma". (Invictus. Henley, William E.)

Alex Ian Psarski Cabral[1]

Introdução

"Como é maravilhoso que ninguém precise esperar um minuto sequer antes de começar a melhorar o mundo". A frase no diário de Anne Frank, a garota judia de 13 anos cuja vida foi bruscamente interrompida durante o Holocausto em 1947 tem grande relação com os dias atuais.

A incapacidade de mudança no panorama dos direitos mais essenciais historicamente relegados pelos Estados e seus sucessivos ciclos pode ter um novo capítulo na humanidade com a pandemia do COVID-19. Nesse momento, a emergência do desenvolvimento, sobretudo em áreas como a saúde, a ciência e a tecnologia parece cada vez mais evidente.

Será que a inovação adquiriu um novo propósito no Estado Pós-Pandemia? Ou será que, na Revolução 4.0, o próprio Estado é que se reinventará? Inspirado por novas ferramentas, novos processos e novas idéias, o que este novo ciclo reservará à humanidade? Se iniciará, finalmente, na tragédia o processo de reconstrução do Estado?

Esses são os insights que compartilhamos nesse artigo. Sem praticar futurismo, confessamos toda a nossa realidade, o nosso

---

[1] Doutor em Direito Público Internacional. Mestre em Ciências Jurídico Internacionais. Advogado, Membro da Comissão de Direito Para Startups da OAB-MG. Professor Universitário.

otimismo e a nossa esperança.

Saga e Emergência do Desenvolvimento

No sistema da ONU, em matéria de direitos econômicos, sociais e culturais, nenhum documento jurídico é tão importante quanto o Pacto Internacional sobre Direitos Econômicos, Sociais e Culturais (PIDESC).

Aprovado pela Assembleia da ONU em 1966, o Pacto Internacional sobre Direitos Econômicos, Sociais e Culturais trouxe ao ambiente internacional uma importante discussão em torno dos direitos relativos à relação de trabalho, à saúde, previdência social, à educação e à cultura[2].

Não era a pretensão original da Carta das Nações Unidas fazer uma abordagem social a respeito do desenvolvimento. Essa referência se inicia na década de 60, com a menção à educação, saúde, trabalho, moradia, serviços sociais e previdência social à avaliação do funcionamento geral das sociedades.

No Sistema da ONU, o mais importante órgão responsável pela coordenação das atividades ligadas aos direitos econômicos e sociais é o Conselho Econômico e Social (ECOSOC). Previsto no capítulo X da Carta das Nações Unidas, a partir do artigo 61, o Conselho Econômico e Social compõe-se de Membros das Nações Unidas, eleitos pela Assembleia Geral (conforme artigo 61, nº 1)[3].

---

[2] O Brasil ratificou o PIDESC em 24 de janeiro de 1992, obrigando-se a promover e garantir todos os direitos promovidos no Pacto, tanto para adoção de políticas públicas e programas, quanto para promover ações compatíveis com sua efetivação para todos os seus cidadãos. BRASIL. Procuradoria Regional da República 4ª Região. **Pacto dos Direitos Civis, Econômicos e Sociais.** Disponível em http://www.prr4.mpf.gov.br/pesquisaPauloLeivas/index.php?pagina=PIDESC.

[3] Cfr. art. 61, 2. Conforme disposto no artigo 61, 3, "na primeira eleição a realizar-se depois de elevado de vinte e sete para cinquenta e quatro o número de Membros do Conselho Econômico e Social, além dos Membros que forem eleitos para substituir os nove Membros, cujo mandato expira no fim desse ano, serão eleitos outros vinte e sete Membros. O mandato de nove destes vinte e sete Membros suplementares assim eleitos expirará no fim de um ano e o de nove outros no fim de dois anos, de acordo com o que for determinado pela Assembleia Geral".ORGANIZAÇÃO DAS NAÇÕES UNIDAS. **Carta da ONU.**

Na década de 70, a ONU continuou a estipular metas, na forma de Resoluções, aprovadas pela Assembleia Geral, a exemplo da Resolução nº 2.626, que previa ações coordenadas voltadas ao desenvolvimento.

Naquele momento, a corrente liberal-democrática contestava o modelo industrial da América Latina, alertando para a necessidade de uma aliança entre desenvolvidos e subdesenvolvidos como alternativa à concentração de renda desse regime.

Contudo, naqueles anos 70, uma nova crise econômica travaria o ritmo de crescimentos dos países industrializados, caracterizando-se pela desvalorização do dólar americano, pela disparada no preço do petróleo nos países árabes e pela estagflação na Europa.

Nesse momento é que as diretrizes aventadas em Bretton Woods são definitivamente substituídas por um novo regime, o *Dólar Wall Street*. Nesse período, a disponibilização de crédito barato criou uma verdadeira armadilha para as nações subdesenvolvidas, que afundariam em dívidas após o novo choque do petróleo dar início uma nova crise econômica que marcaria a década de 80.

A Declaração sobre o Direito ao Desenvolvimento de 1986 escancarou a polarização entre os países-membros da ONU, divididos entre os subdesenvolvidos do Sul e os vizinhos ricos do Norte. Os primeiros reivindicavam o desenvolvimento como um direito, enquanto os outros negavam-lhe esse provimento, eximindo-se de qualquer responsabilidade.

Uma nova realidade vai se apresentar na década de 90, após a dissolução da URSS. Potências emergentes como o Japão irão compor, juntamente com os Estados Unidos e os Estados do Mercado Comum Europeu, uma ordem mundial multipolar, marcada pela influência de várias potências emergentes na economia mundial.

Na década de 1990, na Conferência Mundial Sobre os Direitos Humanos, Arjun Sengupta, especialista junto à Comissão dos Direitos Humanos das Nações Unidas, ressuscitou ideias da Filosofia Humanista de Direito Econômico. Uma delas baseava-se

---

Disponível em:http://www.planalto.gov.br/ccivil_03/decreto/1930-1949/d19841.htm.

na cooperação entre a comunidade internacional, as instituições financeiras internacionais e os Estados em desenvolvimento[4].

Com o intuito de debater as questões ligadas ao desenvolvimento social e ao bem-estar humano, no ano de 1995 foi realizada, em Copenhague, a Cúpula Mundial sobre Desenvolvimento Social. Efetivamente, foi o primeiro grande encontro internacional a respeito o tema do desenvolvimento social.

A Cúpula de Copenhague se desenha perante a realidade das desigualdades globais, especialmente sob a chaga da pobreza, do desemprego e da exclusão social que afetam todos os países no mundo. A ideia da Cúpula partiu do Chile, no ano de 1991, no âmbito do Conselho Econômico e Social da ONU. No ano seguinte, a anuência pela Assembleia Geral deu início ao processo preparatório para o evento.

Segundo J. A. Lindgren Alves (1997), a Cúpula Mundial sobre o Desenvolvimento Social foi cercada de contradições e circunstâncias paradoxais.

A primeira contradição reside no próprio momento de sua realização, em 1995, quando o neoliberalismo figurava como ideologia dominante ao redor do mundo. Tomado numa perspectiva social, o debate sobre o desenvolvimento se realizou quando, historicamente, se contestava o Estado Social em face do livre mercado.

A segunda contradição diz respeito à receptividade da ideia pelos Estados menos desenvolvidos. Isso porque a aceitação por parte dos países menos atingidos por problemas sociais foi mais célere do que pelos países menos desenvolvidos.

Conforme justifica J. A. Lindgren Alves, a nova ordem internacional, inaugurada no período pós-Guerra Fria, trouxe à tona conceitos polêmicos como "direito de ingerência", atribuído às grandes potencias, e "boa governança", utilizado contra como o desperdício de recursos e a corrupção, formulado na forma de uma crítica exclusivamente dirigida aos países do Terceiro Mundo.

---

[4]SENGUPTA, Arjun. "Fourth Report of the Independent Expert on the Right to Development". E/CN.4/2002/WG.18/2. 20 dez. 2001. Disponível em <http://www.unhchr.ch/Huridocda/Huridoca.nsf/TestFrame/42fb12931fb5b5 61c1256b60004abd37?Opendocument>.

Apenas após a superação dessas adversidades é que o chamado do Embaixador Juan Somavía para a realização da Cúpula Mundial sobre o Desenvolvimento Social foi aprovado, através da Resolução 47/92 da Assembleia Geral da ONU.

Como reconhecimento do pífio desempenho histórico das questões ligadas ao desenvolvimento durante a década de 90, numa verdadeira confissão de culpa, 124 Chefes de Estado e de Governo, reuníram-se, em 08 de setembro do ano 2000, na cidade Nova Iorque, para lançar as "Oito Metas do Milênio".

Adotada pelos Estados Membros através da Resolução 55/2 da Assembleia Geral da ONU, a difícil missão de promoção e realização dos *Objetivos de Desenvolvimento do Milênio* foi atribuída ao Conselho Econômico e Social.

Resgatando antigas metas estipuladas no âmbito do desenvolvimento internacional, a Declaração definiu um conjunto de novos objetivos, concretos, mensuráveis e interdependentes que os dirigentes dos países desenvolvidos e dos países em desenvolvimento se comprometeram a atingir até 2015.

Ligados à agenda de desenvolvimento da ONU, os Objetivos do Milênio representaram uma síntese de Convenções anteriores, ligadas ao desenvolvimento sustentável, educação, proteção das crianças, alimentação, e desenvolvimento social.

Ali os objetivos foram listados em números e prazos definidos, para a luta contra a pobreza extrema, a fome e a doença e para a promoção da igualdade de gênero, da educação e da sustentabilidade.

No ano de 2010, o então Secretário Geral da ONU Ban Ki-moon apresentou um Relatório, conforme a Resolução 64/184 da Assembleia Geral, contendo informações sobre os progressos e desafios em matéria de realização dos Objetivos de Desenvolvimento do Milênio[5].

No documento, o Secretário Geralfez uma análise minuciosa dos êxitos e lições aprendidas durante o primeiro decênio pós-

---

[5]ORGANIZAÇÃO DAS NAÇÕES UNIDAS. Assembleia Geral das Nações Unidas. **Cumprir a promessa: um balanço prospectivo tendo em vista promover um programa de acção concertado para a realização dos Objectivos de Desenvolvimento do Milénio até 2015.** Disponível em:<https://www.unric.org/pt/images/stories/keeping-the-promise-pt.pdf>

Declaração. Visando a elaboração de um plano estratégico de ações concretas, Ban Ki-moon também indicou as oportunidades, obstáculos e desafios na concretização desses objetivos[6].

Após os Objetivos de Desenvolvimento do Milênio (ODM), nomeadamente em setembro de 2015, durante a Cúpula de Desenvolvimento Sustentável de Nova York, as Nações Unidas definiram para os próximos quinze anos os chamados Objetivos de Desenvolvimento Sustentável (ODS).

Como parte de uma nova agenda para o desenvolvimento, os ODS foram elaborados a partir de contribuições de um grupo de trabalho da Assembleia Geral, de um relatório do comitê intergovernamental de especialistas em financiamento para o desenvolvimento sustentável, de diálogos da Assembleia Geral sobre facilitação tecnológica, entre outras contribuições[7].

Os novos Objetivos e metas da ONU entraram em vigor no dia 1º de janeiro de 2016 e, desde então, devem orientar as decisões dos Estados parte ao longo dos próximos quinze anos.

A Agenda 2030, como ficaram conhecidas essas novas metas da ONU, contempla um catálogo de dezessete objetivos de desenvolvimento sustentável e cento de 169 metas de alcance universal e interesse de toda a humanidade[8].

Ironicamente, o que testemunhamos nesse momento de pandemia, não deixa de figurar como uma espécie de ajuste de contas do sistema internacional com o seu próprio passado. Apesar de toda novidade que a pandemia representa, pouca coisa mudou na arquitetura das relações internacionais.

Ao contrário, enquanto os Estados regurgitam velhas práticas, as desigualdades ficam ainda mais evidentes entre nações

---

[6] Como pontos positivos, o Secretário Geral listou compromissos e parcerias inéditas, a exemplo da Conferência Internacional sobre Financiamento do Desenvolvimento, de 2002, em Monterrey, no México, a Convenção Mundial sobre Desenvolvimento Sustentável, de 2002, em Joanesburgo, na África do Sul, e a Cimeira Mundial de 2005, em Nova Iorque.

[7] Cfr. em ORGANIZAÇÃO DAS NAÇÕES UNIDAS. **Momentos de ação global para as pessoas e o planeta.**Disponível em: <https://nacoesunidas.org/pos2015/>

[8]Cfr. ORGANIZAÇÃO DAS NAÇÕES UNIDAS. **A Agenda 2030 para o desenvolvimento sustentável.** Disponível em: <https://nacoesunidas.org/wp-content/uploads/2015/10/agenda2030-pt-br.pdf>

desenvolvidas e nações em desenvolvimento. E, sob a chaga de um vírus devastador como o que hoje se apresenta, o sentido de desenvolvimento pautado na proteção a direitos fundamentais como o direito à saúde parece cada vez mais distante.

Tantas décadas depois, poucas das questões humanas mais relevantes foram efetivamente abordadas, nem mesmo pelos Estados mais desenvolvidos. É preciso admitir que, mesmo em temas mais sensíveis como a ciência e a tecnologia, a Agenda 2030 contempla objetivos cada vez mais complexos e audaciosos, devendo figurar como objetivo da ONU ainda durante muito tempo.

Se na sociedade internacional ainda remanescem inúmeras questões relacionadas ao desenvolvimento humano, por outro lado, a pandemia contribuiu para que algumas soluções se tornassem ainda mais evidentes ao Estado.

Quando se trata de direitos essenciais, tais como saúde, por exemplo, um novo modelo de desenvolvimento estatal se assenta necessariamente em pilares como a ciência e tecnologia. Ou seja, precisamos falar de inovação.

Sobre Ferramentas, Processos e Ideias

Inovação é criar uma solução nova para um problema pré-existente. Diz respeito ao uso de novas ferramentas, novos processos ou novas ideias, diferentes daquilo que ordinariamente costumam ser utilizados.

A inovação não está necessariamente associada ao emprego de tecnologia. A Singularity, uma parceria da Nasa com a Google na área da educação, refere-se, no módulo 5 do seu currículo do futuro, à expressão "exposição à tecnologia". A tecnologia é, assim, apenas a *ferramenta* e a questão é que a ferramenta pode ser uma solução, mas também pode ser "o problema".

Um exemplo para ilustrar. No Brasil, o cidadão deve registrar-se, fazendo jus a um número próprio de Registro Geral, o RG. Sucede que, cada unidade federativa – Estado Membros e Distrito Federal – possui um registro diferente. Por exemplo, no Estado de Minas Gerais, a sigla do Estado (MG) antecede o número do Registro Geral (RG), mas no Estado da Bahia não. Ou seja, isso cada indivíduo pode ter acesso a vinte e sete combinações de números de registro geral (RG) diferentes! Esse é um problema de *ferramenta*!

Tão importante quanto a ferramenta são os processos. Quando nos referimos ao "processo", não aludimos ao processo judicial, especificamente. Fazemos referência aos procedimentos que realizamos para resolver a maioria dos problemas do cotidiano, semelhante às etapas de um projeto, como denominam os ambientes corporativos mais modernos.

Ilustremos. Após a suspensão dos prazos processuais, restrição de atendimento em razão do COVID-19, o Tribunal de Justiça de Minas Gerais entrou em recesso de Páscoa. O cartório distribuidor de protestos informou que o encaminhamento dos documentos ocorreria apenas através dos Correios. Quando solicitado, o próprio cartório confirmou que os documentos deixados pelos Correios seriam recebidos na portaria, tal como ocorreria se o próprio advogado os deixasse lá. Ora, então não há porque restringir as entregas aos Correios! Esse é um problema de processo.

Aqui é preciso ressuscitar um dispositivo constitucional que, aparentemente, foi tomado pela obsolescência. Obsolescência, vale dizer, é a condição de algo que, mesmo estando em perfeito estado, simplesmente deixou de ser útil, tendo sido superado por algo mais moderno ou tecnologicamente mais avançado.

Muito pelo contrário. O aprendizado no período da pandemia demonstrou que o art. 37 da Constituição de 1988[9] é cada vez mais atual. O caput do dispositivo traz a eficiência como um valor constitucional que deve, necessariamente, orientar a administração pública, impondo a presteza, agilidade e economia na atuação do Estado.

Presteza é atuar com o que há de melhor, mais moderno e com o máximo de habilidade possível. Daí que, no campo do desenvolvimento, um novo olhar para as pequenas e médias

---

[9] Segundo a constituição de 1988, "A administração pública direta e indireta de qualquer dos Poderes da União, dos Estados, do Distrito Federal e dos Municípios obedecerá aos princípios de legalidade, impessoalidade, moralidade, publicidade e **eficiência** e, também, ao seguinte: (...)" (Vide Artigo 37, caput da Constituição de 1988)

empresas, por exemplo, sobretudo aquelas de inovação e base tecnológica, deve deixar ser uma questão exclusivamente econômica, tornando-se verdadeira questão de natureza social.

Afinal, cotidianamente, essas empresas têm demonstrado imensa criatividade e resiliência para resolver os problemas humanos. Em termos qualitativos, não há, no Brasil, segmento que tenha apresentado melhores resultados, nomeadamente nas condições às quais têm sido ordinariamente submetidas essas pequenas e médias empresas.

Uma segunda condição de eficiência é a agilidade. Agilidade é otimizar o tempo, o que significa, na interpretação do artigo 37, caput, da Constituição de 1988 a necessidade de seu aproveitamento máximo em proveito do interesse público.

Na Revolução 4.0, CPF, RG e CNH e outras tantas siglas, poderiam ser reduzidos a um único número. Até mesmo nas questões mais simples do Estado como a vacinação, por exemplo, são imensas as dificuldades no cruzamento das informações relativas a tantas siglas e tantos documentos, sobretudo quando remetem a bases de dados tão diversas.

E não é só isso. Um novo olhar sobre ciência de dados pelos poderes públicos é garantir o acesso à informação no seu sentido mais amplo, na exata forma prescrita pelo artigo 5º, inciso e, medir melhor as características de cada um, é devolver ao indivíduo, a sua cidadania.

O acesso à informação, vale lembrar, compreende o direito subjetivo que pode ser exercido judicial ou administrativamente, de informar, informar-se e ser informado. Ou seja, não se restringe apenas a transmitir informações pelos meios de comunicação (art. 220, caput da Constituição de 1988[10]), inclui também o direito de receber informações completas (art. 5, inciso XXXIII CF/88[11]) e

---

[10] Segundo o disposto no art. 220, caput da CR/88, "A manifestação do pensamento, a criação, a expressão e a informação, sob qualquer forma, processo ou veículo não sofrerão qualquer restrição, observado o disposto nesta Constituição".

11 Assim dispõe o art. 5º inciso XXXIII da CR/88 "todos têm direito a receber dos órgãos públicos informações de seu interesse particular, ou de interesse coletivo ou geral, que serão prestadas no prazo da lei, sob pena de responsabilidade, ressalvadas aquelas cujo sigilo seja imprescindível à segurança da sociedade e do Estado'';

sem obstáculos (art. 5, inciso XIV CF/88[12]).

Muito interessante, nesse sentido o art. 5º da Lei de acesso à Informação nº 12.527/2011, segundo o qual é *"dever do Estado garantir o direito de acesso à informação, que será franqueada, mediante procedimentos objetivos e ágeis, de forma transparente, clara e em linguagem de fácil compreensão"*.

A ausência de um banco de dados seguro e unificado que gera insegurança nas informações sobre a pandemia, eleva a ciência de dados no setor público à condição de verdadeira garantia ao exercício dos direitos fundamentais.

Finalmente, o conceito de eficiência também tem o significado de economia. E economia é gastar o mínimo necessário. Aqui, a resposta estatal não pode ser a insegurança jurídica com a qual nos acostumamos no Estado Pré-Pandemia. Tampouco o que tanto se tem evidenciado quanto ao imenso poder dos gestores estaduais e municipais no processo de compras já durante o período pandêmico.

Já existem diplomas legais suficientes para garantir a responsabilidade econômica do gestor público, a exemplo da conhecida Lei Complementar nº 101, a Lei de Responsabilidade Fiscal, de maio de 2004.

A solução, nesse caso, passa necessariamente pelo fortalecimento das instituições e mecanismos de controle, no âmbito consultivo e fiscalizatório. O momento de crise só demonstra que o alinhamento entre os órgãos de controle é imprescindível para tomada de decisões dos gestores municipais e estaduais.Nada que já não exista nas melhores práticas da iniciativa privada, como por exemplo, nas metodologias ágeis. Surgidas na indústria de Tecnologia da Informação para solucionar questões comuns a quase toda organização, as metodologias ágeis podem se aplicar a quaisquer projetos. Porque tratam de problemas comuns a qualquer organização: administração do tempo e falta de comunicação entre os times.

A tecnologia do processo judicial eletrônico foi eficiente na digitalização das ações, reduzindo significativamente o uso do papel

---

12 XIV - é assegurado a todos o acesso à informação e resguardado o sigilo da fonte, quando necessário ao exercício profissional;

no Judiciário. Contudo, não resolveu o seu principal desafio, que sempre foi garantir a duração razoável do processo e a celeridade de sua tramitação (art. 5º, inciso LXXVIII).

Esse é um problema de ideia.

Conclusão

Não há um "novo propósito" para a inovação na Era Pós-COVID-19. A inovação mantém o seu propósito de enfrentar os grandes desafios do mundo para criar um futuro abundante para todos. Por outro lado, devemos assistir – isso sim – ao nascimento de um novo modelo de Estado, Pós-Pandemia.

Conforme já apontaram Strauss e Howe[13] história se move em "estações". Nas teorias da mudança geracional, a história é marcada por períodos de crise que levam a novas ordens sociais. O medo faz a sociedade aperfeiçoar o seu senso de comunidade e um outro ciclo geracional se inicia, estabelecendo uma nova ordem cívica.

Assim como o carvão e o vapor inauguraram a Primeira Revolução Industrial, o petróleo e a telefonia deram início à Segunda Revolução Industrial e a tecnologia marcou a Terceira Revolução Industrial. Mas são as energias renováveis e a inteligência artificial que definirão os novos padrões do Estado na chamada Revolução 4.0.

Nas relações internacionais, a invisibilidade do inimigo e face à ascensão do perigo que reconhece fronteiras estatais, assistimos a um fenômeno inverso ao da globalização, o fechamento das fronteiras pareceram até indicar o renascimento da soberania nacional.

Desde 1920, Hans Kelsen acreditava que o conceito de soberania deveria ser radicalmente mudado. Dizia ele, *"é esta a revolução da consciência cultural da qual necessitamos em primeiro"*[14]. Esse

---

13 Estep, James Riley. The Fourth Turning: An American Prophecy, William Strauss, Neil Howe. Leaven: Vol. 7: Iss. 2, Article 17. 1999. Disponível em: http://digitalcommons.pepperdine.edu/leaven/vol7/iss2/17

14 KELSEN, Hans. *Il problema della sovranità e La teoria Del diritto Internazionale. Contributo per una dottrina pura del diritto* (O problema da soberania e a teoria do

modelo era diferente do modelo de poder, nascido e inspirado no século XII, que até pode ter sido útil nos tempos medievais, quando a soberania do monarca era pressuposto da lei e da ordem.

No entanto, é preciso registrar que, levado ao extremo, tal conceito ensejou as duas maiores catástrofes bélicas que o mundo conheceu. E apenas após o massacre das duas Grandes Guerras mundiais é que a Europa resignou-se, aceitando rediscutir a soberania nacional e considerar um modelo de poderes supranacionais.

Nesse momento, é emblemática a sugestão do italiano Luigi Ferrajoli em torno de um movimento que propõe uma Constituição global para toda a raça humana. Em um mundo que reproduz cada vez mais a desigualdade nacional na distribuição das riquezas entre Estados pobres e ricos, é natural que haja uma crescente de questionamentos a respeito da interdependência dos Estados.

Embora as soluções para todos os problemas globais dependam, essencialmente, da sobrevivência da humanidade, a pandemia demonstrou que eles não se incluem na agenda política dos governos nacionais. Por isso, Ferrajoli defende que esse é o momento certo para estabelecer um referencial de proteção em temas como a igualdade e a saúde, tendo como sujeito constituinte os habitantes do mundo[15].

As primeiras remissões à ideia de igualdade entre os indivíduos remetem à Igreja, especificamente ao Cristianismo. Com grande destaque na civilização Ocidental a partir do Século IV, a igreja concebia a assembleia como a comunidade de todos os cristãos. Além disso, a convergência dos princípios cristãos em torno da unidade da Igreja conduzia igualmente à unidade política, ao *Estado Universal* – o Império da Cristandade.

Ao disseminar a ideia de igualdade entre os homens, foi também o cristianismo que trouxe a aspiração à universalidade. Na Carta Encíclica do Papa João XXIII *"Pacem in Terris"*, de abril de 1963, todos os seremos humanos têm direito: à existência, à integridade física, aos recursos

---

direito internacional. Contribuição para uma doutrina pura do direito), 1920, trad. Italiana de A. Carrino, Giuffré, Milão, 1989, p.469.
[15] FERRAJOLI, Luigi. Constitucionalismo más allá del Estado. Trad. Perfecto Andrés Ibáñez, Trotta, Madrid, 2018.

correspondentes a um digno padrão de vida: tais são especialmente o alimento, o vestuário, a moradia, o repouso, a assistência sanitária, os serviços sociais indispensáveis".

Por outro lado, como obstáculo a esse dimensionamento jusnaturalista universalista de direitos, os mais céticos invocam o histórico funcionalista da integração européia, relembrando a tentativa frustrada de uma constituição européia, através do tratado assinado em Roma, em 29 de Novembro de 2004, estabelecendo uma Constituição para a Europa.

A Convenção sobre o futuro da Europa resultou, após dezesseis meses de trabalho, na primeira versão do *"Tratado Constitucional"*, que chegou a ser adotado pelo consenso de cento e cinco membros, no dia 13 de junho de 2003.

O tratado Constitucional do ano de 2004 proporcionaria a fusão dos tratados comunitários num texto único e a transformação das Comunidades numa única entidade, dotada de personalidade jurídica, a União Europeia. Além disso, definiria maior transparência na repartição de competências entre a União e os Estados; promovia a inclusão da Carta Europeia dos Direitos Fundamentais, tornando-a vinculativa; além de ampliar o sistema de voto por maioria qualificada a quarenta e quatro novos domínios.

Sucede que, para que entrasse em vigor em 01 de novembro de 2006 o Tratado ainda dependeria da ratificação de todos os Estados Membros da União Européia. E, esbarrando na resistência da França e dos Países Baixos, que temiam perda da soberania, o Tratado Constitucional não prosperou.

Contudo, mesmo com toda a experiência e a prudência, o projeto europeu acabou resultando, anos mais tarde, na grandiosa União Europeia. Assinado em Portugal, em 13 de Dezembro de 2007, o Tratado de Lisboa trouxe centenas de inovações tanto ao Tratado da União Europeia quanto ao Tratado sobre o funcionamento da União Europeia.

O fato é que, seja no viés integracionista mais cético ou entusiasta, a pandemia demonstrou que o Estado precisa evoluir, como bem defende Wagner Menezes, para além da perspectiva de um Estado de "bem-estar", rumo a um Estado de "responsabilidade social" [16].

E isso não significa pensar num Estado Mundial, como simplificam alguns. Mas aprender com a tragédia que existem valores comuns à raça humana, insuscetíveis às discricionariedades dos governos e que podem, e devem, constituir o *core* essencial de todas as políticas públicas.

É inadmissível que ciência continue a prestar mais serviço à guerra do que à saúde humana. O desenvolvimento econômico deve continuar a ser um dos pilares do Estado, mas as políticas públicas devem demonstrar outras prioridades para ao capital privado.

Na reconstrução do Estado Pós-crise, o governos provavelmente assumirão um novo nacionalismo, pautado na eficiência energética e automatizado pelo uso de softwares e tecnologias regulatórias[17].

Nesse novo Estado, a internet das coisas serve cada vez mais ao big data, que substituiu sistemas tradicionais na coleta e análise de dados exponenciais. E esses dados, por sua vez, são cada vez mais convertidos pela Inteligência Artificial, chegando a todos os cantos da sociedade.

No contexto de uma reconstrução pós-crise, os cidadãos poderão expandir a sociedade digital criativa, liberados da escravidão econômica pela automação e pela garantia dos bens jurídicos fundamentais universais.

Além da modernização da infra-estrutura, o renascimento digital encontrará o Estado transformado pela inteligência artificial e aprendizado das máquinas, definindo novos processos de gerenciamento de decisões e incorporando-se, definitivamente, a ciência de dados ao cotidiano governamental.

Em economias desenvolvidas, dados médicos e de saúde já servem efetivamente a um sistema universal de saúde. Estados como o Japão, por exemplo, desenvolveram um ambiente

---

[16] MENEZES, Wagner. Scientia Vincit Omnia. Disponível em: https://politica.estadao.com.br/blogs/fausto-macedo/scientia-vincit-omnia/
[17] ARAYA, Daniel. **O que vem após a pandemia? Especialistas apostam no Renascimento Digital.** Disponível em: https://forbes.com.br/colunas/2020/04/o-que-vem-apos-a-pandemia-especialistas-apostam-no-renascimento-digital/

extremamente rico em dados brutos reais, o que é extremamente útil para a atual economia de mercado e para a indústria[18].

Esqueçam as distopias das sociedades imaginárias controladas pelo Estado ou pelas máquinas. Ao contrário dos filmes, o futuro não favorecerá a políticas públicas totalitárias, conduzidas por uma minoria.

Ao contrário, no novo modelo de organização social da Sociedade 5.0, como no caso japonês, a vida das pessoas deve se tornar cada vez mais confortável e sustentável. Com a inteligência artificial, a ascensão das máquinas lutará contra a privação extrema e a corrupção, oferecendo soluções tecnológicas com foco no bem estar humano, na qualidade de vida e resolução dos problemas sociais[19].

E o desafio do "novo Estado" é reinventar-se, a partir da disrupção dos modelos mentais do passado na construção novas estruturas sociais. É preciso repensar a "globalização desenfreada" sem, contudo, ceder à tentação do isolacionismo em torno da construção de um novo multilateralismo.

Referências

ARAYA, Daniel. **O que vem após a pandemia? Especialistas apostam no Renascimento Digital.** Disponível em: <https://forbes.com.br/colunas/2020/04/o-que-vem-apos-a-pandemia-especialistas-apostam-no-renascimento-digital/>.

BRASIL. Procuradoria Regional da República 4ª Região. **Pacto dos Direitos Civis, Econômicos e Sociais.** Disponível em http://www.prr4.mpf.gov.br/pesquisaPauloLeivas/index.php?pagina=PIDESC.

ESTEP, James Riley. The Fourth Turning: An American Prophecy, William Strauss, Neil Howe. Leaven: Vol. 7: Iss. 2, Article 17.

---

[18] FUKUYAMA. Mayumi. **Society 5.0: Aiming for a New Human-Centered Society.** Disponível em: https://www.jef.or.jp/journal/pdf/220th_Special_Article_02.pdf
[19]Disponível em: https://www.japan.go.jp/abenomics/_userdata/abenomics/pdf/society_5.0.pdf

1999. Disponível em: http://digitalcommons.pepperdine.edu/leaven/vol7/iss2/17

FERRAJOLI, Luigi. **Constitucionalismo más allá del Estado**. Trad. Perfecto Andrés Ibáñez, Trotta, Madrid, 2018.

FUKUYAMA. Mayumi. **Society 5.0: Aiming for a New Human-Centered Society.** Disponível em: https://www.jef.or.jp/journal/pdf/220th_Special_Article_02.pdf

________. *Dicionário de termos europeus*. Lisboa: Alêtheia Editores, 2005.

KELSEN, Hans. *Il problema della sovranità e La teoria Del diritto Internazionale. Contributo per una dottrina pura del diritto* (O problema da soberania e a teoria do direito internacional. Contribuição para uma doutrina pura do direito), 1920, trad. Italiana de A. Carrino, Giuffré, Milão, 1989.

MENEZES, Wagner. Scientia Vincit Omnia. Disponível em: https://politica.estadao.com.br/blogs/fausto-macedo/scientia-vincit-omnia/

ORGANIZAÇÃO DAS NAÇÕES UNIDAS. **A Agenda 2030 para o desenvolvimento sustentável.** Disponível em: <https://nacoesunidas.org/wp-content/uploads/2015/10/agenda2030-pt-br.pdf>

ORGANIZAÇÃO DAS NAÇÕES UNIDAS. Assembleia Geral das Nações Unidas. **Cumprir a promessa: um balanço prospectivo tendo em vista promover um programa de acção concertado para a realização dos Objectivos de Desenvolvimento do Milénio até 2015.** Disponível em:<https://www.unric.org/pt/images/stories/keeping-the-promise-pt.pdf>

ORGANIZAÇÃO DAS NAÇÕES UNIDAS. **Carta da ONU.** Disponível em:http://www.planalto.gov.br/ccivil_03/decreto/1930-1949/d19841.htm.

ORGANIZAÇÃO DAS NAÇÕES UNIDAS. **Momentos de ação global para as pessoas e o planeta.**Disponível em: <https://nacoesunidas.org/pos2015/>

SENGUPTA, Arjun. "Fourth Report of the Independent Expert on the Right to Development". E/CN.4/2002/WG.18/2. 20 dez. 2001. Disponível em <http://www.unhchr.ch/Huridocda/Huridoca.nsf/TestFrame/42fb12931fb5b561c1256b60004abd37?Opendocument>.

Tortura: A institucionalização da tortura através de penas cruéis, desumanas e degradantes no período da Ditadura Militar Brasileira como violação à Declaração Universal dos Direitos Humanos

André Vicente Leite de Freitas[1]

O sacrifício e os atos de expiação, instituídos pelas religiões, tinham o papel de atenuar a violência, e que as sociedades arcaicas o exerciam permanentemente, através das vítimas expiatórias, os *pharmakós*. René Girard, *A violência e o Sagrado* (1990).

Introdução

Tortura é crime, proibida pela Constituição Federal de 1988 e tipificada na Lei brasileira nº 9.455 de 1997, mas como salienta a pesquisadora Maria Victoria de Mesquita Benevides Soares, tortura é uma herança maldita, tornando-se comum no Brasil desde sempre. E a mesma reafirmar que "essa prática nefanda, verdadeira herança maldita, trazida pelos portugueses "educados" nos

---

[1] Professor de Graduação do Curso de Direito, nas unidades Contagem e São Gabriel da Pontifícia Universidade Católica de Minas Gerais; Professor de Pós-Graduação na disciplina Direito Processo Civil: Conhecimento, Execução, Tutelas de Urgência e Cautela pelo IEC, na unidade Praça da Liberdade da Pontifícia Universidade Católica de Minas Gerais; Professor de Pós-Graduação na disciplina Direito Processo Civil: Processo de Conhecimento pelo IEC, na unidade Barreiro da Pontifícia Universidade Católica de Minas Gerais; Graduado em Direito pela Pontifícia Universidade Católica de Minas Gerais; Advogado; Relator nomeado da Comissão de Ética e Disciplina da Ordem dos Advogados do Brasil Seção Minas Gerais; Graduando em História (Licenciatura) pela UNIFRAN - Universidade de Franca; Pós-graduado lato sensu em Direito Processual pela Universidade Gama Filho - UGF; Pós-graduado lato sensu em Educação Inclusiva pela Universidade Cruzeiro do Sul; Mestre e Doutor em Direito Público (Direitos Humanos, Processos de Integração e Constitucionalização do Direito Internacional) pela PUCMinas e Pós-Doutor em Direito Público (Democracia, Constituição e Internacionalização) pela Pontifícia Universidade Católica de Minas Gerais (PUCMinas)

métodos da dita sagrada Inquisição, permanece até hoje" (BENEVIDES, 2010, p. 21), evoluindo desgraçadamente em ciclos históricos, passando pelo período colonial brasileiro, período Imperial, pela República, pela ditadura militar e desafogando nos chamados Estados Nacionais de Direito anômalos, imperfeitos, regidos por governos plurifacetados, governos nefastos.

Para descortinar a tortura é necessário primeiramente saber entende-la em seu aspecto funcional, pois tortura é uma prática terrível que envolve três coadjuvantes: o torturador, a vítima torturada e a sociedade que pode ser conivente ou que simplesmente é permissiva, tolerante. E que a tortura se divide em experiências de praticas rotineiras de sanções, ou seja, o uso da tortura como punição violenta a uma desobediência ou como um método de repressão, humilhação e de busca às informações através da aplicação do terror.

O francês Michel Foucault (1926-84) em *Vigiar e punir: nascimento da prisão* descreve que o Estado é opressor, tirano, mas em nome da figura única e absoluta como "defensor da sociedade contra o inimigo", autoriza a esse Estado no dever de prender esse "inimigo", de torturá-lo e elimina-lo da própria sociedade, mas sempre em nome da defesa da própria sociedade, mas esse mesmo Estado opressor esquece de que o "preso, torturado, eliminado" é a própria sociedade, cujo Estado Tirado a classifica como inimiga, traidora, passível de sofrer as mais severas das punições:

> Efetivamente a infração lança o indivíduo contra todo o corpo social; a sociedade tem o direito de se levantar em peso contra ele, para puni-lo. Luta desigual: de um só lado todas as forças, todo o poder, todos os direitos. E tem mesmo que ser assim, pois aí está representada a defesa de cada um. Constitui-se assim um formidável direito de punir, pois o infrator torna-se o inimigo comum. Até mesmo pior que um inimigo, é um traidor, pois ele desfere seus golpes dentro da sociedade. Um "monstro". Sobre ele, como não teria a sociedade um direito absoluto? Como a deixaria de pedir sua supressão pura e simples? E se é verdade que o princípio dos castigos deve estar subscrito no pacto, não é necessária, logicamente, que cada cidadão aceite a pena extrema para aqueles dentre eles que os atacam como organização? Todo malfeitor, atacando o direito social, torna-se, por seus crimes, rebelde e traidor da pátria; a conservação do Estado é então incompatível com a sua; um dos dois tem que perecer, e, quando se faz perecer o culpado, é menos como cidadão que como

inimigo. O direito de punir deslocou-se da vingança do soberano à defesa da sociedade. Mas ele se encontra então recomposto com elementos tão forte, que se torna quase mais terrível. O malfeitor foi arrancado a uma ameaça, por natureza, excessiva, mas é exposto a uma pena que não se vê o que pudesse limitar. Volta de um terrível superpoder. E necessidade de colocar um princípio de moderação ao poder do castigo. Quem não tem arrepios de horror ao ver na história tantos tormentos horríveis e inúteis, inventados e usados friamente por monstros que se davam o nome de sábios? [Ou ainda]: As leis me chamam para o castigo do maior dos crimes. Vou com todo o furor que ele me inspirou. Mas como? Meu furor ainda o ultrapassa... Deus que imprimistes em nossos corações a aversão à dor por nós mesmos e nossos semelhantes, são então esses seres que criastes tão fracos e sensíveis que inventaram suplícios tão bárbaros, tão refinados? (FOUCAULT, 1999, pp. 110-111)

Dos conceitos que compõem a tortura tem se que "é uma intervenção física de um indivíduo ou grupo contra outro indivíduo ou grupo" (BOBBIO; MATTEUCCI; PASQUINO, 1998, p. 1291), contudo há que se ressaltar nesse conceito existe a figura da "violência", que é a intervenção do torturador que mutila, humilha, invade a alma, o íntimo de sua vitima e que para o filósofo político, historiador do pensamento político professor Noberto Bobbio produz finalidades, funções e resultados distintos:

Entre os sistemas políticos de nosso conhecimento, a Violência tem o papel mais importante entre os que a empregam, não somente para punir, de maneira preestabelecida, as condutas desviantes, mas também semear o terror.

A Violência que alimenta uma situação de terror se distingue da Violência que sustenta a eficácia continuativa de um poder coercitivo porque esta é mensurada e previsível e aquela incomensurável e imprevisível. No caso do simples poder coercitivo, a Violência punitiva atinge as condutas desviantes que foram determinadas com antecipação e as castiga com intervenções físicas, cujo valor é também preestabelecido e medido conforme a gravidade da desobediência. Este tipo de Violência provoca na população um temor racional e permite o cálculo dos custos dos comportamentos de desobediência. No caso do terror, ao contrário, a Violência atinge por acaso comportamentos não prefixados, nos quais se manifesta, ou pretende manifestar-se, também de maneira mais indireta e mais incerta, uma crítica ou uma oposição (BOBBIO; MATTEUCCI; PASQUINO, 1998, p.

1294).

Com isso observa-se que é muito mais comum, principalmente na América Latina, nos períodos ditatoriais; com no Uruguai (1967-72), na Argentina (1976-83), no Chile (1973-90) e no Brasil (1964-85) o uso da "violência" como tortura não apenas para eliminar ou destruir os adversários políticos, onde muitos foram perseguidos por suas convicções ou por sua militância política, mas para também "dominar sua resistência", sua ideologia política ou social e sua vontade principalmente, como se fosse uma neutralização introspectiva do militante, com o intento de quebrar sua resistência e de extorquir-lhe os nomes dos companheiros de luta.

Relembrando que esse foi um procedimento muito comum de violência praticada no período da ditadura brasileira, ou seja, o uso da tortura institucionalizada, da violência dominadora, extrativa do Estado ditador, golpista, monocrático, pois esse período é caracterizado pelo fato de que a violência foi monopolizada apenas por uma das partes coadjuvantes, transformando num enorme sistema repressor por excelência, articulado organicamente pela Policia Federal, DOPS estaduais, os centros de inteligência das armadas como a *Cenimar (Marinha),* a *Cisa (Aeronáutica)* e o *Cie (Exército),* bem como a EMFA, Estado Maior das Forças Armadas (ARQUIDIOCESE DE SÃO PAULO, 2011), que emprega a violência da tortura contra a outra parte indefesa, o torturado, o considerado "inimigo interno", figura idealizado pela famigerada Lei de Segurança Nacional, cuja doutrina inventava está numa guerra permanente.

Assim será estudada neste trabalho, na forma de análise de documentos oficiais e de bibliografia especializada, que durante a maior parte do regime militar; especialmente na pior fase que foi após o AI-5, período em que o País literalmente mergulhou nas trevas da exceção e do arbítrio, porém com uma "falsa legalidade" como assevera Prof. Dr. Mário Lúcio Quintão Soares de que "no Ato Institucional n°. 5, de 13 de dezembro de 1968, que tornou a ordem constitucional mais autocrática[2], complementada por atos

---

[2] Salienta professor Dr. Mario Lucio Quintão Soares que "autocrata emerge como chefe da nação ameaçada, recorrendo à solução autoritária: a arbitrariedade silencia a lei, através do consenso ou da imposição de um sistema centralizado, acoplado a um novo direito estatal ajustado às suas necessidades de preservação no poder, cuja eficácia descansa unicamente no temor do poder coercitivo. Por intermédio

complementares e decretos-leis, que foram constitucionalizados pela Emenda Constitucional n°. 1, de 17 de outubro de 1969" (SOARES, 2001, p. 461); foi se formando um verdadeiro Estado de terror, onde milhares de pessoas foram presas ilegalmente, extorquidas, assassinadas e torturadas através de vários métodos cruéis, desumanos ou degradantes, por razões políticas, desde militância armada até por simples "delitos de opinião".

Tais acontecimentos desrespeitaram completamente no que está inscrito, na própria Declaração Universal dos Direitos Humanos em seu artigo 5°, proclamada em 1948 pela Assembléia Geral das Nações Unidas, nos precisos termos de que "ninguém será submetido à tortura, nem a tratamento ou castigo cruel, desumano ou degradante" (PAGLIUCA, 2010, p.144).

Contudo, apesar de explicitamente condenada pelo artigo 5° da Declaração Universal dos Direitos Humanos de 1948, a tortura no período da ditadura militar foi institucionalizada, usada como meio violento de repressão política, assim a tortura para os militares golpistas não passava de uma "técnica de luta", como se fosse uma simples ferramenta (arma) militar em tempos de guerra, sem pudor ético e moral, pois torturar, apesar de ser prática atroz contra o ser humano, só veio a ser definida juridicamente no final do século XX, com a aprovação pelas Nações Unidas, em 1984, da Convenção Internacional contra a Tortura e Outras Penas ou Tratamentos Cruéis, Desumanos e Degradantes. Eis a definição, constante do art. 1°, alínea 1, dessa Convenção, ratificada e promulgada pelo Brasil em 1991:

> "O termo tortura designa qualquer ato pelo qual dores ou sofrimentos agudos, físicos ou mentais, são infligidos intencionalmente a uma pessoa a fim de obter, dela ou de uma terceira pessoa, informações ou confissões; de castigá-la por ato que ela ou uma terceira pessoa tenha cometido, ou seja, suspeita de ter cometido; de intimidar ou coagir esta pessoa ou outras

---

do monopólio dos meios de comunicação de massas e do aparelho ideológico da educação, controla-se fisicamente a população, logrando que o povo internalize os novos valores ideológicos da nação. Há a deificação do autocrata, eufemizada como culto à personalidade. O terror torna-se a legalidade, em nome de uma ideologia. Tudo, sob as rédeas curtas da paranóia transformadas em seu produto final lógico. Stalin, por exemplo, era um autocrata de ferocidade, crueldade e ausência de escrúpulos excepcionais que soube manipular o terror como ninguém" (SOARES, 2001, p. 330).

pessoas; ou por qualquer motivo baseado em discriminação de qualquer natureza, quando tais dores ou sofrimentos são infligidos por um funcionário público ou outra pessoa no exercício de funções públicas, ou por sua instigação, ou com o seu consentimento ou aquiescência."

Ressaltando que nossa Constituição Federal de 05 de outubro de 1988 é expressa em repudiar a prática da tortura e penas degradantes, desumanas ou cruéis, explicitada no artigo 5°, incisos III, XLIII e XLVII, bem como em proteger a integridade física e moral do preso, garantido no art. 5°, inciso XLIX da Carta Magna.

Os Apontamentos Históricos sobre a Tortura e sua Aplicação no Contexto da Ditadura Brasileira

A prática da tortura veio como verdadeira herança maldita, trazida pelos portugueses colonizadores, chamados de "conquistadores do mundo civilizado", expressão indutiva usada pelo filósofo Enrique Dussel em sua obra *1492: o encobrimento do outro. A origem do "mito da modernidade"*, os quais usavam a tortura do exilio como método de colonização e de punição ao mesmo tempo, narrativa descrita por Geraldo Pieroni, que esclarece muito bem sobre os sentimentos daquele que desembarcavam no Brasil no século XVI, para cumprir penas de degredo, "muitos deles não pensavam senão em retornará pátria. Arquitetavam os seus planos para conseguirem a clemência dos juizes da lê. Lamentavam sofrimentos, doenças e misérias encontradas no Brasil. Pagavam seus crimes na Colônia e ansiavam por retornara Metrópole" (PIERONI, 1997, p. 29).

Conforme descrito por Pieroni em *Os excluídos do Reino: A Inquisição Portuguesa e o degredo para o Brasil - Colônia*, a tortura era ferramenta de manutenção da ordem religiosa, que era foi feita através da correção dos delinqüentes pecadores, pelos juizes do Tribunal da Fé, "no dia 23 de maio de 1536, a Inquisição recebeu autorização para funcionar em Portugal e, em 1540, realizou-se a primeira cerimônia pública do auto-da-fé em Lisboa" (PIERONI, 1997, p. 23).

> Nessa época, o motivo essencial que justificava a punição daqueles que infringia a lei divina, era a salvação de suas almas, mesmo que para isso fosse necessário excluí-los do corpo social da mesma

maneira que se separa a erva daninha do bom grão de trigo Para reintegrará sociedade católica uma minoria dissidente, a Inquisição do Santo Oficio, com extrema vigilância, recorreu ao castigo e à catequização: meios pedagógicos da reintegração social e religiosa. Os excluídos do Remo: Inquisição Portuguesa e o degredo para o Brasil (século XVII). Neste título aparecem imediatamente: a exclusão social; a Inquisição portuguesa; o degredo para o Brasil; o século XVII. Portugal e o Brasil, o Remo e a terra do "além-mar", são, portanto, os espaços físicos onde se desenvolvem os fatos históricos propostos neste estudo, cujo núcleo situa-se no século XVII, mas se trata de um século XVII que, intencionalmente, prolongamos para melhor verificar as transformações conjunturais inseridas na longa duração (PIERONI, 1997, p. 24).

No período da Idade Moderna, com toda ebulição civilizatória do século XVII, de opressões, tiranias e reinados com a formação dos Estados absolutistas, fez surgir uma enorme confusão no que diz respeito à aplicação do direito das penas, pois se alastrou praticamente no chamado mundo moderno, período de transição do mundo medieval feudal para o mundo capitalista e burguês, o uso do terror, da tortura por parte dos governantes, conforme descreve Flávia Camello Teixeira em *Da Tortura*, de que tal método, a violência da tortura, do terror, era com frequência aplicados aos estrangeiros, "para manter o povo intimidado e submisso, e a cristalização do processo inquisitivo" (TEIXEIRA, 2004, p. 15). Flávia Camello Teixeira assevera que "a tortura, que até o século XIV era enfocada como instrumento processual sobre a qual pesavam garantias legais, recrudesceu a partir do século XV, sobretudo nos estados absolutistas, quando os tormentos passam a relacionar-se com a segurança do Estado, reduzindo-se as garantias dos cidadãos" (TEIXEIRA, 2004, p. 15).

Não se pode deixar de mencionar que além dos hereges ou infiéis, foram torturados os negros escravos e descendentes, conforme salienta Maria Auxiliadora de Almeida Cunha Arantes em *Violência, massacre, execuções sumárias e tortura*, que no Brasil manteve-se a tortura na Colônia, bem como no Império até 1888, como um recurso do poder político para garantir o poder econômico e a riqueza da colônia e do império, pois os escravos, mesmo sendo consideradas mercadorias, foram transformados em mão de obra para as riquezas produzidas no País, como na extração do ouro, na produção do tabaco e na produção do açúcar.

Em relação aos indígenas no Brasil, povos nativos compostos por tribos seminômades, o procedimento de tortura não foi diferente. Fabio Comparato em *Dossiê Ditadura – Mortos e Desaparecidos Políticos no Brasil 1964-1985*, Comissão de Familiares de Mortos e desaparecidos Políticos, prefácio diz que:

> Apresamento de índios para servirem como mão de obra escrava dos colonizadores brancos, inclusive dos altos funcionários nomeados pela Coroa Portuguesa, aqui estabelecidos como proprietário rural perdurou até [...] o fim do século XVIII. No Norte do Brasil, o pretexto para tal prática era grosseiro: faziam-se entradas para resgatar índios que teriam sido mantidos como escravos, após uma guerra tribal. O falso resgate justificava, aos olhos do governo colonial e da Igreja o estabelecimento de um novo cativeiro, doravante em proveito dos brancos. Mas quando a expedição oficial era recebida no sertão com hostilidade, não se hesitava em dizimar tribos inteiras (COMPARATO, 2009, p. 15).

Potencializou com o tempo a tortura no Brasil também aos vadios, os marginais de toda sorte, os internos nos manicômios, os "subversivos" e opositores políticos, os presos ditos "comuns", os pobres em geral, os não cidadãos, enfim em um determinado momento histórico tornaram-se potencialmente vítimas dos abusos e da violência extremada.

Já na década de 1950, com o apoio dos grandes meios de comunicação, tem se início à construção no imaginário surreal da sociedade civil e militar a figura do traidor da pátria, representada pelo comunista ou pelo cidadão simpatizante com o pensamento de esquerda, transformando-o numa grave ameaça ao poder instituído, que para muitos, principalmente sobre influência dos Estados Unidos, com o fim da Segunda Guerra Mundial e a consequente derrota do eixo, os Estados Unidos fizeram ser aprovada a Declaração de Solidariedade para a Preservação da Integridade Política dos Estados Americanos contra a intervenção do Comunismo Internacional, esta era a nova maneira dos norte-americanos continuarem sua presença nas Américas em defesa dos valores nacionais pátrios, a família e propriedade privada, que estariam ameaçados pelo comunismo.

Quando a ditadura militar se instalou no Brasil em 1º de abril de 1964, após acontecimentos em cadeia, ou seja, renuncia de Jânio Quadros ocorrido em 25 de agosto de 1961, seis meses depois de sua posse, dizendo-se esmagado por "forças terríveis", que até hoje não está inteiramente decifrada pelos historiadores, mas que para muitos se acredita que sua renuncia foi motivada por ela, Jânio Quadros querer "ter poderes para governar sem os obstáculos colocados pelo Congresso, só assim teria condições de resolver a seu modo os problemas {inflação, elevação do custo de vida, endividamento esterno crescente}" (COUTO, 2003, p. 7).

Depois da posse conturbada de Jango, vice de Jânio, que se transformou numa batalha política articulada entre os golpistas, grupos minoritários da direita civil e militares com os ministros Odílio Denys (Exército), Gabriel Grün Moss (Aeronáutica) e Sílvio Heck (Marinha) e os que defendiam o cumprimento da Constituição, como Leonel Brizola, governador do Rio Grande do Sul, o general Machado Lopes, comandante do III Exército, baseado no Rio Grande do Sul e os governadores Mauro Borges, de Goiás, e Nei Braga, do Paraná.

Com passar dos anos (1961-64) seu governo começou a ser germinado, por influencia dos Estados Unidos da América, pela faceta da impopularidade da elite civil, dos interesses externos, da direita militar, como do "general Golbery do Couto e Silva, que participou dos preparativos para a derrubada do governo" e "destacou-se como uma espécie de teórico do golpe, ao defender o conceito de segurança e desenvolvimento" (TAQUARI, 2012, p. 335), numa produção arquitetada que se desenovela com o golpe político-militar em 1° de abril de 1964.

Os militares golpistas não hesitaram em fazer valer toda a herança de violência e a usar do pior das formas de dominação – a tortura, que se produziram na história contemporânea. Atravessados por idéias fascistas e anticomunistas, apoiados por setores orgânicos da sociedade, empresários, banqueiros, por camadas da sociedade vinculadas a esses mesmos interesses e por setores da hierarquia e do setor conservador e anticomunista da Igreja Católica (ARQUIDIOCESE DE SÃO PAULO, 2011) promoveram a Marcha da Família com Deus pela Liberdade cujo objetivo era mobilizar a opinião pública contra o governo de Jango e a política que, segundo eles, culminaria com a implantação de um regime totalitário comunista no Brasil.

Assevera Maria Helena Simões Paes na obra *Em nome da segurança Nacional: Do golpe de 64 ao início da abertura* que "apesar da maioria do clero ter apoiado o golpe de 64, logo surgiram os conflitos da Igreja com o estado ditatorial". E esses conflitos se deram pelo fato da igreja ser taxada de subversiva, "resultado de comunistas infiltrados no clero" e "pela posição da Igreja contra a violação dos direitos humanos, violação que atingiu também membros do clero" (PAES, 1995, pp. 50-51).

A direita civil e militar não conseguia conviver com uma democracia de massas, principalmente um momento da história brasileira de profundas transformações econômicas e sociais, graças ao rápido processo de industrialização e à crescente urbanização. Como tudo que é novo provoca temeridade, a direita civil e militar busca um antigo recurso: "arrastar as Forças Armadas para o centro da luta política, dentro da velha tradição inaugurada pela República, que já havia nascido com um golpe de Estado" (VILLA, 2014, p. 9). Em *Ditadura à brasileira: 1964-1985 a democracia golpeada à esquerda e à direita,* Marco Antonio Villa (2014), reproduz os acontecimentos de março de 1964:

> No domingo, 15 de março, encaminharam-se a Mensagem Presidencial ao Congresso, na abertura da sessão legislativa do ano de 1964. Um ato meramente protocolar. Não era lá que morava a crise. Quatro dias depois, uma grande passeata foi realizada em São Paulo, a Marcha da Família com Deus pela Liberdade. Teve enorme participação popular, mas dificilmente estavam presentes 500 mil pessoas, como propalaram os organizadores [...]. Na Marinha, porém, tinha chegado ao ápice o choque entre marinheiros e oficiais. A 25 de março, os marinheiros convocaram uma manifestação na sede do Sindicato dos Metalúrgicos, no Rio de Janeiro. Era o segundo aniversário da sua associação. A reunião tinha sido proibida pelo ministro da Marinha. Mesmo assim, compareceram 4.500 marinheiros. Aprovaram varias propostas, inclusive uma espécie de central que unia as associações das Três Armas de praças, cabos, sargentos e marinheiros. A proposta encontrava a oposição dos oficiais, independentemente da coloração política. [...] O clima era de insurreição. [...] A falta de efetiva punição dos rebelados - e do exame das suas reivindicações - azedou ainda mais o clima. [...] Na segunda-feira, dia 30, dirigiu-se à noite a uma cerimônia comemorativa do aniversário da Associação dos Sargentos no Automóvel Clube. Já tinham chegado ao Rio notícias de movimentações militares em Minas Gerais. Jango não deu importância. O presidente foi orientado a não ir ao ato, que poderia ser considerado mais urna provocação, inclusive por Tancredo Neves. Jango compareceu. A cerimônia foi transmitida por rádio e televisão. Jango discursou e radicalizou [...].

> Quando o discurso acabou, o presidente do PSD disse para o amigo, que também assistia ao comício: "O Jango não é mais presidente da República". No dia seguinte, já não eram boatos, era fato. As tropas vindas de Minas Gerais se aproximavam do Rio de Janeiro. Era liderado pelo general Olympio Mourão Filho. Ele, por fumar cachimbo, denominou o deslocamento das tropas que levou ao golpe militar "Operação Popeye". [...] Restou ao presidente arrumar as malas e ir para Brasília. Poderia ter ido para Porto Alegre, mas estranhamente optou por Brasília. [...] Passou cinco horas em Brasília [...]. De lá, Jango se dirigiu para o aeroporto. Demorou a partir, pois teve de trocar de avião - provavelmente por sabotagem. Chegou a Porto Alegre na madrugada do dia 2. Mas já não era mais o presidente da República. Numa sessão conturbada, o presidente do Congresso, senador Auro de Moura Andrade, declarou vaga a presidência (VILLA, 2014, pp.47-49).

Os militares armados ocuparam o comando do País, depondo o presidente eleito pelo voto popular, João Belchior Marques Goulart[3] (7.9.1961 - 31.3.1964) e imediatamente editaram o Ato Institucional n° 1, editado por uma junta militar, composta pelo general do exército Artur da Costa e Silva, tenente-brigadeiro Francisco de Assis Correia de Melo e vice-almirante Augusto Hamann Rademaker Grünewald, nos primeiros dias após o golpe, conferir ao presidente Marechal Humberto de Alencar Castello Branco (15.4.1964 - 15.3.1967) o poder de suspender os direitos

---

[3] Destaca Hélio Silva e Maria Cecília Ribas Carneiro que: *"Jango chega à Presidência, depois da crise da renúncia, quando a pressão para a realização das reformas de base se fazia mais forte. É bom lembrar que Jânio se propusera a realizar, embora contraditoriamente, muitas das rendidas que agora seriam reclamadas ao seu sucessor, que chegava ao Planalto depois de tão complicada negociações. A própria UDN, União Democrática Nacional, partido vitorioso nas eleições presidenciais apresentara fissuras internas quanto à necessidade de transformar sua política de sistemática oposição em uma política de governo para desenvolver o País, reformando-o. Esta polemica não atingia somente a UDN. Os partidos que apoiaram a candidatura de Jango à Vice-presidência da República, e que agora, o tinham como Chefe do Executivo, sob o regime parlamentarista, já se dividiam, face à discussão das reformas. No PSD, Partido Social Democrático, partido particularmente sensível à questão agrária, a grande maioria estremecia frente ao perigo de uma reforma agrária imediata, e a aliança PSD-PTB, Partido Social Democrático e Partido Trabalhista Brasileiro, entra em crise, abalando a sustentação do Governo. Jango herda, portanto, um problema candente e difícil de resolver: candente pela urgência com que devia ser tratado, difícil pela complexidade dos jinteresses políticos e econômicos em jogo. De imediato, sobressaíam questões tais como: relações com os Estados Unidos; renegociação da divida externa; lei de remessa de lucros e dividendos; acordo com os investimentos americanos; problemas das concessionárias de serviço público no Brasil; relações com os paises socialistas; a questão de Cuba; reforma agrária e reforma urbana"* (SILVA; CARNEIRO, 1978, p. 155).

políticos dos cidadãos e cassar mandatos políticos, permitia, mediante investigação sumária, a demissão, disponibilidade ou aposentadoria forçada de qualquer pessoa que cometesse atentado contra a segurança nacional. Fazendo entrar o Brasil num período de exílios, torturas, perseguições, injustiças e choros de filhos, pais, avós, de cidadãos brasileiros.

O AI-1 era composto de 11 artigos e precedido de um preâmbulo em que se afirmava que, "a revolução, investia no exercício do Poder Constituinte" não procuraria legitimar-se através do Congresso, mas ao contrário, o Congresso é que receberia através daquele ato, sua legitimação. Assim, de abril de 1964 a outubro de 1969 foram absurdamente editados 17 AI's, regulados por escandalosamente por 104 Atos Complementares (ARQUIDIOCESE DE SÃO PAULO, 2011).

No dia 10 de abril, a Junta Militar, composta dos ministros da Guerra, Marinha e Aeronáutica, divulgou a primeira lista dos atingidos pelo AI-1, composta de 102 nomes de perseguidos, automaticamente condenados. Sendo que foram cassados os mandatos de 41 deputados federais e suspensos os direitos políticos de várias personalidades de destaque na vida nacional, entre as quais o presidente João Goulart e o ex-presidente Jânio Quadros.

Os militares pressionaram pela cassação e suspensão dos direitos políticos dos mais vinculados ao regime do janguismo e na química do estado revolucionário, pois os militares se intitulação revolucionários, vinham sendo elaboradas listas e atos sob a seguinte manipulação politica (MOREL, 2014): a suspensão das garantias constitucionais; suspensão da vitaliciedade das funções públicas; cassação de mandatos parlamentares; cassação de direitos políticos de determinados cidadãos; suspensão da inamovibilidade da magistratura e cassação do registro a partidos que abriguem em suas legendas candidatos ou parlamentares comunistas, sendo que no período de 1964 a 1979 foram cassados um total de 166 políticos.

No período da ditadura militar reintroduz o banimento (AI-13 determinava o banimento do território nacional de pessoas perigosas para a segurança nacional); a pena de morte (AI-14 instituía a pena de morte nos casos de guerra subversiva. Os presos, libertados, foram banidos para o México), a prisão sem o direito ao *habeas corpus* (AI-5) e a tortura passou a ser uma prática clandestina, mas institucionalizada de maneira oficial, desrespeitando todo o arcabouço das proibições do direito internacional sobre a tortura.

Muitos presos haviam sido banidos e um contingente significativo de brasileiros, aproximadamente 10 mil, foi exilado. Num total de 4.682 demitidos e cassados e 245 estudantes expulsos das universidades, refletindo esse período de barbárie a cerca de 40 mil brasileiros, todos atingidos pelo regime militar nefasto (ARQUIDIOCESE DE SÃO PAULO, 2011).

Assim o regime militar foi se transformando em um governo violento, repressivo e torturador, convertendo se num verdadeiro terrorismo de Estado, prendendo ilegalmente militantes, extorquindo pessoas, assassinando-as em nome da Segurança Nacional, conforme relatado em *Brasil: nunca mais*, da Arquidiocese de São Paulo (2011):

> Constata-se um círculo vicioso: a resistência armada intensifica suas ações e parte para os seqüestros, exigindo em troca a libertação de presos políticos; a Junta Militar, por sua vez, adora as penas de morte e banimento[4], tomando mais duras as punições previstas na Lei de Segurança Nacional (Decreto-Lei n. 898 de 29 de setembro de 1969), além de outorgar uma Constituição mais autoritária, que é batizada de Emenda Constitucional n° 1. O Congresso Nacional é reaberto apenas para referendar o nome do General Emílio Garrastazu Médici, indicado para a presidência da Republica, após uma luta surda nos quartéis. Sob o lema de 'Segurança e Desenvolvimento', Médici dá início, em 30 de outubro de 1969, ao governo que representará o período mais absoluto de repressão, violência e supressão das liberdades civis de nossa história republicana. Desenvolve-se um aparato de 'órgãos de segurança', com características de poder autônomo, que levará aos cárceres políticos milhares de cidadãos, transformando a tortura e o assassinato numa rotina (ARQUIDIOCESE DE SÃO

---

[4] O **AI-13** determinava o banimento do território nacional de pessoas perigosas para a segurança nacional -"banidos", os presos políticos trocados por diplomatas sequestrados por organizações guerrilheiras. Os banidos, ao serem libertados das prisões, assinavam um documento constando que aceitavam sair do país, apesar da perda da cidadania. Passavam a ser apátridas, como foi o caso dos gaúchos Flávio Tavares e João Carlos Bona Garcia, entre outros, por exemplo. Porém, os banidos também sofreram outro tipo de condenação, extrajudicial: caso retornassem para o Brasil, seriam executados pelo aparato repressivo (PADRÓS; BARBOSA; LOPEZ; FERNANDES, 2010, p.46) e o **AI-14** instituía a pena de morte nos casos de guerra subversiva. Os presos, libertados, foram banidos para o México.

PAULO, 2011, pp. 67-68).

Assim se cria um sistema de terror para garantir e controlar a sociedade dentro das regras desse Estado Ditador, do regime, do governo, da ditadura militar, que é muito bem definida por Norberto Bobbio no dicionário de política "A Ditadura apresenta, preferivelmente, uma ruptura da tradição. Instala-se utilizando a mobilização política de uma grande parte da sociedade, ao mesmo tempo em que subjuga com a violência uma outra parte [...] Ditadura é uma monocracia (ou o Governo de um pequeno grupo) não hereditária e ilegítima, ou dotada de uma legitimidade precária" (BOBBIO; MATTEUCCI; PASQUINO, 1998, p 371)

Durante o período da ditadura civil-militar brasileira, criaram-se esquadrões da morte, grupos especiais de tortura (GOE), onde todas as polícias (civis e militares) foram submetidas ao comando e à lógica militar, se criado diversas ramificações da polícia política, como os DOI-Codis (Destacamento de Operações de Informações/Centro de Operações de Defesa Interna) e ainda subordinados ao SNI estavam a polícia federal e as polícias estaduais e o DOPS (Departamento de Ordem Política e Social) (BARBOSA, 2010, p. 38).

Paralelamente a toda esta estrutura repressiva, torturadora, organizada no formato subserviente piramidal, havia sistemas de controle e segurança como da Aeronáutica o Centro de Informações de Segurança da Aeronáutica (CISA), órgão criado em 1968, sendo os seus mentores treinados no exterior, composto por uma estrutura de combate e repressão à luta armada, tendo grande atuação na repressão aos guerrilheiros e na Marinha, o Centro de Informações da Marinha (CENIMAR), criado desde 1955, para tratar das questões fronteiriças e da diplomacia. E aos poucos o órgão foi perdendo as suas reais funções, enredando-se cada vez mais na política repressiva, especializando-se em combater a luta armada. (ARQUIVO NACIONAL, 2001, p 32)

A repressão atingiu opositores membros das classes médias, como professores e estudantes, advogados e jornalistas, artistas e religiosos, além dos suspeitos de sempre, como ativistas e sindicalistas da cidade e do campo. A maioria, que nunca tinha visitado prisões, passou a sentir na pele a situação desumana dos ditos "presos comum", oriundos das classes populares.

A tortura tornou-se um método sistemático que acabou se estendendo para praticamente todas as atividades públicas, gerando, até sua própria burocratização, com modos e instrumentos de tortura uniformizados para o terror, a humilhação, a dor e a morte conforme se apreende do relatório *Brasil: Nunca Mais* da Arquidiocese de São Paulo:

A pesquisa revelou quase uma centena de modos diferentes de

tortura, mediante agressão física, pressão psicológica e utilização dos mais variados instrumentos, aplicados aos presos políticos brasileiros. A documentação processual recolhida revela com riqueza de detalhes essa ação criminosa exercida sob auspicio do Estado. Os depoimentos aqui parcialmente transcritos demonstram os principais modos e instrumentos de tortura adotados pela repressão no Brasil.

O "**pau de arara**" [...] O pau de arma consiste numa barra de ferro que é atravessada entre os punhos amarrados e a dobra do joelho, sendo o "conjunto" colocado entre duas mesas, ficando o corpo do torturado pendurado a cerca de 20 ou 30 cm do solo. Este método quase nunca é utilizado isoladamente, seus "complementos" normais são eletro choques, a palmatória e o afogamento.

O "**choque elétrico**" [...] O eletro choque é dado por um telefone de campanha do Exército que possuía dois fios longos que são ligados ao corpo, normalmente nas partes sexuais, além dos ouvidos, dentes, língua e dedos. [...] que foi conduzido às dependências do DOI-CODI, onde foi torturado nu, após tomar um banho pendurado no pau de arara, onde recebeu choques elétricos, através de um magneto, em seus órgãos genitais e por todo o corpo, [...] foi-lhe amarrado um dos terminais do magneto num dedo de seu pé e no seu pênis, onde recebeu descargas sucessivas, a ponto de cair no chão [...].

A "**pimentinha**" [...] que essa máquina dava uma voltagem em torno de 100 volts e de grande corrente, ou seja, em torno de 10 amperes; que detalha essa máquina porque sabe que ela é a base do principio fundamental: do principio de geração de eletricidade; que essa máquina era extremamente perigosa porque a corrente elétrica aumentava em função da velocidade que se imprimia ao rotor através de uma manivela [...].

O "**afogamento**" [...] O afogamento é um dos "complementos" do pau r de arara. Um pequeno tubo de borracha é introduzido na boca do torturado e passa a lançar água [...], e teve introduzido em suas narinas, na boca, uma mangueira de água corrente, a qual era obrigada a respirar cada vez que recebia uma descarga de choques elétricos [...] afogamento por meio de uma toalha molhada na boca que constitui: quando já se está quase sem respirar, recebe um jato d'água nas narinas [...].

A "**cadeira do dragão**" [...] sentou-se numa cadeira conhecida como cadeira do dragão, que é uma cadeira extremamente pesada, cujo assento é de zinco, e que na parte posterior tem uma

> proeminência para ser introduzido um dos terminais da máquina de chamado [...].
>
> A "**geladeira**" [...] que por cinco dias foi metida numa "geladeira" na Polícia do Exército, do Barão de Mesquita [...] que foi colocado nu em um ambiente de temperatura baixíssima e dimensões reduzidas [...].
>
> Os "**Insetos e animais**" [...] havia também, em seu cubículo, a lhe fazer companhia, uma jibóia de nome "Miriam" [...] que lá na PE existe uma cobra de cerca de dois metros a qual foi colocada junto com o acusado em uma sala de dois metros por duas noites [...] que, ao retornar à sala de torturas, foi colocada no chão com um jacaré sobre seu corpo nu [...] que foi transferida para o DOI da PE da B. Mesquita, onde foi submetida a torturas com choque, drogas, sevícias sexuais, exposição de cobras e baratas; que essas torturas eram efetuadas pelos próprios oficiais [...].
>
> Os "**produtos químicos**" [...] que levou ainda um soro de pentotal, substância que faz a pessoa falar, em estado de sonolência (ARQUIDIOCESE DE SÃO PAULO, 2001, pp. 35-40).

Amarilio Ferreira Jr e Marisa Bittar em artigo *Jarbas Passarinho, ideologia tecnocrática e ditadura militar*, descrevem muito bem a que ponto se chegou à selvageria da tortura, onde em Pernambuco, o comunista Gregório Bezerra foi uma das primeiras vítimas de tortura pós o golpe de 31 de março de 1964. Após ser arrastado por um jipe pelas ruas de Recife e ser espancado em praça pública por um oficial do Exército, Bezerra aparece ferido na TV Jornal do Comércio, que o filmara no quartel onde estava preso:

> Em Pernambuco, por exemplo, os primeiros dias que se sucederam ao golpe de Estado foram marcados por prisões, "cerca de duas mil pessoas", e tortura dos presos políticos. No dia 7 de abril de 1964, "as estações focaram a imagem de Gregório Bezerra[5], detido num quartel federal, seminu, o corpo visivelmente

---

[5] Gregório Bezerra foi preso imediatamente após o golpe de 1964, nas terras da Usina Pedrosa, próximo a Cortês, pelo capitão Álvaro do Rego Barros, quando tentava organizar a resistência armada dos camponeses ao golpe em apoio ao governo federal de João Goulart e estadual de Miguel Arraes de Alencar. Após a prisão, foi transferido para o Recife, onde foi arrastado pelas ruas do bairro de Casa Forte enquanto o tenente-coronel do Exército Brasileiro Darcy Viana Vilock incitava a população a linchá-lo. Antes disso, teve os pés imersos em solução de bateria de carro e foi obrigado a andar sobre britas; o acontecimento foi exibido pelas televisões locais.Condenado a dezenove anos de reclusão, teve seus direitos políticos cassados por força do Ato Institucional nº 1. Foi libertado, em 1969,

marcado de tortura, jogado no chão como um traste, entre sentinelas fortemente armadas de fuzil e baioneta" (FERREIRA JR.; BITTAR, 2006, p. 13).

Em *Memórias torturadas (e alegres) de um preso político,* Ildeu Mando Vieira (1991), também reproduz os métodos terríveis de torturas utilizados no período da ditadura, praticamente durante vinte anos de terror e humilhação sobre uma população vitima do sistema ditador militar:

> **'"Telefone":** O torturador, com as palmas das mãos em posição côncava aplica violento golpe, atingindo ambos os ouvidos da vítima a um só tempo. O impacto é insuportável, em virtude da pressão e sempre há o rompimento do tímpano, fazendo o torturado perder a audição.

> **"Afogamento na calda da verdade":** Consiste em afundar a cabeça da vítima em um tambor com água, urina e fezes e outros detritos repugnantes. A cabeça da vítima é mergulhada na 'calda da verdade' várias vezes. Depois o preso político é obrigado ficar sem tomar banho por vários dias e o seu cheiro torna-se insuportável.

> **"Mamadeira de subversivo":** Consiste em introduzir um gargalo de garrafa, cheia de urina quente, na boca aberta do preso, pendurado em um pau-de-arara. Com o uso de uma estopa os torturadores comprimem a boca do torturado, fazendo-o engolir o excremento.

> **"Balé no pedregulho":** A vítima é colocada, descalça e nua, em temperatura abaixo de zero, sob um chuveiro gelado, tendo como piso pedriscos ponte agudos, que chegam a retalhar os pés da vítima. Para amenizar as dores a tendência do preso é bailar sobre os pedriscos e os torturadores ainda fazem uso da palmatória para ferir as partes mais sensíveis do corpo.

> **"Afogamento com capuz":** Consiste em afundar a cabeça da vítima, totalmente encapuzada, em córregos de água podre ou tambor d'água poluída. O torturado, desesperadamente, tenta respirar e o capuz molhado se introduz nas narinas, produzindo um mal-estar horrível, levando-o, ás vezes, a perder o fôlego.

> **"Massagem":** o preso é algemado e encapuzado e o torturador faz uma violenta massagem nos nervos mais sensíveis do corpo, deixando-o totalmente paralisado por alguns minutos. As dores

---

juntamente com outros quatorzes presos políticos, em troca da devolução do embaixador dos Estados Unidos no Brasil Charles Burke Elbrick, sequestrado por um grupo de oposição armada (VICTOR, 2001).

são Horríveis, levando a vítima a um estado de desespero (VIEIRA, 1991, p. 247).

O Regime Ditatorial Militar Brasileiro em descumprimento a proteção internacional aos Direitos Humanos

Em nome da Segurança Nacional, a tortura política ganhou contornos mais rigorosos pela promoção que lhe foi atribuída pelo Estado. Constituíram-se, durante a ditadura militar, os instrumentos para assegurar a vigência da doutrina de Segurança Nacional: a tortura, a prisão ilegal, os desaparecimentos forçados e morte, nos cárceres e fora deles, dos opositores do regime.

Assim a tortura apresentou-se, para o poder golpista instituído em 31 de março de 1964 e também para as demais ditaduras latino-americanas dos anos 70, como a Chilena, Uruguaia e Argentina, como uma pedra angular e fundamental à manutenção da ordem, dos valores nacionais, da família e contra a ameaça do comunismo. Justificavam a tortura como meio imprescindível à obtenção de confissão, uma prática que, durante as ditaduras, constituiu rotina das investigações.

Assim esses regimes (Brasil, Argentina, Chile e Uruguai) escreveram uma história de sangue e de violência inimagináveis, uma verdadeira negação dos conteúdos dos Direitos Humanos, que são o direito à vida, a dignidade, a liberdade. Em verdade, os agentes públicos que "podiam ser voluntários ou profissionais; neste segundo caso, eram militares, ex-militares, agentes policiais ou funcionários públicos especialmente incumbidos de tal tarefa" (BREPOHI, 2012, p.144), que mataram, torturaram, violentaram sexualmente e desapareceram com pessoas que se contrapunham ao regime militar, assim como os mandantes desses atos ilícitos praticaram crime contra a humanidade, praticaram todos, agentes, governo, militares uma grave violação aos Direitos Humanos, um verdadeiro crime que afetou e ainda afeta a toda a humanidade, ou seja, a prática de atos desumanos, como o homicídio, a tortura, as execuções sumárias, extralegais ou arbitrárias e os desaparecimentos forçados, cometidos em um contexto de ataque generalizado e sistemático contra uma população civil, no período de 1964 a 1985.

Não podemos esquecer que a tortura é um crime hediondo e que nunca poderia ser ou ter sido considerada como um ato político no período da ditadura brasileira, pois ela afetou toda a humanidade, na medida em que a condição de ser humano foi violentada pelo regime militar ditador. Uma vez que quando alguém é torturado, atinge a dignidade da pessoa, a essência da humanidade, em fim a nossa própria cidadania. Como descreve muito bem Janne Calhau Mourão em *Só nos resta à escolha de Sofia?* De que a tortura é um acontecimento que, em um curto espaço de tempo, aporta ao aparelho psíquico uma quantidade tão grande de excitação, estresse que impossibilita o indivíduo elaborá-la pelos meios normais, dando lugar a diversos tipos de transtornos, seqüelas, que podem ser repassadas as gerações conforme relata Miguel Scapucio em seu artigo sobre Transgeneracionalidad del dano y memória:

> Lo que advertimos en el trabajo con la llamada "segunda generación", es decir, con los hijos de expresos, detenidos-desaparecidos o exiliados, es que las particularidades y diferencias entre los "directamente afectados" y los que aparentemente no lo son, no alcanzan a borrar los elementos en común que enlazan a todos los integrantes de esta generación, situación que tenemos que apreciar para entender las causas que conspiran contra la salud mental de nuestras poblaciones. También otros jóvenes están enfrentados al daño y viven el riesgo de ser atrapados por el silencio, el olvido y el desconocimiento, ya que éstos fueron los dispositivos sociales en los que se basó el intento de "dar vuelta la página" pregonado por las salidas postdictaduras. Y también como ellos, están en lucha contra la desconfianza, el escepticismo y la resignación, generados por las políticas basadas en la impunidad. (TEJADA; ESTRADA, 2012, p.54-55)

A Declaração Universal de Direitos Humanos das Nações Unidas de 1948 ressalta a concepção e o discurso dos direitos humanos como direitos universais e indivisíveis. Ou seja, universais porque todo ser humano, toda a espécie humana deve ser protegida contra qualquer ato atentatório à sua dignidade, principalmente quando perpetrado pelo Estado, produzindo graves violações de direitos, produzindo torturas e maus-tratos. E de acordo com a Convenção da ONU contra a Tortura, aprovada em 1984 e ratificada pelo Brasil em 1987:

> "Artigo 1º. Para fins da presente Convenção, o termo 'tortura' designa qualquer ato pelo qual dores ou sofrimentos agudos, físicos ou mentais, são infligidos intencionalmente a uma pessoa a

> fim de obter, dela ou de terceira pessoa, informações ou confissões; de castigá-la por ato que ela ou terceira pessoa tenha cometido, ou seja, suspeita de ter cometido; de intimidar ou coagir esta pessoa ou outras pessoas; ou por qualquer motivo baseado em discriminação de qualquer natureza; quando tais dores ou sofrimentos são infligidos por um funcionário público ou outra pessoa no exercício de funções públicas, ou por sua instigação, ou com o seu consentimento ou aquiescência. Não se considerará como tortura as dores ou sofrimentos que sejam consequência unicamente de sanções legítimas, ou que sejam inerentes a tais sanções ou delas decorram."

O Brasil é signatário de tratados internacionais que o incluem em diversos sistemas de proteção dos Direitos Humanos, inclusive se submetendo ao julgamento de organismos internacionais, especialmente ao International Criminal Court (ICC ou ICCt - Tribunal Internacional) ou Corte Penal Internacional (TPI), constituído como o primeiro tribunal penal internacional permanente, estabelecido em 2002, com sede em Haia, Holanda, conforme estabelece o Artigo 3º do Estatuto de Roma[6], que não

---

[6] Conscientes de que todos os povos estão unidos por laços comuns, de que suas culturas configuram um patrimônio comum e observando com preocupação que esse delicado mosaico pode se romper a qualquer momento. Tendo presente que, neste século, milhões de crianças, mulheres e homens têm sido vítimas de atrocidades que desafiam a imaginação e chocam profundamente a consciência da humanidade, reconhecendo que esses graves crimes constituem uma ameaça para a paz, a segurança e o bem-estar da humanidade, afirmando que os crimes mais graves que preocupam a comunidade internacional em seu conjunto não devem ficar sem castigo e que, para assegurar que sejam efetivamente submetidos à ação da justiça, cumpre adotar medidas no plano nacional e fortalecer a cooperação internacional. Decididos a por um fim à impunidade dos autores desses crimes e contribuir assim para a prevenção de novos crimes, Recordando que é dever de todo Estado exercer sua jurisdição penal contra os responsáveis por crimes internacionais. Reafirmando os Propósitos e Princípios da Carta das Nações Unidas e, em particular, que os Estados se absterão de recorrer à ameaça ou ao uso da força contra a integridade territorial ou a independência política de qualquer Estado ou de qualquer outra forma incompatível com os propósitos das Nações Unidas. Enfatizando, nesse contexto, que nada do disposto no presente Estatuto deverá ser entendido como autorização a um Estado Parte para intervir, em uma situação de conflito armado, nos assuntos internos de outro Estado. Decididos, com vistas à consecução desses fins e no interesse das gerações presentes e futuras, a estabelecer um Tribunal Penal Internacional de caráter permanente, independente e vinculado ao sistema das Nações Unidas que tenha jurisdição sobre os crimes mais graves que preocupam a comunidade internacional em seu conjunto. Enfatizando que o Tribunal Penal Internacional estabelecido por meio

estabelece prescrição para os crimes contra a humanidade, entre eles definidos a tortura e a prática de outros atos desumanos que causem grande sofrimento, ou sério dano ao corpo ou à saúde mental e física de um indivíduo.

O Brasil é igualmente signatário da Convenção Americana de Direitos Humanos (Pacto de São José da Costa Rica), que o vincula aos conceitos dessa Convenção, na medida em que tais conceitos foram assumidos pelo nosso País, em 6 de novembro de 1992, através do Decreto n° 678, nos termos do seu artigo 2°, para o fim de alterar a sua legislação interna, visando à defesa e à integridade física e moral do indivíduo.

Considerações Finais

Salienta Antônio Augusto Cançado Trindade em Tratado de Direito Internacional dos Direitos Humano; volume I, que "os direitos pessoas, alçados ao plano internacional pela Declaração Universal de 1948, com o tempo se estendem efetivamente também a quase todas as constituições e legislações nacionais" (TRINDADE, 2003, p. 36).

Assim o repudio da tortura é transmitido às legislações internas, constitucional e infra constitucionalmente, considerada a mesma como crime imprescritível e não sendo auto anistiável. Com o balizamento da Organização dos Estados Americanos (OEA) e da Corte Interamericana de Direitos Humanos, em países da América do Sul que vivem a realidade de transição, após períodos autoritário-ditatoriais, como na Argentina, Uruguai e Chile, revogaram leis de auto anistia, por considerar o crime de tortura crime imprescritível e não auto anistiável.

Esse balizamento muito bem compartilhado por Antônio Augusto Cançado Trindade em Tratado de Direito Internacional

---

do presente Estatuto deverá ser complementar às jurisdições penais nacionais. Decididos a garantir que a justiça internacional seja respeitada e posta em prática de forma duradoura. ESTATUTO DE ROMA DO TRIBUNAL PENAL INTERNACIONAL (PREÂMBULO) Le texte du Statut de Rome est celui du document distribué sous la cote A/ CONF. 183/ 9, en date du 17 juillet 1998, et amendé par les procès-verbaux en date des 10 novembre 1998, 12 juillet 1999, 30 novembre 1999, 8 mai 2000, 17 janvier 2001 et 16 janvier 2002. Le Statut est entré en vigueur le 1 er juillet 2002.

dos Direitos Humano; volume III, que reafirma que "o Direito Internacional dos Direitos Humanos, ao orientar-se essencialmente à condição das vítimas, tem em muito contribuído a restituir-lhes a posição central que hoje ocupam no mundo do Direito" e que "na verdade, é da própria essência do Direito Internacional dos Direitos Humanos, porquanto é na proteção estendida às vítimas que este alcança sua plenitude", assim reafirma Cançado Trindade que "o Direito Internacional dos Direitos Humanos, por sua própria existência, universalmente reconhecida em nossos dias, protege os seres humanos também por meio da prevenção da vitimização", e não só "de preservação, mas também de salvaguarda e reparação, em benefícios das vítimas de seus direitos internacionais consagrados" (TRINDADE, 2003a, pp.434-436).

Destaca José Carlos Gobbis Pagliuca em Direitos Humanos que a Convenção Interamericana para Prevenir e Punir a Tortura, realizada em Cartagena das Índias (Colômbia), em 9 de dezembro de 1985 e promulgada pelo Dec. n° 98.386/89, estabeleceu que "nenhuma pessoa acusada de tortura será capaz de escapar da justiça buscando refúgio em território de outro Estado signatário"(PAGLIUCA, 2010, p.72).

Assim, no âmbito dos Direitos Humanos, o tempo nada apaga, com isso o Estado brasileiro, durante o regime militar de exceção, praticou as violações, as crueldades inomináveis ocorridas, praticou uma supressão formal dos direitos fundamentais, tais como o direito à vida e à integridade física. Em suma, praticou atos que violaram os Direitos Humanos fundamentais, dentre os quais a tortura, que é e será sempre um crime inafiançável e insuscetível de graça ou anistia.

Referências

ARQUIDIOCESE DE SÃO PAULO. Brasil: nunca mais. Prefácio de Dom Paulo Evaristo Arns. Petrópolis, Rio de Janeiro: Vozes, 2011.

ARQUIVO NACIONAL (BRASIL) - Os presidentes e a República: Deodoro da Fonseca a Dilma Rousseff / PDF. Arquivo Nacional. 5ª ed.rev. e ampl. Rio de Janeiro: O Arquivo, 2012. Disponível em:

<http://www.portalan.arquivonacional.gov.br/media/preside
ntes%205%20edi%C3%A7%C3%A3o.pdf> Acesso em:
06/03/2020.

ARQUIVO NACIONAL (BRASIL) - Os presidentes e a Ditadura
Militar / PDF. Arquivo Nacional. – Arquivo Nacional - Rio de
Janeiro: O Arquivo, 2001. Disponível em:
<http://www.portalmemoriasreveladas.arquivonacional.gov.br
/media/Os%20presidentes%20e%20a%20ditadura%20militar.
pdf > Acesso em: 07/03/2020.

BARBOSA, Marco Antônio. Aspectos relativos aos Direitos
Humanos e suas violações, da década de 1950 à atual e processo
de redemocratização. PDF. In: Brasil. Presidência da República.
Secretaria de Direitos Humanos. Tortura/ Coordenação Geral
de Combate à Tortura (Org.) 1ª ed. Brasília: Secretaria de
Direitos Humanos, 2010. p. 34-57 Disponível em: <
http://www.dhnet.org.br/dados/livros/dh/livro_sdh_tortura.
pdf > Acesso em: 10/03/2020.

BOBBIO, Norberto. A era dos direitos. Tradução de Carlos Nelson
Coutinho. Nova ed. Rio de Janeiro: Elsevier, 2004. Disponível
em: <
http://direitoufma2010.files.wordpress.com/2010/05/norbert
o-bobbio-a-era-dos-direitos.pdf > Acesso em: 17/03/2020.

BOBBIO, Norberto; MATTEUCCI, Nicola; PASQUINO,
Gianfranco. Dicionário de política. Vol. 1, 11ª ed. Brasília:
Editora UnB, 1998. Disponível em:<
http://www.filoczar.com.br/Dicionarios/Dicionario_De_Poli
tica.pdf > Acesso em: 10/03/2020.

BONAVIDES, Paulo. Ciência Política. 10 ed. São Paulo:
Malheiros, 2000. Disponível em:
<http://www.filoczar.com.br/Dicionarios/Dicionario_De_P
olitica.pdf > Acesso em: 10/03/2020.

BONAVIDES, Paulo. Curso de direito constitucional, 26ª ed. São
Paulo: Malheiros, 2010.

BRASIL. Constituição (1988). Constituição da República
Federativa do Brasil. Organizado por Angher, Anne Joyce. 20ª
ed. São Paulo: Rideel, 2015.

BRASIL. Lei de Anistia n° 6.683, de 28 de agosto de 1979. PDF. Concede anistia e dá outras providências. Disponível em: < http://www3.dataprev.gov.br/sislex/paginas/42/1979/6683.h tm > Acesso em: 05/04/2020.

BRASIL. Lei n°. 10.559, de 13 de novembro de 2002. PDF. Regulamenta o art. 8° do Ato das Disposições Constitucionais Transitórias e dá outras providências. Disponível em: < http://www.planalto.gov.br/ccivil_03/leis/2002/L10559.htm #art22 > Acesso em: 05/04/2020.

BRASIL. Lei n°. 12.528, de 18 de novembro de 2011. PDF. Cria a Comissão Nacional da Verdade no âmbito da Casa Civil da Presidência da República. Disponível em: < http://www.planalto.gov.br/ccivil_03/_Ato2011-2014/2011/Lei/L12528.htm > Acesso em: 05/04/2020.

BRASIL. Secretaria Especial dos Direitos Humanos. Comissão Especial sobre Mortos e Desaparecidos Políticos. Direito à Memória e à Verdade: Comissão Especial sobre Mortos e Desaparecidos Políticos / Comissão Especial sobre Mortos e Desaparecidos Políticos – PDF. Brasília: Secretaria Especial dos Direitos Humanos, 2007. Disponível em: < http://www.sdh.gov.br/assuntos/mortos-e-desaparecidos-politicos > Acesso em: 05/04/2020

BRASIL. Presidência da República. Secretaria Especial dos Direitos Humanos. Direito à Memória e à Verdade: histórias de meninas e meninos marcados pela ditadura / Secretaria Especial dos Direitos Humanos. – Brasília: Secretaria Especial dos Direitos Humanos, 2009. Disponível em: < http://dh.sdh.gov.br/download/dmv/historia_m_m_marcad os.pdf > Acesso em: 05/04/2020.

BRASIL. Programa Nacional de Direitos Humanos, Decreto n° 1.904, de 13 de maio de 1996. Revogado pelo Decreto n° 4.229, de 13.5.2002, Casa Civil; Subchefia para Assuntos Jurídicos. Disponível em: < http://www.planalto.gov.br/ccivil_03/decreto/d1904.htm > Acesso em: 05/04/2020

COMPARATO, Fábio Konder. A afirmação histórica dos direitos humanos. 7ª ed. São Paulo: Saraiva, 2010.

COMPARATO, F. Dossiê Ditadura – Mortos e Desaparecidos Políticos no Brasil 1964-1985, Comissão de Familiares de Mortos e desaparecidos Políticos, Imprensa Oficial do Estado de São Paulo, 2009, Prefácio, p.15.

COUTO, José Geraldo. Brasil: anos 60. 15ª. ed. São Paulo: Editora Átila, 2003.

DOMIGUES, Daniele; PINHEIRO, Marcos; LIMA, Talita. AI-5: O GOLPE DENTRO DO GOLPE - Mesmo 40 anos depois, o Brasil ainda sofre suas conseqüências. PDF. In: Revista semestral dos alunos do Departamento de Comunicação Social da PUC-Rio, Rio de Janeiro/RJ / (julho-dezembro - 2007), pp.33-36 Disponível em: < http://portalteste.com.puc-rio.br/media/ecletica%2025%20completa.pdf > Acesso em: 10/03/2020.

DUSSEL, Enrique. 1492: O Encobrimento do Outro (A Origem do "Mito da Modernidade"): Conferências de Frankfurt. Tradução de Jaime A. Ciasen. Petrópolis, Vozes, 1993.

FERREIRA, Jorge; GOMES, Ângela de Castro. 1964: o golpe que derrubou um presidente, pôs fim ao regime democrático e instituiu a ditadura no Brasil. 1ª ed. Rio de Janeiro: Editora Civilização Brasileira, 2014.

FERREIRA Jr., Amarilio; BITTAR, Marisa, Jarbas Passarinho, ideologia tecnocrática e ditadura militar. , PDF. In: Revista Histedbr On-line, Campinas. n° 23, pp. 3-25, set. 2006. Disponível em: < http://www.histedbr.fe.unicamp.br/revista/edicoes/23/art01_23.pdf >. Acesso em: 13/03/2020.

FOUCAULT, Michel. Os intelectuais e o poder. Conversa entre Michel Foucault e Gilles Deleuze In: - L'Arc, n° 49, 2° trim. 1972. Tradução de Roberto Machado. Rio de Janeiro: Graal, 1979. Disponível em: <http://cineclubedecompostela.blogaliza.org/files/2010/09/Foucault-Deleuze-Os-Intelectuais-e-o-Poder.pdf > Acesso em 13/03/2020

GASPARI, Elio. As ilusões armadas: 1. A ditadura Envergonhada. 2ª ed. Rio de Janeiro: Intrínseca, 2014.

GIRARD, R. A violência e o Sagrado, trad. Martha Gambini, revisão técnica Edgard de Assis Carvalho, (Unesp), São Paulo, Paz e Terra, 1990.

PIERONI, Geraldo. Os excluídos do Reino: a Inquisição portuguesa e o degredo para o Brasil Colônia. In: Revista Texto de História, vol. 5, nº 2, 1997, pp 23-40. Disponível em: < file:///C:/Users/81652/Downloads/5858-18741-1-PB.pdf >. Acesso em: 13/04/2020.

PONTIFÍCIA UNIVERSIDADE CATÓLICA DE MINAS GERAIS. Pró-Reitoria de Graduação. Sistema de Bibliotecas. Padrão PUC Minas de normalização: normas da ABNT para apresentação de trabalhos científicos. Teses, dissertações e monografias. Belo Horizonte, 2014. Disponível em: < http://www.pucminas.br/biblioteca >. Acesso em: 06/03/2020.

SOARES, Mário Lúcio Quintão. Teoria do Estado: O substrato clássico e os novos paradigmas como pré-compreensão para o Direito Constitucional. Belo Horizonte: Del Rey, 2001.

TAQUARI, Carlos. Tiranos e Tirantes: a ascensão e queda dos ditadores latino-americanos e sua vocação para o ridículo e o absurdo. 1ª ed. Rio de janeiro: Editora Civilização Brasileiro, 2012.

TEJADA, José Luis; ESTRADA, Carla Daño transgeneracional: La herencia del trauma psicosocial, Santiago, Chile: Colección CINTRAS – Centro de Salud Mental Y Derechos Humanos, 2012 Disponível em: < http://www.cintras.org/textos/monografias/monog12.pdf > Acesso em: 29/03/2020.

VIEIRA, Ildeu Manso. Memórias torturadas (e alegres) de um preso político. Curitiba: SEEC, 1991.

A resistência do Estado Constitucional em face da *"Global Governance"*, na doutrina de Mário Lúcio Quintão Soares

Bruno Wanderley Júnior[1]

A globalização é um dos fenômenos mais recorrentes na história da humanidade. Houve, na verdade, várias "globalizações", ou seja, vários movimentos, em diversos períodos da História, em que a humanidade aspirou expandir-se pelo mundo. A saída do *homo sapiens* da África, há centenas de milhares de anos, pode ser considerada a primeira expressão da globalização, pois a humanidade se tornou uma espécie onipresente no planeta, tendo globalizado inicialmente a si mesma.

A ideia de globalização faz parte da natureza humana e podemos analisar a constante movimentação da humanidade pelo mundo até os dias de hoje, seja esta voluntária ou forçada, revelando a característica migratória como uma das mais fortes facetas da condição humana.

Este foi, na verdade, o comportamento das primeiras civilizações e de todos os grandes Impérios da Antiguidade, seja na Europa, no Oriente Médio, na América pré-colombiana, no Extremo Oriente ou na África, que sempre buscaram expandir seus domínios, descobrir novas terras.

Observado sob a perspectiva ocidental, é possível identificar o movimento pan-helênico de Alexandre Magno como um projeto de globalização, de caráter político e, sobretudo, cultural. Os Romanos seguiram essa ideia, estendendo seu Império por três continentes, influenciando o mundo antigo com sua cultura, idioma, ciência e até mesmo com seu sistema jurídico.

Na Idade Média, os mouros expandiram-se pelo Oriente Médio,

---

[1] Mestre e Doutor em Direito Constitucional pela Faculdade de Direito da UFMG; Professor Associado de Teoria Geral do Estado na Faculdade de Direito da UFMG e de Teoria Geral do Estado e Direito Internacional no Curso de Direito da UNIFENAS BH. Diretor do Laboratório de Direito e Inovação Tecnológica da UFMG

Norte da África e Europa, ocupando as antigas áreas do Império Romano, indo também para o Oriente, chegando à Índia e ao Sudeste Asiático, na tentativa de conquistar o mundo conhecido, tendo como maior motivação a globalização da fé islâmica. A Igreja Católica europeia também nutria as mesmas aspirações, sendo responsável pelas Cruzadas e, mais tarde, pela tentativa de globalizar o cristianismo a reboque das grandes navegações.

Foram exatamente as grandes navegações, no início da Era Moderna, que promoveram outra grande onda globalizatória: o Mercantilismo. Nesse período, a busca por produtos de alto valor comercial para a Europa, levou a dominação colonial a todos os cantos do planeta, com a disputa das potências europeias por hegemonia política e econômica numa escala, até então, sem precedentes. O imperialismo europeu, com sua política globalista, perdurou até o Século XX, sendo desmontado de fato somente após a criação da Organização das Nações Unidas (ONU) e sua política internacional de descolonização.

No fim do Século XX outra grande globalização se desenhou, oportunizada pelo fim da Guerra Fria, com a abertura dos mercados internacionais ao capitalismo global.

A globalização, nesse novo e definitivo movimento, não atende mais aos interesses deste ou daquele Império e nem se presta à difusão da cultura, religião, ou dominação de uma determinada nação sobre outras, mas apresenta-se como um "processo policêntrico", abrangendo todas as áreas de atividade humana, interligando e controlando os meios de comunicação, a economia e a política em nível mundial, uniformizando o discurso e induzindo a uma certa uniformização de comportamento em todas as partes do planeta, para promover uma agenda global em que a humanidade inteira é levada a adotar um comportamento uniformizado e padronizado por interesses mercadológicos[2].

Soares observa que:

---

[2] Mário Lúcio Quintão Soares, nesse sentido, avalia que "a globalização caracteriza-se como processo policêntrico, concentrando vários domínios de atividade, dentre os quais a economia, a política, a tecnologia, a militar, a cultural e a ambiental". (SOARES: 2017, p. 180)

Do processo de globalização, criou-se um mundo peculiar de fabulações, que se aproveitou do alargamento dos espaços sociais e econômicos, para consagrar o discurso único, fundado em dois pilares básicos:

a) Informação – ao se disseminar imagens e imaginário, enfatiza-se o mito da formação da aldeia global ou a difusão instantânea das notícias. Verifica-se, ainda, uma relação umbilical entre o mundo da produção destas e o mundo de produção das coisas e das normas.

b) Economia de mercado – ao se produzir economização e monitorização da vida pessoal, entroniza-se o mito do mercado mundial competitivo, com sua global governance, dotado de mecanismos de produção normativa instrumentais. (SOARES: 2017, p. 184)

A globalização traz ainda, como característica determinante, a desconstrução do paradigma do Estado Constitucional, substituindo a lógica da razão política pela lógica instrumental dos mercados globais, isto é, enfraquecendo as democracias baseadas na afirmação dos direitos fundamentais positivados nos Estados para introduzir uma lógica perversa de internacionalização das relações sociais sob uma nova ética consumista global. A lógica dos mercados redefiniu o papel dos Estados para promover uma abertura generalizada do consumo, obedecendo aos interesses do mercado global.

Esse movimento levou à formulação da ideia de uma crise do Estado Nacional, estruturada na década de 1990 como um postulado da globalização, ancorada na recessão econômica e orquestrada para promover o desmonte do Estado Social, com programas de privatização e de redução da interferência do Estado na economia, visando ainda a desregulamentação de direitos sociais, substituindo a prestação assistencial pública dos serviços essenciais, por serviços privados, transformando cidadãos em consumidores.

O sucateamento dos serviços de saúde pública, por exemplo, induz à substituição da prestação estatal por planos privados, causando um retrocesso no atendimento às populações mais carentes, transformando o atendimento universal em um mercado seletivo e excludente. Soares destaca que:

Delineou-se, por conseguinte, uma situação contraditória da fábula da multiplicação de objetos e serviços, cuja acessibilidade se demonstrou, desse modo, improvável, e, paralelamente, a oferta dos próprios objetos, de consumos tradicionais, foi reduzida para parcela significativa da população. (SOARES: 2017, P. 183)

A privatização também se apresenta como solução para a crise do setor previdenciário, que foi colapsado para dar lugar à oferta de planos de previdência privada, favorecendo instituições financeiras, bem como na área da educação, com o desmonte das políticas públicas, redução de verbas e investimentos, sucateamento de escolas e de universidades, desvalorização dos professores, fechamento de cursos de caráter social e abertura do mercado a grandes conglomerados educacionais, que trabalham a educação estritamente sob viés mercadológico.

O próprio Estado passa a ser alvo de reformas que transferem ao setor privado atividades essencialmente públicas, incluindo segurança pública e, em alguns casos, até mesmo as atividades privativas das Forças Armadas, como ocorreu nos Estados Unidos com a contratação de empresas paramilitares para operações de guerra em países estrangeiros[3].

Soares reafirma essa tendência, anotando que "nesse processo de globalização, há, pois, a pretensão de tudo transformar-se em mercado, inclusive o próprio aparelho ideológico estatal e os comportamentos políticos". (SOARES: 2017, p. 184)

O discurso dos defensores da globalização é focado na desconstrução do papel do Estado Constitucional e pela adoção de uma governança global (*global governance*), que, teoricamente, propõe a adoção de modelos internacionais de gestão, padronizados por teorias de administração gerencial.

Abrindo e "democratizando" os mercados, a *global governance* promete ao indivíduo comum a disponibilidade de bens de consumo de alta tecnologia, com acesso à rede mundial de computadores, interação global instantânea pelas redes sociais, podendo emitir a sua opinião sobre tudo, aquisição de produtos importados sem burocracia, podendo efetuar transações financeiras, fechar contratos, pagar contas, e outras facilidades,

---

[3] Uma dessas empresas que forneceram serviços de mercenários ao governo dos Estados Unidos era denominada "Blackwater", que atuou na guerra do Iraque em 2002. Vide: https://www.conjur.com.br/2010-mar-24/eua-empresa-seguranca-atou-iraque-mira-mpf

levando no bolso, em seu próprio aparelho celular, aplicativos que resolvem todos os problemas de forma imediata, dando a falsa sensação de controle e liberdade, mas deixando cada usuário dependente do sistema que é formatado de forma unilateral, com contratos virtuais de adesão, sob as condições dos vendedores, sem a possibilidade de negociação ou discussão de seus termos, pois quem não concordar, não tem direito ao uso do produto.

Como as pessoas ficam dependentes do sistema para trabalhar, estudar, comprar, e até para comunicar-se com as outras pessoas, se submetem passivamente às regras predefinidas pelas empresas globais. Até os governos e o setor empresarial local se veem presos a esses instrumentos tecnológicos, se submetendo às regras do mercado global dos meios de comunicação.

A *global governance* foi elaborada para fazer sentido e convencer as pessoas que a globalização é a solução para o empoderamento do indivíduo, levado a crer que o Estado é incapaz de suprir suas novas necessidades. As demandas são criadas por uma política de propaganda massiva, que convence o indivíduo a consumir produtos e serviços cada vez mais modernos e tecnológicos, mas que perdem o valor em pouco tempo, quando novos produtos mais modernos e mais tecnológicos deixam o anterior obsoleto. Os bens duráveis dão lugar aos bens fugazes, descartáveis, com vida útil calculada (os produtos são feitos para apresentar defeitos ou para de funcionar após certo tempo. Isso se chama: obsolescência programada)[4]. Cria-se o vício de adquirir cada vez mais o produto da moda, a nova versão do mesmo, que se tornou ultrapassado em pouco tempo. O sistema se auto alimenta, criando a demanda, escravizando as pessoas no consumo que, ironicamente, lhes dá a sensação de liberdade.

Conforme Soares, "o discurso da global governance torna-se sedutor, ao perceber o mundo como fábula, recortada por metáforas e fantasias, dentre elas a multiplicação de objetos e serviços, acessíveis a todos". (SOARES: 2008, p. 360)

A *global governance* vem atrelada ao programa neoliberal introduzido na década de 1980 pelos governos norte-americano (do Presidente Ronald Reagan) e britânico (da Primeira Ministra

---

4 Vide em: https://idec.org.br/consultas/dicas-e-direitos/entenda-o-que-e-obsolescencia-programada

Margaret Tatcher), que preconiza o ajuste fiscal em favor dos agentes econômicos, a diminuição do papel do Estado em face da Sociedade por meio da reforma do aparelho estatal, com diminuição de funções e cargos públicos, desativação de projetos sociais, adoção de mecanismos do terceiro setor[5] para atuar em nome do Estado, em atividades antes tidas como essencialmente públicas, e privatização das empresas estatais e até de recursos naturais, como a água[6].

Soares afirma:

> Para tornar competitivo o mercado interno, houve a refundação do Estado, sob a ótica neoliberal, mediante mutações constitucionais, no sentido de fragmentar a ação política do Estado, extinguir os seus monopólios e assegurar processo de privatização de setores estratégicos da economia.

Na realidade, nessa refundação do Estado, a soberania estatal viu-se enfraquecida e subvertida, pois a própria fragmentação da ação política estatal (politics) em múltiplas políticas públicas (policies) implicou fragilidade da representação política e valorização da razão instrumental. (SOARES: 2008, p. 365)

Contudo, a globalização não pode prescindir do Estado, pois este ainda é o ente regulador e mantenedor da ordem social, não havendo, pois, um movimento para acabar com o Estado Nacional, mas focado em desacreditá-lo, oferecendo-lhe um novo papel, como protetor dos interesses internacionais, submetendo-o aos direcionamentos definidos por organismos internacionais, bem como à cartilha criada pelo chamado "Consenso de Washington":

Com o Consenso de Washington, sugeriu-se receituário da global governance, com medidas destinadas a debelar a inflação e estabilizar os sistemas econômicos dos Estados nacionais, sob o monitoramento do FMI e assessoramento financeiro do Banco Mundial. (SOARES: 2017, p. 182)

---

[5] O terceiro setor compõe as associações sem fins lucrativos, que se constituem como entidades privadas que atuam em setores públicos, como as Organizações Não-governamentais (ONGs), podendo se credenciar junto ao Estado como Organizações Sociais (OS) ou Organizações da Sociedade Civil de Interesse Público (OSCIP) para exercer atividades eminentemente públicas no lugar do Estado

[6] Vide em: https://www.saneamentobasico.com.br/privatizacao-agua-inglaterra-fracasso/

A *global governance*, embora prometa uma democracia econômica e liberdade individual por meio do acesso às redes globais de consumo e de comunicação, promove na verdade o desmonte da democracia política, a desregulamentação dos direitos fundamentais e a dependência das pessoas a um sistema totalmente controlado por empresas transnacionais.

Em nossa era, todos os meios de comunicação estão controlados ou vinculados às megaempresas transnacionais de tecnologia.

Os hardwares e softwares de todos os computadores, as redes sociais, os aplicativos de reunião, do sistema bancário, de entrega de alimentos e outros bens, de transporte, até mesmo das memórias familiares e da vida privada, com as fotos, vídeos e correspondências armazenadas no sistema remoto das "nuvens" virtuais, estão sob controle das regras desse mercado. Até os serviços públicos e a operação de órgãos estatais estão interligadas à rede global. E essa rede foi elaborada e é gerenciada por empresas privadas, cujos valores de mercado são incalculáveis.[7]

Contudo, o Estado Constitucional pode ser recuperado por meio de uma reengenharia do Estado, para que a cidadania baseada nos direitos fundamentais seja restabelecida pela sociedade, sem que seja necessário retroceder nos avanços tecnológicos, mas invertendo-se a lógica de mercado e sua razão instrumental em uma razão política que reorganize o Estado Democrático de Direito.

Para Soares, "a reengenharia do Estado deve ter como *imagem* o paradigma do Estado democrático de direito, visando à interpretação e densificação dos direitos fundamentais nas constituições e sistemas políticos históricos". (SOARES: 2016, p. 143).

A reafirmação da soberania do Estado Constitucional passa pela reedificação do arcabouço normativo constitucional, estancando o processo de desregulamentação dos direitos sociais e reafirmando o compromisso do Estado com o Bem-Estar da sociedade.

A mitigação da soberania em favor de novas estruturas

---

[7] Principalmente a partir do ano de 2020, com a pandemia global do coronavirus, que forçou o mundo a se tornar absolutamente dependente dos mecanismos cibernéticos

supranacionais e de Organizações Internacionais[8] que, cada vez mais, interferem nas políticas nacionais, deve dar lugar a uma nova soberania, baseada na defesa dos direitos humanos e da democracia efetiva, com a participação da sociedade civil nos processos decisórios e no combate à corrupção e ao emparelhamento do Estado, instituindo o que se define como a "boa governança (*good governance*).

Dialeticamente, surge no constitucionalismo global um movimento de resistência à tirania dos mercados, proveniente do sistema de valores e princípios que demarcam a realidade constitucional.

Sugere-se, portanto, o redimensionamento do Estado constitucional, sob a égide da boa governança (good governance), em busca da condução responsável dos assuntos estatais. (SOARES, 2008, p. 369)

Os direitos fundamentais no Estado Constitucional são a expressão máxima da razão política, também presente no âmbito internacional na forma de direitos humanos, dentro dos quais se incluem o direito a um governo democrático e o combate à corrupção, com a adoção de medidas de controle efetivo da atividade governamental e de regras de *compliance* para o setor empresarial.

A boa governança funda-se, por conseguinte, no pleno exercício da democracia, assente no Estado de direito, com seus pressupostos básicos:

    a) identidade coletiva;

    b) deliberações que legitimem as ações políticas estatais;

    c) sistema político eficiente e responsável;

    d) primado da ética na gestão de recursos públicos;

    e) reconhecimento, por parte de uma comunidade política, de uma responsabilidade compartilhada;

---

[8] De acordo com Soares: "a diluição da soberania, em favor da global governance, decorreu tanto da delegação de competências para as instituições supranacionais visando à construção do Estado-comunidade, quanto para as corporações multinacionais economicamente poderosas, que se envolvem no exercício do poder, sem legitimidade e não se submetendo às responsabilidades usuais dos órgãos do Estado". (SOARES: 2016, p. 186)

> f) e a outorga de necessárias competências aos órgãos estatais incumbidos de prevenir e combater a corrupção. (SOARES: 2008, p. 369)

Um novo pacto social deve ser proposto, conclamando a sociedade a repensar o seu papel passivo diante do desmonte do Estado Democrático de Direito, para reestruturar os Estados Constitucionais, preparando-os para a defesa dos interesses da sociedade, sem com isso abrir mão dos avanços tecnológicos e de seu uso cada vez mais includente, mas regulando de forma independente a atividade das empresas que têm acesso a informações privilegiadas da sociedade civil e de órgãos estatais, reafirmando a supremacia dos direitos fundamentais da Constituição e exigindo o respeito à democracia e ao cumprimento de deveres legais e éticos, que permitam o fornecimento dos bens e serviços proporcionados pela globalização, sem o comprometimento da relação do Estado com a sociedade.

Para Soares,

> A constituição deve converter-se, então, em verdadeiro sistema de preceitos, dotado de força jurídica vinculante, que, ao irradiar sua legitimidade em eficientes mecanismos de controle do poder, acaba por contrapor-se às fabulações da razão instrumental da globalização. (SOARES: 2018, p. 370)

A conscientização da sociedade nacional, como base do Estado Constitucional, é indispensável para que o processo de construção de uma nova cidadania seja realmente democrático, devendo o governo contribuir para o debate e promover políticas públicas de inclusão social, pois as pretensas benesses da globalização atingem apenas a uma pequena parcela da população, excluído e marginalizando as classes menos favorecidas, que sonham em se tornar consumidores dos bens tecnológicos e se esquecem que perderam os direitos sociais básicos.[9]

Soares afirma que "esta nova cidadania, denominada cosmopolita, deve acatar o discurso da razão política, tendo como pressuposto o exercício da *good governance* pelos Estados

---

[9] De fato, há pessoas que economizam para adquirir uma televisão, ou um celular de última geração, mas não têm plano de saúde, acesso à educação de qualidade ou planejamento previdenciário, pois a exemplo dos privilegiados da sociedade, estão escravizados pela lógica do mercado e pela razão prática da globalização

Constitucionais. (SOARES: 2017, p. 193)

É preciso buscar o equilíbrio entre os interesses de mercado e os direitos fundamentais da sociedade civil, alicerçados no bom funcionamento do Estado e na harmonia social, base para a manutenção da ordem e da justiça social.

Mudar este paradigma perpassa, assim, por uma mudança cultural, de reafirmação do Estado Constitucional, da democracia, dos direitos fundamentais e da boa governança.

Referências

SOARES, Mario L. Quintão. **Teoria do Estado:** novos paradigmas em face da globalização. 3ª ed. São Paulo: ATLAS, 2008.

SOARES, Mario L. Quintão. **A Reengenharia do Estado e do Processo de Integração Europeu na Perspectiva da Globalização**. IUS GENTIUM, vol. 7, nº 2 (139-162), Curitiba: jul/dez 2016.

SOARES, Mario L. Quintão. **Tensão entre os Discursos da Razão Instrumental da Globalização e da Razão Política do Estado Constitucional**. REVISTA DE DIREITO DE LÍNGUA PORTUGUESA, Ano V, nº 10 (179-194), Lisboa: jul/dez 2017.

A obrigatoriedade das deliberações da Organização Mundial da Saúde no contexto da proteção da Saúde Pública Internacional

Cristiane Helena de Paula Lima Cabral[1]

Introdução

O ano é 2019, e ninguém imaginava que uma cidade chinesa de nome de difícil pronúncia seria o epicentro de uma das maiores crises sanitárias passadas pelo mundo pós-fim da Segunda Guerra Mundial.

As incertezas diante do surgimento de uma nova doença, denominada agora de COVID-19 e a falta de informações sobre o seu surgimento e as suas formas de transmissão fazem com que a China, o primeiro Estado a ser atingido, adote medidas com a tentativa de conter a expansão do vírus.

No entanto, as medidas adotadas pelo Governo Chinês não foram suficientes e diante disso, começa a prevalecer nesse cenário a atuação de uma organização internacional vinculada ao Sistema das Nações Unidas – a Organização Mundial da Saúde (OMS).

Fundada a setenta e dois anos, no dia 07 de Abril de 1948, data em que ficou estabelecida como o "dia mundial da saúde", a Organização Mundial da Saúde tem como pilar básico a saúde, tida como direitos humanos a partir da acepção de que todos têm o direito de usufruírem do mais alto padrão de saúde.

A despeito de sua criação ter se dados dois anos após o surgimento das Nações Unidas é imperioso destacar que atualmente, a atuação da OMS está revestida de diversas críticas, chegando-se, inclusive, a ter o seu papel contestado no que se refere

---

[1] Doutora em Direito Público Internacional pela Pontifícia Universidade Católica de Minas Gerais. Mestre em Ciências Jurídico Internacionais pela Faculdade de Direito da Universidade de Lisboa. Professora Universitária. Empreendedora. Contato: crishelenalima@gmail.com

ao controle de pandemias, tendo em vista a sua demora na ação para conter o COVID-19, e até mesmo na ausência de sanção para determinado Estado que eventualmente descumprir as suas recomendações, declarações ou protocolos.

Diante disso, esse artigo pretende fazer uma abordagem, dentro da Nova Ordem Mundial, onde, cada vez mais, novos atores desempenham um papel relevante, e fazendo surgir, a discussão da necessidade de criação de uma constituição única para abranger determinados direitos básicos para todos indivíduos, acerca da atuação da Organização Mundial da Saúde (OMS) no cenário de proteção e promoção da saúde internacional e as repercussões das suas ações dentro da sociedade internacional, repensando-se, até mesmo, o papel das Organizações Internacionais (OI´s) dentro do Direito Internacional Público.

Partindo de uma abordagem crítica, e utilizando-se do método teórico, a partir de pesquisas bibliográficas, pretende-se discutir que, analisando a atuação brasileira no contexto da COVID-19, a obrigatoriedade das normas da OMS, com uma definição e explanação sobre as denominadas *soft laws*, com o intuito de se mostrar a necessidade de adoção de políticas comuns por parte dos Estados, com vistas a proteger a saúde e a evitar outros casos de pandemias como a COVID-19.

Contexto de Criação das Organizações Internacionais

Num primeiro momento, antes de adentrarmos especificadamente no tema, é importante apresentar o contexto de criação da Organização Mundial da Saúde, assim como a origem das Organizações Internacionais e a sua relevância para o mundo contemporâneo.

As Organizações Internacionais E As Suas Deliberações

As Organizações Internacionais, na definição de Ricardo Seitenfus, são sujeitos de direito internacional que

> podem ser definidas como associações voluntárias de Estados[2], constituindo uma sociedade, criada por um tratado, com a finalidade de buscar interesses comuns através de uma permanente cooperação entre os seus membros

Nesse sentido, elas são criadas com o objetivo de servirem como fóruns permanentes de diálogo e discussão, com intuito para dirimir conflitos, partindo da ideia de cooperação, no qual, os seus membros podem tomar decisões conjuntas sobre diversos assuntos.

E é por essa razão que as Organizações Internacionais se revestem de valores e princípios que são compartilhados numa esfera transnacional, e a partir da sua constituição, através de tratados internacionais, elas passam a dispor sobre todo seu âmbito de atuação, bem como as suas competências. As OI´s figurariam assim como grandes centros de promoção da governança global[3].

Dentro das suas inúmeras características, além das questões relativas à multilateralidade, as Organizações Internacionais são organismos permanentes, pois, elas constituem-se para durarem de forma permanente, atuando também, de forma independente da dos seus Estados membros.

---

[2] Importante destacar que e considerando o disposto na Carta das Nações Unidas que as recomendações/decisões das Organizações Internacionais vinculam apenas aos Estados que aderem ou ratificam o seu tratado constitutivo, com exceção dos casos relativos à paz e segurança internacionais. Cfr em: ORGANIZAÇÃO DAS NAÇÕES UNIDAS. Carta de São Francisco, 24 de outubro de 1945. Disponível em: <https://nacoesunidas.org/carta/cap1/>. Acesso em 21 de abril de 2020. Corroborando com esse entendimento, Ricardo Seintefus também preceitua que: "Apesar do crescimento incessante do número e do alcance das OI, os Estados mantêm plena autonomia de vontade. Ou seja, eles as criam ou a elas aderem e maneira voluntária. O desejo manifesto por um Estado de integrar uma OI constitui condição **sine qua non** de sua participação. Ou seja, os Estados não são obrigados a fazê-lo mas, uma vez aceito o seu ingresso, comprometem-se tanto quanto aqueles que as criaram. Cfr em SEINTEFUS, Ricardo. Da esperança à crise: as organizações internacionais frente ao Direito e ao poder. Disponível em: <http://www.seitenfus.com.br/arquivos/esperan%C3%%A7a-crise.pdf>. Acesso em 21 de abril de 2020.

[3] Para Ricardo Seintefus, as OI não se opõem aos Estados, constituindo, de fato, um instrumento complementar indispensável às ações estatais. Cfr em SEINTEFUS, Ricardo. Da esperança à crise: as organizações internacionais frente ao Direito e ao poder. Disponível em: <http://www.seitenfus.com.br/arquivos/esperan%C3%%A7a-crise.pdf>. Acesso em 21 de abril de 2020.

As OI´s, portanto, seriam capazes de proteger valores da sociedade internacional, como, por exemplo, a proteção dos indivíduos e permitir que haja uma governança através do compartilhamento de informações. Os Estados têm noção do seu papel no cenário internacional e para tanto, ao instituir as OI´s faz com elas funcionem como um centro de convergência dessa atuação.

Um ponto que merece destaque é que a grande maioria das Organizações Internacionais não são dotadas de supranacionalidade razão pela qual os seus membros não delegam competências a esses órgãos e, portanto, constituem-se como organizações intergovernamentais, sendo as suas decisões, em grande maioria, tomadas por consenso.

Considerando o cenário de surgimento das Organizações Internacionais, onde que, até a Primeira Guerra Mundial, havia um direito de coexistência, o Direito Internacional clássico vê-se obrigado a modificar-se a basear a sua relação num determinado grau de subordinação entre os Estados e os organismos criados.

Assim, e conforme dito, as OI´s criam estruturas de poder acima e também paralelamente aos Estados, mesmo que isso não signifique o surgimento de um Governo global, no entanto, é preciso ressaltar que, até mesmo as Organizações Internacionais devem se modificar e se reestruturar a partir da transformação mundial, seja em virtude de pandemias ou através do fenômeno da globalização.

Importante destacar que as Organizações Internacionais manifestam a sua vontade a partir de determinados atos e que eles possuem força normativa, tornando-se obrigatória para os Estados, sejam aquelas provenientes da *hard Law* ou às *soft laws*.

Nesse cenário, e apesar de alguns autores considerarem que o surgimento das Organizações Internacionais se deu na antiguidade, com a Companhia das Índias[4], foi com o Tratado de Versailles, em 1920, e após o fim da Primeira Guerra Mundial que a sociedade internacional presenciou, efetivamente, o nascimento das

---

4 Cfr em: PIFFER, Carla. Organizações internacionais: um breve estudo sobre a organização dos estados americanos. Revista Eletrônica Direito e Política, Itajaí, v.2, n.2, 2º quadrimestre de 2007. Disponível em: <www.univali.br/direitoepolitica>. Acesso em 21 de abril de 2020.

Organizações Internacionais.

Uma das primeiras, a Liga das Nações ou Sociedade das Nações, substituída, em 1945, pela Organização das Nações Unidas foi a primeira organização internacional de escopo universal em bases permanentes, voluntariamente integrada por Estados soberanos com o objetivo principal de instituir um sistema de segurança coletiva, promover a cooperação e assegurar a paz futura. O seu tratado constituidor foi anexado ao Tratado de Versailles, que pôs fim à Primeira Guerra Mundial, documento esse, assinado pelos Estados vencedores em conjunto com a Alemanha.

Juntamente com a criação da Liga das Nações, a Organização Internacional do Trabalho, instituída em 1919, foi uma organização exitosa e que continua existindo nos dias atuais, tendo função extremamente relevante na atuação e defesa dos direitos sociais, basicamente, o Direito do Trabalho.

No contexto de criação das Nações Unidas que surge a Organização Mundial da Saúde, em 1948, no entanto, considerando essa ser a temática principal do presente artigo, falaremos delas no próximo tópico.

Uma análise sobre a *hard Law* e *soft Law* no âmbito das Organizações Internacionais

As Organizações Internacionais se manifestam por diversas formas, e dentro das suas principais características, de serem independentes dos Estados membros, elas também vão produzir o seu direito.

Até então, os tratados internacionais e os costumes internacionais são considerados como as principais fontes do Direito Internacional Público e, conforme tratados sobre o tema, tanto Estados, quanto Organizações Internacionais podem participar do processo de constituição de um tratado internacional.

No entanto, é preciso destacar que, o Direito Internacional, constitui um dos ramos do Direito que está em constante transformação e para tanto, faz-se necessário que haja uma mudança e uma readequação referente à aplicação das suas fontes.

Em seu processo de manifestação, as Organizações Internacionais, podem, por exemplo, emitirem pareceres, declarações ou recomendações sobre determinado assunto de sua competência e para tanto, discute-se a sua obrigatoriedade, sem, considerar o princípio da boa fé e o *pacta sund servanda*.

Com essas considerações, é importante destacarmos que as noções de fontes de Direito Internacional devem evoluir de acordo com a própria transformação do Direito Internacional Clássico e as disposições acerca da participação de outros atores no cenário internacional, inclusive, a própria Organização Internacional.

É preciso que haja uma evolução na acepção e na adoção de outras fontes e diretrizes advindas de certos sujeitos que não apenas os Estados[5], mesmo que diversos textos internacionais concedem apenas a elas ou em alguns casos, às Organizações Internacionais, a prerrogativa de participação na produção do arcabouço jurídico internacional.

Dentro das definições e na atuação das Organizações Internacionais, e no caso do presente artigo, a Organização Mundial da Saúde, deve-se ressaltar que ainda discute-se a obrigatoriedade das suas decisões, especialmente aquelas que, por ventura, não estejam embasadas em sua Constituição e no Regulamento Sanitário Internacional.

Desta forma, faz sentido discutir a importância, relevância e obrigatoriedade das normas de *soft law* dentro desse novo Direito Internacional para ao fim, chegar à conclusão de que as declarações apresentadas pela Organização Mundial da Saúde, não só no contexto da COVID-19, devem ser cumpridas por todos os alunos.

Hard Law e Soft Law

Conforme dito acima, as Organizações Internacionais em sua atuação na sociedade internacional e para o cumprimento dos seus objetivos participam da produção de normas que são aplicadas pelo

---

[5] Vide a Convenção de Viena sobre Direito dos Tratados e as disposições do Estatuto da Corte Internacional de Justiça acerca das disposições sobre apresentação de demandas e utilização de fontes de Direito Internacional.

Direito Internacional, porém, uma das suas características é, justamente, criar as denominadas *soft laws*.

Portanto, tem-se assim, as denominadas *hard Law* e *soft law* importantes denominações para explanar a questão da aplicabilidade da norma advinda do Direito Internacional.

Por conceituação, pode-se dizer que *soft Law e hard law* são:

> O termo *soft law* é usado para denotar acordos, princípios e declarações que não são juridicamente vinculativos. Os instrumentos de *soft law* são predominantemente encontrados na esfera internacional. As resoluções da Assembleia Geral da ONU são um exemplo de *soft law*. A *hard* law refere-se geralmente a obrigações legais vinculativas para as partes envolvidas e que podem ser legalmente aplicadas perante um tribunal. (EECHR, 2020)[6]

> Instrumentos com efeito vinculativo extra legal. De maneira mais geral, a *soft law* é usada na literatura jurídica para descrever princípios, regras e padrões que regem as relações internacionais que não são consideradas como originárias de uma das fontes de direito internacional enumeradas no art. 38 do Estatuto da Corte Internacional de Justiça. (THÜRER, 2009, p. 3)[7]

Nessa noção de *soft law* Thürer (2009, p. 4), vai definir que as resoluções, recomendações e decisões das Organizações Internacionais constituem exemplos de *soft law* "como regra geral, de caráter não vinculativo, a não ser que haja previsão expressa no seu tratado constituidor ou quando tais resoluções refletem princípios ou regras consagradas em fontes do direito internacional"[8].

---

[6] No original: The term soft law is used to denote agreements, principles and declarations that are not legally binding. Soft law instruments are predominantly found in the international sphere. UN General Assembly resolutions are an example of soft law. Hard law refers generally to legal obligations that are binding on the parties involved and which can be legally enforced before a court.

[7] No original: 'instruments with extra-legal binding effect'. More generally, soft law is used in legal literature to describe principles, rules, and standards governing international relations which are not considered to stem from one of the → sources of international law enumerated in Art. 38 (1) ICJ Statute

[8] Importante destacar que, o próprio autor, ao explicar a importância das *soft laws* cita a atuação das Organizações Internacionais e instituições ligadas ao Direito Econômico Internacional, que, através das suas manifestações pretendem provocar uma interferência na economia global. Cfr em: THÜRER, Daniel. Soft

O uso da *soft law* vai se justificar pois é possível a sua aplicabilidade em diversas situações, especialmente em questões de comércio internacional, onde ela é exaustivamente utilizada, sem efetivamente ferir a soberania dos Estados.

Além disso, elas podem funcionar como uma interpretação do Direito Internacional, contribuindo para a sua modelagem e desenvolvimento, auxiliando na aplicação das obrigações juridicamente vinculativas de tratados fundadores das Organizações Internacionais, por exemplo.

Tal fato pode ser compreendido da seguinte maneira:

> A crescente relevância da *soft law* no desenvolvimento do direito internacional e no reforço da regulação global pós-1945 constitui uma das tendências estruturantes do direito internacional atual que se materializa em mecanismos distintos que variam com o tipo de *soft law* em causa. A *soft law* primária ou autônoma teve um impacto inovador ao constituir o pilar estruturante da gênese de novas áreas do direito internacional, como sucedeu nos casos da Declaração Universal dos Direitos Humanos de 1948 em relação ao direito internacional dos direitos humanos e da Declaração de Estocolmo de 1972 relativamente ao direito internacional do ambiente. A *soft law* secundária está associada a, e dependente de instrumentos de *hard law*, em especial tratados internacionais, contribuindo para a sua interpretação ou para a integração de lacunas como no caso dos comentários gerais elaborados pelo Comitê dos Direitos Humanos, no âmbito dos Pacto Internacional sobre Direitos Civis e Políticos, e pelo Comitê dos Direitos Econômicos, Sociais e Culturais no âmbito do Pacto Internacional sobre Direitos Econômicos, Sociais e Culturais (NEVES, 2013, p. 267)

Nesse cenário de incertezas e discussões acerca da adoção de qual medida para o controle e combate de epidemias/pandemias as *soft law*s possuem extrema relevância pois elas conseguem dialogar com vários atores do Direito Internacional, especialmente nas novas áreas, em que há uma participação de vários setores e há uma necessidade de intercâmbio entre direito e ciência.

A *soft law* permite uma adaptabilidade e flexibilidade maior ao conseguir uma promoção entre sistemas jurídicos e de aplicação do

---

law. **Oxford Public International Law**. March, 2009. Disponível em: <http://docenti.unimc.it/paolo.palchetti/teaching/2017/17311/files/soft-law-1> Acesso em 04 de junho de 2020.

próprio Direito Internacional, podendo, inclusive, trazer novos princípios.

Questões relativas à saúde são um exemplo em que o uso da soft law irá contribuir para a definição de políticas comuns, além da construção de um conhecimento científico capaz de auxiliar na resolução de problemas.

Não se pode assim, refutar a importância da soft law na construção do Direito Internacional Moderna e obrigatoriedade do seu uso[9].

A Saúde como um Direito Global e a Organização Mundial da Saúde

Ao contrário do que se imagina, a tentativa de se proteger questões sanitárias data desde o século XIX em virtude das revoluções industriais empreendidas até então e que ocasionaram um aumento no fluxo de mercadorias e pessoas e, consequentemente de doenças.

Para tanto, era necessário a criação de um foro para a discussão e cooperação sobre aspectos relativos à saúde e para tanto, em 1851, em Paris, foi realizada a primeira Conferência Internacional da Saúde, com o objetivo de se estabelecer um "Consenso Internacional da Saúde", que, em 1982, foi estabelecido para abordar questões relativas à cólera[10].

Na América Latina algumas conferências também foram realizadas com o intuito de se discutir assuntos relacionais à cólera e inúmeros esforços são relatados com o propósito de se

---

[9] Cfr maiores informações em: OLIVIER, Michèle. "The Relevance of 'soft Law' as a Source of International Human Rights." **The Comparative and International Law Journal of Southern Africa** 35, no. 3 (2002): 289-307. Disponível em: <www.jstor.org/stable/23252173>. Acesso em 04 de junho de 2020.

[10] Cfr maiores informações em MATTA, Gustavo Corrêa. A organização mundial da saúde: do controle de epidemias à luta pela hegemonia. **Trab. educ. saúde**, Rio de Janeiro , v. 3, n. 2, p. 371-396, Sept 2005. Disponível em: <http://www.scielo.br/scielo.php?script=sci_arttext&pid=S1981-77462005000200007&lng=en&nrm=iso>. Acesso em 21 Apr. 2020.

estabelecer consensos quanto à prevenção e classificação de doenças.

Um dos mais relevantes, ocorrido em 1902, na cidade de Washignton, nos Estados Unidos, serviu para a criar a Organização Pan Americana de Saúde (OPAS) que funciona como a agência regional da Organização Mundial da Saúde no âmbito das Américas. MATTA (2005) também cita outros encontros como o Office International d'Hygiène Publique (OIHP), em Pa r i s (1907); e The Health Organization of the League of Nations, sediado em Genebra, Suíça (1919), todos com objetivo de exercer o controle e a prevenção da transmissão de doenças entre os países, como, por exemplo, no estabelecimento de um Consenso Sanitário Internacional para a navegação aérea.

No entanto, o fim da Segunda Guerra Mundial serve para demonstrar que essas tentativas de conferências não foram suficientes para a instituição de uma Organização Internacional única e capaz de dispor de questões relativas à saúde, conforme se vê em documento próprio da OMS:

> Todas essas instituições eram limitadas no espaço, no tempo ou em suas funções, tornando claro que o final da Segunda Guerra Mundial devia assistir à criação de uma única organização mundial de saúde de caráter intergovernamental, no interior da estrutura das Nações Unidas, a qual deveria assumir não somente a responsabilidade das instituições pioneiras, mas ter a amplitude das necessidades colocadas pelos novos problemas deixados pela guerra e as mudanças das condições do mundo pós-guerra. (WHO, 1948, apud MATTA, 2005

Os problemas provocados pelo fim da Segunda Guerra Mundial forma inúmeros e dentre eles não poderíamos deixar de citar as questões sanitárias e de saúde e, portanto, cada vez mais, urge-se a necessidade de criação de uma Organização Internacional única e capaz de apresentar padronizações de ações e de condutas nessa seara.

Assim, Brasil e China, em 1945, apresentam uma proposta para criação de uma nova e autônoma organização internacional que consolidou-se em 1946 com a instituição da Constituição da

Organização Mundial da Saúde[11], entrando esta em vigor em 1948, no dia 07 de abril, após a ratificação de 26 dos 61 Estados que participaram da Conferência Mundial da Saúde[12], em Nova York, em 1946.

Está instituída assim, a Organização Mundial da Saúde, uma agência especializada das Nações Unidas, que tem como documento base o Regulamento Sanitário Internacional[13], tem a sua definição trazida no site da Organização Pan Americana da Saúde, como o instrumento jurídico internacional vinculativo para 196 países em todo o mundo, que inclui todos os Estados Membros da OMS. Seu objetivo é ajudar a comunidade internacional a prevenir e responder a graves riscos de saúde pública que têm o potencial de atravessar fronteiras e ameaçar pessoas em todo o mundo. (OPAS, 2020).

Um dos principais motivos para a sua criação foi justamente a possibilidade de cooperação técnica e científica a partir do monitoramento das políticas de saúde em todo o mundo. Além disso, podem, sempre que necessário, atuar nos sistemas de saúde nacionais.

Diante disso, vê-se a atuação da OMS em diversas frentes, como, por exemplo, em 1952-1957 com a campanha de vacinação da pólio; em 1963 com a campanha de vacinação contra sarampo e rubéola; em 1974 com o programa de imunização de vacinas para o mundo todo; em 1979 com a eliminação da varíola; atuação no controle do anti viral da AIDS; em 2012 no controle de doenças cardíacas, diabetes e câncer, dentre diversas frentes de atuação[14].

Um documento relevante e que demonstra a atuação da OMS na saúde pública internacional é a Declaração "Alma-Ata" que ao prever um programa de saúde para todos e ao trabalhar em

---

[11] Criada com três órgãos constitutivos: Assembleia da Saúde, Conselho Executivo e Secretariado, além de contar com o auxílio de 06 escritórios regionais. Atualmente conta com 194 membros. Cfr informações em: WORLD HEALTH ORGANIZATION. Quien somos. Disponível em:< https://www.who.int/about/es/> Acesso em 21 de abril de 2020.

[12] O Brasil ratificou a Constituição da OMS através do decreto nº 26.042/1948.

[13] Num primeiro momento, os Regulamentos Sanitários Internacionais tinham como objetivo cuidar de doenças relativas à cólera, peste varíola e febre amarela.

[14] Maiores informações podem ser consultadas no sítio próprio da Organização, disponível em: <https://www.who.int/es>. Acesso em 21 de abril de 2020.

conjunto com a UNICEF (outra agência especializada as Nações Unidas), elevando assim a OMS a uma organização responsável pela condução das políticas sociais, imposição de valores como o direito à saúde, participação social, equidade no acesso aos recursos, e especialmente, adoção de políticas que visam intervir nas desigualdades sociais e no fosse entre países ricos e pobres, atingindo-se o seu apogeu de influência internacional. (MATTA, 2005, p. 380).

> III) O desenvolvimento econômico e social baseado numa ordem econômica internacional é de importância fundamental para a mais plena realização da metade Saúde para Todos no Ano 2000 e para a redução da lacuna existente entre o estado de saúde dos países em desenvolvimento e o dos desenvolvidos. A promoção e a proteção da saúde dos povos é essencial para o contínuo desenvolvimento econômico e social e contribui para a melhor qualidade de vida e para a paz mundial. IV) É direito e dever dos povos participar individual e coletiva mente no planejamento e na execução de seus cuidados de saúde DECLARAÇÃO ALMA-ATA, WHO, 1978)

No entanto, a crítica de diversos Estados e do setor econômico acerca da implementação desse programa, bem como a efetivação de outras agências especializadas também na direção de sistemas nacionais da saúde, faz com que a OMS perca o seu protagonismo nessa área e passe a conviver, constantemente, com críticas sobre a sua atuação, porém, tais aspectos serão abordados em item próprio.

A saúde como direito basilar da OMS

A proteção dos direitos individuais e/ou coletivos tem como base os ideais liberais da Revolução Francesa que trouxe os seus três pilares: liberdade, igualdade e fraternidade, além dos ditames trazidos pela Revolução Industrial ao demonstrar a necessidade de proteção dos denominados direitos sociais.

Inclui-se a saúde como um direito de segunda dimensão ou geração, ao elencá-la no rol dos direitos sociais[15] e a partir desse

---

[15] Cfr maiores informações em: BAHIA, Saulo José Casali. Poder Judiciário e direitos humanos. **Revista de Doutrina – TRF4**. Disponível em: < https://revistadoutrina.trf4.jus.br/index.htm?https://revistadoutrina.trf4.jus.br/artigos/edicao020/Saulo_Bahia.htm>. Acesso em 22 de abril de 2020 e BAHIA,

momento, esse direito também passa a ter proteção em diversos tratados internacionais, sempre com plano de fundo à proteção da saúde humana.

Assim, podemos citar a menção à saúde em alguns textos internacionais como[16]:

> Todo ser humano tem direito a um padrão de vida capaz de assegurar-lhe, e a sua família, saúde e bem-estar, inclusive alimentação, vestuário, habitação, cuidados médicos e os serviços sociais indispensáveis, e direito à segurança em caso de desemprego, doença, invalidez, viuvez, velhice ou outros casos de perda dos meios de subsistência em circunstâncias fora de seu controle. (Artigo 25 da Declaração Universal dos Direitos Humanos, ONU, 1948)

> 1. Os Estados Partes do presente Pacto reconhecem o direito de toda pessoa de desfrutar o mais elevado nível possível de saúde física e mental.

> 2. As medidas que os Estados Partes do presente Pacto deverão adotar com o fim de assegurar o pleno exercício desse direito incluirão as medidas que se façam necessárias para assegurar:

> a) A diminuição da mortinatalidade e da mortalidade infantil, bem como o desenvolvimento é das crianças;

> b) A melhoria de todos os aspectos de higiene do trabalho e do meio ambiente;

> c) A prevenção e o tratamento das doenças epidêmicas, endêmicas, profissionais e outras, bem como a luta contra essas doenças;

> d) A criação de condições que assegurem a todos assistência

---

Saulo José Casali. SILVA, Diogo Barbosa e. Conciliando o mínimo existencial e a reserva do possível. **Revista Brasileira de Direitos e Garantias Fundamentais**. Curitiba | v. 2 | n. 2 | p. 01 - 20 | Jul/Dez. 2016. Disponível em: < https://www.indexlaw.org/index.php/garantiasfundamentais/article/download/ 1623/2093> Acesso em 22 de abril de 2020.

[16] Vide também o ___________. Comentário Geral n° 14 do artigo 12 do Pacto Internacional dos Direitos Econômicos, Sociais e Culturais. In: ORGANIZAÇÃO DAS NAÇÕES UNIDAS. Provedoria de Direitos Humanos. Compilação de Instrumentos Internacionais de Direitos Humanos. Disponível em: <http://acnudh.org/wp-content/uploads/2011/06/Compilation-of-HR-instruments-and-general-comments-2009-PDHJTimor-Leste-portugues.pdf>. Acesso em 22 de abril de 2020. p. 150-168.

> médica e serviços médicos em caso de enfermidade. (Artigo 12, Pacto Internacional sobre Direitos Econômicos, Sociais e Culturais, ONU, 1966)

> 1.Toda pessoa tem direito à saúde, entendida como o gozo do mais alto nível de bem-estar físico, mental e social.

> 2. A fim de tornar efetivo o direito à saúde, os Estados Partes comprometem-se a reconhecer a saúde como bem público e, especialmente, a adotar as seguintes medidas para garantir este direito: (...) (Artigo 10, Protocolo de San Salvador, Organização dos Estados Americanos)

Nesse sentido, a própria Organização Mundial da Saúde define o termo como "um estado de completo bem-estar físico, mental e social e não apenas a ausência de doença ou enfermidade"17 e diante dessa consideração, a própria Constituição da OMS determina em seu preâmbulo que *"a saúde de todos os povos é condição fundamental para se chegar à paz, a segurança e depende da mais ampla cooperação das pessoas e dos Estados"18*.

Em 1978, a ONU, simultaneamente à realização da Assembleia Mundial de Saúde, reafirma que a saúde é a alavanca poderosa para

---

[17] Importante destacar que o Pacto Internacional sobre Direitos Econômicos, Sociais e Culturais não adotou o referido conceito trazido pela OMS de saúde, conforme se vê: "No entanto, a referência do artigo 12.o , n.º 1 do Pacto, "do melhor estado de saúde física e mental possível de atingir", não se limita ao direito aos cuidados de saúde. Pelo contrário, o historial da elaboração e da redacção expressa no artigo 12.o , n.º 2 reconhece que o direito à saúde engloba uma vasta gama de factores socioeconómicos que promovem as condições nas quais as pessoas podem levar uma vida sã e torna esse direito extensivo aos factores determinantes básicos da saúde, como alimentação, nutrição, alojamento, acesso a água limpa e potável e condições sanitárias adequadas, condições de trabalho seguras e saudáveis e um meio ambiente são. Cfr em: _________. Comentário Geral nº 14 do artigo 12 do Pacto Internacional dos Direitos Econômicos, Sociais e Culturais. In: ORGANIZAÇÃO DAS NAÇÕES UNIDAS. Provedoria de Direitos Humanos. Compilação de Instrumentos Internacionais de Direitos Humanos. Disponível em: <http://acnudh.org/wp-content/uploads/2011/06/Compilation-of-HR-instruments-and-general-comments-2009-PDHJTimor-Leste-portugues.pdf>. Acesso em 22 de abril de 2020. p. 150-168

[18] Cfr. em. ORGANIZAÇÃO MUNDIAL DA SAÚDE. Constituição, 1948. Disponível em: < https://www.who.int/es/about/who-we-are/constitution>. Acesso em 22 de abril de 2020. Para alcançar esse direito, a OMS pode adotar ações coordenadas com todos.

o desenvolvimento socioeconômico e a paz. A ONU repete a estratégia em 1981, adotando a Estratégia Global para Saúde para Todos no Ano 2000, solicitando o apoio de outras organizações internacionais interessadas em colaborar com a OMS. (MATTA, 2005, p. 375)

Além disso, a própria questão relativa à saúde pública está presente nos Objetivos do Desenvolvimento Sustentável conforme pode se ver:

> Com a ampliação do debate internacional, em 2015, a cobertura universal foi incorporada na Agenda 2030 como meta de um dos Objetivos de Desenvolvimento Sustentável (ODS). A meta 3.8 do ODS 3 'Saúde e Bem-estar' é 'atingir a cobertura universal de saúde, incluindo a proteção do risco financeiro, o acesso a serviços de saúde essenciais de qualidade e o acesso a medicamentos e vacinas essenciais seguros, eficazes, de qualidade e a preços acessíveis para todos'. (GIOVANELLA; MACHADO, 2018, p.12).

Desta feita, o papel da OMS concentra-se em estabelecer, junto com os seus membros, uma cobertura universal de saúde, atuando com diversos setores para auxiliar os Estados a desenvolver e acompanhar planos de saúde consistente para todos, facilitando o acesso aos serviços de saúde e tornando o acesso à informação acessível.

Acerca da proteção propriamente dita à saúde, a atuação da OMS está resguarda na sua Constituição, especificamente no artigo 2º ao trazer algumas de suas funções como: atuar como autoridade diretiva e coordenada em assuntos de saúde internacional, estabelecer normas uniformes de diagnósticos e padronização de doenças (CID); auxiliar aos Estados na melhora dos seus serviços de saúde, elaborando estudos científicos, dentre outras inúmeras funções.

O artigo 21 da Constituição da OMS, que defere à Assembleia da Saúde, seu órgão deliberativo, o poder de emitir regulamentos sobre temas diversos, dentre os quais, *"medidas sanitárias e de quarentena e outros procedimentos destinados a evitar a propagação internacional de doenças"* (Constituição da OMS, artigo 21, "a").

Além disso, o Regulamento Sanitário Internacional (RSI), de

2005,[19] é salutar em afirmar que os Estados devem notificar a Organização Mundial da Saúde quando houver algum fato que constitua emergência à saúde. Nesse sentido, a OMS ficará responsável, juntamente, se for o caso, com o Estado onde ocorreu o episódio para a adoção de medidas para combater eventual surto[20].

Dentro da atuação para conter epidemias ou pandemias, o próprio RSI, também define a emergência de saúde pública *"um evento extraordinário que, (...), é determinado como: I) constituindo um risco para a saúde pública para outros Estados, devido à propagação internacional de doença; II) potencialmente exigindo uma resposta internacional coordenada".*

Nesse contexto todo, além da própria definição da saúde com um direito humano, traz à tona questões relativas à saúde são de extrema urgência, para, até mesmo, definir programas globais de saúde que estarão alinhados com a noção de segurança internacional, alocação de recursos e difusão de políticas comuns para serem seguidas por todos os Estados, portanto, é preciso discorrer sobre a obrigatoriedade das decisões da Organização Mundial nesse cenário de proteção da saúde global[21].

Diante da atuação da OMS, e considerando os seus fins, muito se tem discutido sobre o uso da expressão "saúde global",

---

[19] O Brasil ratificou e aprovou o referido Regulamento pelo Decreto Legislativo n° 395/09, publicado no DOU de 10/07/09, e em um dos primeiros artigos é possível verificar um dos seus propósitos que é prevenir, proteger, controlar e adotar medidas restritas aos riscos para a saúde pública, inclusive, o tráfego e comércio internacionais.

[20] Dentro desse aspecto, a Organização Mundial da Saúde detém de competência para determinar o alcance de uma doença, como, por exemplo, no caso da Covid-19, onde a mesma o qualificou como uma pandemia que pode ser compreendida como: uma epidemia que ocorre "em todo o mundo mais ou menos ao mesmo tempo". ___________________. O que é pandemia e o que muda com declaração da OMS sobre o novo corona vírus. **BBC Brasil**, 11 de março de 2020. Disponível em: <https://www.bbc.com/portuguese/geral-51842518>. Acesso em 07 de abril de 2020.

[21] Cfr maiores informações em: KEVANY, Sebatian. Global Health Diplomacy, 'Smart Power', and the New World Order. **Global Public Health: An International Journal for Research, Policy and Practice**, Volume 9, 2014 - Issue 7. Disponível em: < https://www.tandfonline.com/doi/abs/10.1080/17441692.2014.921219?src=recsys&journalCode=rgph20>. Acesso em 04 de junho de 2020.

instituindo-se assim, a denominada "governança global da saúde[22]", conforme se vê:

> A expressão 'saúde global' é, por vezes, apresentada como uma resposta puramente racional a eventos novos e ameaçadores na saúde pública, tais como epidemias internacionais atingindo tanto países ricos como países pobres, e a migração ilegal de populações. Como mostramos neste artigo, essa expressão emergiu como parte de um processo histórico e político mais amplo, em meio a um debate ainda não resolvido sobre a direção que deve tomar a saúde pública, no contexto de uma ordem mundial neoliberal, no qual a OMS viu seu papel, antes dominante, ser desafiado, e começou a reposicionar-se no âmbito de um conjunto de alianças de poder em transformação (BROWN; CUETO; FEE, 2006, p. 641)

Veja-se assim, que considerando as constantes transformações no mundo, a saúde agora se eleva a um direito global, devendo ser protegida por todos os atores no cenário internacional.

E em virtude dessa definição, cada vez mais, os Estados passam a investir na chamada "diplomacia da saúde global" na qual Governos e atores não estatais trabalham em conjunto para a adoção de políticas públicas para melhoramento da saúde global, e que acaba por interferindo, inclusive, na economia dos Estados uma vez que

> Autores acrescentaram que a DSG consiste na participação de organizações não governamentais (ONGs) em programas de saúde internacionais que abrangem a globalização da ciência e da pesquisa farmacêutica, bem como o uso de línguas militarizadas de biossegurança para reformular programas de saúde pública complementaram esse conceito ao afirmarem que a parceria entre governos e ONG cria infraestrutura sustentável para ações de saúde global. Assim, a saúde pode interagir com a política externa como instrumento para atingir outras metas, podendo ser empregada para atingi-las na diplomacia da saúde e influenciando a arena multilateral da saúde.
>
> Complementou-se esse conceito ao apontar a influência da saúde

---

[22] Cfr em: ________________. PAN AMERICAN HEALTH ORGANIZATION. What is Health Diplomacy and Why is it so Important and Relevant at this Time?. Disponível em: < https://www.paho.org/spc-crb/index.php?option=com_docman&view=download&alias=84-what-is-health-diplomacy-and-why-important-relevant&category_slug=2017-health-diplomacy-training-workshop-in-guyana&Itemid=490>. Acesso em 04/06/2020.

> na economia dos países. As inter-relações na saúde global podem se tornar um conflito para as relações externas dos países-membros de uma região ou bloco econômico, comercial ou político. No contexto da globalização, a saúde está intimamente ligada ao meio ambiente, ao comércio, ao crescimento econômico, ao desenvolvimento social, à segurança nacional e aos direitos humanos. (...). Nessa perspectiva, a saúde faz parte das ações diplomáticas da ONU, do G8, do G20, do BRICS, da União Europeia e dos ministérios da saúde que passaram a desempenhar um papel duplo: promover a saúde do país e a saúde global (MARTINS, et al, 2017).

Diante dessas considerações, é importante destacar a força obrigatória (ou não) dos seus atos.

Força obrigatória os seus atos

A Constituição da OMS, em seu artigo 19 determina que a Assembleia da Saúde tem autoridade para adotar as convenções ou acordos dentro da atuação da OMS, devendo os Estados membros, de acordo com o artigo 20, adotarem as ações relativas para a adoção desses textos.

O artigo 21, do mesmo diploma, também determina que a Assembleia da Saúde tem autoridade para adotar regulamentos relativos a requisitos sanitários e de quarentena e de outros procedimentos destinados a prevenir a propagação internacional de enfermidades.

Por seu turno, o artigo 2º, letra K da referida Constituição, também traz a disposição relativa à possibilidade da Assembleia da Saúde propor convenções, acordos e regulamentos e fazer recomendações referentes a assuntos internacionais da saúde.

E o artigo 62 obriga aos Estados apresentarem relatórios sobre o cumprimento dessas disposições[23].

O que se pretende destacar é que, e considerando às medidas propostas pela OMS para a contenção e prevenção da COVID-19,

---

[23] Exemplos de casos de atuação dos tribunais brasileiros segundo recomendações da OMS: proscrição do uso de amianto; prognóstico de doenças; identidade de gênero e alteração do registro civil independentemente de cirurgia; proibição de equipamentos de bronzeamento artificial.

os Estados devem tomar medidas para adotá-las, uma vez que elas possuem força obrigatória, independentemente da sua natureza, seja *hard Law* (Constituição da OMS e o Regulamento) ou *soft Law* (os inúmeros protocolos), não havendo no que se falar em ausência de cumprimento.

Um exemplo que se pode considerar dessa obrigatoriedade é o protocolo de uma Arguição de Descumprimento de Preceito Fundamental no Supremo Tribunal do Brasil, nº 672, questionando-se, exatamente, a omissão do Presidente da República em adotar as medidas da OMS acerca da prevenção e contenção da COVID-19.

Conclusão

Após a explanação, é importante destacar que a Organização Mundial da Saúde surge num contexto de necessidade de sociedade internacional de instituição de uma Organização única dotada de poderes para trazer as diretrizes acerca da saúde global.

No entanto, o que se percebe que é, apesar de um período de êxito, a OMS, cada vez mais, vem encontrando questionamentos por parte dos seus membros, especialmente na demora para a contenção de surtos de doenças, seja no caso do Ébola, na África, ou na COVID-19.

Diante disso, e considerando a ausência do caráter supranacional das suas decisões, a Organização se vê nas mãos de Governos na adoção de medidas para contenção de doenças, uma vez que, não tendo um órgão jurisdicional responsável por julgar os Estados pela violação das suas normas, não exercendo assim, poder de polícia ou sancionatório perante os seus membros.

No entanto, esse cenário de Pandemia da COVID-19 serviu para mostrar a importância de se redescobrir o Direito Internacional e o papel das Organizações Internacionais, conforme os dizeres de Wagner Menezes, Valério de Oliveira Mazzuoli e Luigi Ferrajoli, uma vez que a atuação desses organismos não estão sendo capazes de enfrentar as questões que a COVID-19 colocou à prova.

É preciso que se adote posicionamentos globais para questões também da ordem global, e que os Estados atuem de forma cooperativa, para adoção de medidas eficazes, homogêneas em todo o mundo, nas áreas, por exemplo, da saúde e educação, evitando-se avaliações precipitadas e descabidas, podendo, a OMS, perfeitamente, continuar atuando dentro desse sistema.

A humanidade urge por pensamentos solidários e que o Estado adote a postura de responsabilidade social frente aos seus indivíduos.

Referências

BAHIA, Saulo José Casali. Poder Judiciário e direitos humanos. **Revista de Doutrina – TRF4.** Disponível em: < https://revistadoutrina.trf4.jus.br/index.htm?https://revistado utrina.trf4.jus.br/artigos/edicao020/Saulo_Bahia.htm>. Acesso em 22 de abril de 2020

BAHIA, Saulo José Casali. SILVA, Diogo Barbosa e. Conciliando o mínimo existencial e a reserva do possível. **Revista Brasileira de Direitos e Garantias Fundamentais**. Curitiba | v. 2 | n. 2 | p. 01 - 20 | Jul/Dez. 2016. Disponível em: <https://www.indexlaw.org/index.php/garantiasfundamentai s/article/download/1623/2093> Acesso em 22 de abril de 2020.

BRASIL. **Constituição da República Federativa do Brasil**. 1988. Disponível em: < http://www.planalto.gov.br/ccivil_03/constituicao/constituic ao.htm>. Acesso em 10 mai. 2020.

BRASIL. ANVISA – Agência Nacional de Vigilância Sanitária. **Decreto Legislativo 395/2009**. Disponível em: <http://portal.anvisa.gov.br/documents/375992/4011173/R egulamento+Sanit%C3%A1rio+Internacional.pdf/42356bf1- 8b68-424f-b043-ffe0da5fb7e5>. Acesso em: 10 mai. 2020.

BRASIL. **Lei n. 13.979, de 6 de fevereiro de 2020**. Dispõe sobre as medidas para enfrentamento da emergência de saúde pública de importância internacional decorrente do coronavírus responsável pelo surto de 2019. Diário Oficial da República Federativa do Brasil, Brasília, DF, 7 fev. 2020. Disponível em: < http://www.planalto.gov.br/ccivil_03/_ato2019- 2022/2020/lei/L13979.htm>. Acesso em: 10 mai. 2020.

BRASIL. **Portaria Interministerial nº 120 de 17 de março de 2020**. (2020a). Disponível em: <http://www.planalto.gov.br/CCIVIL_03/Portaria/prt120-20-ccv.htm>. Acesso em: 10 mai. 2020.

BRASIL. **Lei Municipal pelo Município de Boa Vista nº 2.074 de 07 de janeiro de 2020**. (2020b). Disponível em: < https://www.conjur.com.br/dl/lei-20742020.pdf>. Acesso em: 10 mai. 2020.

BRASIL. SUPREMO TRIBUNAL FEDERAL. Arguição de Descumprimento de Preceito Fundamental nº 672. Disponível em: < http://portal.stf.jus.br/processos/detalhe.asp?incidente=5885755>. Acesso em 22 de abril de 2020.

BROWN, Theodore M.; CUETO, Marcos and FEE, Elizabeth. **A transição de saúde pública 'internacional' para 'global' e a Organização Mundial da Saúde.** *Hist. cienc. saude-Manguinhos* [online]. 2006, vol.13, n.3, pp.623-647. ISSN 0104-5970. <https://doi.org/10.1590/S0104-59702006000300005>. Acesso em 13 de abril de 2020

DPU; CONECTAS. **AÇÃO CIVIL PÚBLICA COM PEDIDO DE TUTELA PROVISÓRIA DE URGÊNCIA**. 2020. Disponível em: <https://www.conectas.org/wp/wp-content/uploads/2020/02/Inicial-ACP.-Proibi%C3%A7%C3%A3o-de-discrimina%C3%A7%C3%A3o.-Sa%C3%BAde.-Lei-Municipal.-VF-Assinado.pdf>. Acesso em: 10 mai. 2020.

GIOVANELLA; MACHADO, *et all.* Sistema universal de saúde e cobertura universal: desvendando pressupostos e estratégias. **Ciênc. saúde colet**, 23 (6) Jun 2018. Disponível em: <https://doi.org/10.1590/1413-81232018236.05562018>. Acesso em 13 de abril de 2020.

HAMANN, Eduarda Passarelli. Organizações internacionais: história e práticas. **Contexto int.**, Rio de Janeiro , v. 27, n. 1, p. 217-224, June 2005 . Disponível em: <http://www.scielo.br/scielo.php?script=sci_arttext&pid=S0102-85292005000100006&lng=en&nrm=iso>. Acesso em 21 de abril de 2020.

KEVANY, Sebatian. Global Health Diplomacy, 'Smart Power', and the New World Order. **Global Public Health: An International Journal for Research, Policy and Practice**, Volume 9, 2014 - Issue 7. Disponível em: < https://www.tandfonline.com/doi/abs/10.1080/17441692.2014.921219?src=recsys&journalCode=rgph20>. Acesso em 04 de junho de 2020.

LIMA, Nísia Trindade. O Brasil e a Organização Pan-Americana da Saúde: uma história em três dimensões. In: FINKELMAN, Jacobo (Org.). **Caminhos da saúde pública no Brasil**. Rio de Janeiro: Editora Fiocruz, 2002. p. 24-116. Disponível em: <https://www.arca.fiocruz.br/bitstream/icict/7512/1/Cap1 Brasil OPAS historia 3 dimensoes Nisia Trindade Lima.pdf>. Acesso em 21 de abril de 2020.

MARTINS, Pollyanna. Et al. Diplomacia da saúde global: proposta de um modelo conceitual. Saude soc., São Paulo , v. 26, n. 1, p. 229-239, Mar. 2017. Disponível em: <http://www.scielo.br/scielo.php?script=sci_arttext&pid=S0104-12902017000100229&lng=en&nrm=iso>. Acesso em 04 de junho de 2020.

MATTA, Gustavo Corrêa. A organização mundial da saúde: do controle de epidemias à luta pela hegemonia. **Trab. educ. saúde**, Rio de Janeiro , v. 3, n. 2, p. 371-396, Sept 2005. Disponível em: <http://www.scielo.br/scielo.php?script=sci_arttext&pid=S1981-77462005000200007&lng=en&nrm=iso>. Acesso em 21 Apr. 2020

MAZZUOLI, Valerio de Oliveira. Responsabilidade Internacional Dos Estados Por Epidemias E Pandemias Transnacionais: O Caso Da Covid-19 Provinda Da República Popular Da China. **Revista de Direito Civil Contemporâneo** | vol. 23/2020 | Abr - Jun / 2020.

MENEZES, Wagner. Scientia, Vincit, omnia., **Estadão,** Disponível em: <https://politica.estadao.com.br/blogs/fausto-macedo/scientia-vincit-omnia/>. Acesso em 22 de abril de 2020.

NEVES, Miguel Santos. Direito Internacional da Água e conflitualidade internacional: implicações do reconhecimento da água como direito humano. **JURISMAT**, Portimão, n.º 3, 2013, pp. 261-291. Disponível em: < https://core.ac.uk/download/pdf/48581541.pdf>. Acesso em 04 de junho de 2020.

OLIVIER, Michèle. "The Relevance of 'soft Law' as a Source of International Human Rights." **The Comparative and International Law Journal of Southern Africa** 35, no. 3 (2002): 289-307. Disponível em: <www.jstor.org/stable/23252173>. Acesso em 04 de junho de 2020

OPAS. Organização Pan-americana da Saúde. https://www.paho.org/bra/index.php?option=com_content&view=article&id=885:opas-oms-no-brasil&Itemid=672. Acesso em 01 de abril de 2020.

ORGANIZAÇÃO DOS ESTADOS AMERICANOS. Protocolo adicional à Convenção Americana sobre Direitos Humanos em matéria de Direitos Econômicos, Sociais e Culturais, "Protocolo de San Salvador". Disponível em: < http://www.cidh.org/basicos/portugues/e.protocolo_de_san_salvador.htm> Acesso em 22 de abril de 2020.

OPAS. Organização Pan-americana da Saúde. **Regulamento Sanitário Internacional (RSI)**. Disponível em: <https://www.paho.org/bra/index.php?option=com_content&view=article&id=5847:regulamento-sanitario-internacional-rsi&Itemid=812>. Acesso em: 01 abr. 2020.

ORGANIZAÇÃO DAS NAÇÕES UNIDAS. Carta de São Francisco, 24 de outubro de 1945. Disponível em: <https://nacoesunidas.org/carta/cap1/>. Acesso em 21 de abril de 2020

ORGANIZAÇÃO DAS NAÇÕES UNIDAS. Declaração Universal dos Direitos Humanos, 1948. Disponível em: < https://nacoesunidas.org/wp-content/uploads/2018/10/DUDH.pdf>. Acesso em 22 de abril de 2020.

ORGANIZAÇÃO DAS NAÇÕES UNIDAS. Pacto Internacional sobre Direitos Econômicos, Sociais e Culturais, 1966. Disponível em: < http://www.planalto.gov.br/ccivil_03/decreto/1990-1994/d0591.htm>. Acesso em 22 de abril de 2020.

PIFFER, Carla. Organizações internacionais: um breve estudo sobre a organização dos estados americanos. **Revista Eletrônica Direito e Política**, Itajaí, v.2, n.2, 2º quadrimestre de 2007. Disponível em: <www.univali.br/direitoepolitica>. Acesso em 21 de abril de 2020

SEINTEFUS, Ricardo. **Da esperança à crise: as organizações internacionais frente ao Direito e ao poder**. Disponível em: <http://www.seitenfus.com.br/arquivos/esperan%C3%A7a-crise.pdf>. Acesso em 21 de abril de 2020

SOUZA, Rafael. Qual o valor jurídico das recomendações da Organização Mundial da Saúde?. Conjur, 14 de abril de 2020. Disponível em: < https://www.conjur.com.br/2020-abr-14/opiniao-qual-valor-juridico-recomendacoes-oms#_ftn7>. Acesso em 22 de abril de 2020.

THÜRER, Daniel. Soft law. **Oxford Public International Law**. March, 2009. Disponível em: <http://docenti.unimc.it/paolo.palchetti/teaching/2017/17311/files/soft-law-1> Acesso em 04 de junho de 2020

TITO, Maíra; OLIVEIRA, João Rezende Almeida; SOUSA, James Alberto Vitorino de; SILVA, Edvan Carneiro da. Origem, Características E Classificação Das Organizações Internacionais. **Revista do Mestrado em Direito, UCB.** Disponível em: < https://portalrevistas.ucb.br/index.php/rvmd/article/download/2609/1599.> Acesso em 21 de abril de 2020.

VANHERCKE Scott L. Greerand Bart. The hard politics of soft law: the case of health. Disponível em: < http://www.euro.who.int/__data/assets/pdf_file/0004/138154/E94886_ch04.pdf?ua=1>. Acesso em 03 de junho de 2020.

VENTURA, Deisy de Freitas Lima; BALBINOT, Rachelle Amália Agostini. **A aplicação judicial das normas da Organização Mundial da Saúde no Brasil**: *in dubio pro salute*. R. Dir. sanit.,

São Paulo v.15 n.3, p. 162-172, nov. 2014/fev. 2015. DOI: http://dx.doi.org/10.11606/issn.2316-9044.v15i3p162-172.

VENTURA, Deisy de Freitas Lima; AITH, Fernando Mussa Abujamra; RACHED, Danielle Hanna. **"A emergência do novo coronavírus e a "lei de quarentena" no Brasil"**. Revista Direito e Práxis, *Ahead of print,* Rio de Janeiro, 2020. Disponível em: *link para o artigo.* acesso em xxxx. DOI: 10.1590/2179-8966/2020/49180

WORLD HEALTH ORGANIZATION. Quien somos. Disponível em:< https://www.who.int/about/es/> Acesso em 21 de abril de 2020

__________________________________. OMS decreta pandemia do novo corona vírus. Saiba o que isso significa. **Saúde,** 13 de março de 2020. Disponível em: <https://saude.abril.com.br/medicina/oms-decreta-pandemia-do-novo-coronavirus-saiba-o-que-isso-significa/>. Acesso em 09 de abril de 2020.

__________________________________. O que é pandemia e o que muda com declaração da OMS sobre o novo corona vírus. **BBC Brasil,** 11 de março de 2020. Disponível em: <https://www.bbc.com/portuguese/geral-51842518>. Acesso em 07 de abril de 2020

__________________________________. Comentário Geral nº 14 do artigo 12 do Pacto Internacional dos Direitos Econômicos, Sociais e Culturais. In: ORGANIZAÇÃO DAS NAÇÕES UNIDAS. Provedoria de Direitos Humanos. Compilação de Instrumentos Internacionais de Direitos Humanos. Disponível em: <http://acnudh.org/wp-content/uploads/2011/06/Compilation-of-HR-instruments-and-general-comments-2009-PDHJTimor-Leste-portugues.pdf>. Acesso em 22 de abril de 2020. p. 150-168

__________________________________. Relatório de situação da OMS. 20 de janeiro de 2020. (2020c). Disponível em: <https://portalarquivos.saude.gov.br/images/pdf/2020/janeiro/22/novo-coronavirus-resumo-e-traducao-oms-22jan20-nucom.pdf> . Acesso em 10 mai. 2020.

______________________. PAN AMERICAN HEALTH ORGANIZATION. What is Health Diplomacy and Why is it so Important and Relevant at this Time?. Disponível em: < https://www.paho.org/spc-crb/index.php?option=com_docman&view=download&alias=84-what-is-health-diplomacy-and-why-important-relevant&category_slug=2017-health-diplomacy-training-workshop-in-guyana&Itemid=490>. Acesso em 04/06/2020.

Colonialidade estrutural e (des)integração Sul-Americana

Cynthia Soares Carneiro[1]

Introdução

Na primeira década do Século XXI vivemos um raro momento de inflexão histórica na América do Sul com a eleição de governos identificados como de centro-esquerda em Estados como Venezuela, Chile, Brasil, Argentina, Paraguai, Uruguai, Bolívia, Equador e Peru. Consequência de anos de acúmulo e resistência aos regimes militares de exceção constitucional, às transições "democráticas" negociadas com esse regime, especialmente no Brasil, e às estratégias neoliberias de estabilização econômica pactuadas com o Fundo Monetário Internacional e Banco Mundial, pelos governos que sucederam os presidentes militares. O que, entretanto, aparentava uma estabilização institucional de regimes democráticos em reação à instabilidade política e econômica na região longo de todo o século XX, logo evidenciou os limites estruturais dos projetos democráticos e, inclusive, de soberania dos Estados Sul-Americanos.

Este artigo, em homenagem ao professor Mário Lúcio, que sempre trouxe essas questões ao debate, coincide com a celebração do centenário de Florestan Fernandes, que dedicou sua vida acadêmica à revelação do racismo estrutural brasileiro e às formas de produção da desigualdade no Brasil, e centenário de Celso Furtado, que, por sua vez, analisa as relações de produção, dependência e subordinação econômica da América Latina em relação aos países centrais da economia mundial.

Este artigo é uma breve reflexão sobre o que este momento especial dos Estados sul-americanos representou para os projetos de integração existentes na região. Seu fundamento material é a

---

[1] Doutora em Direito Internacional pela USP. Professora Universitária

análise dos documentos oficiais produzidos no período de 2001 a 2010, que declaram a necessidade de uma "integração regional alternativa" voltada ao desenvolvimento e combate à pobreza, e as políticas públicas voltadas à criação de uma rede de infraestrutura de integração em escala regional.

Além da Organização dos Estados Americanos (OEA), que sucedeu a União Panamericana, na América do Sul temos quatro organismos sub-regionais de integração: o MERCOSUL, formado por Brasil, Argentina, Uruguai e Paraguai[2], a Comunidade Andina (CAN), cujos membros são Bolívia, Colômbia, Peru e Equador; a Organização do Tratado de Cooperação Amazônica (OTCA), integrada pelo Brasil, Bolívia, Colômbia, Equador, Guiana, Peru, Suriname e Venezuela, além da UNASUL, que além de todos os Estados supracitados, também incorporou, na qualidade de Membros efetivos, o Chile[3] e o México[4]. Esta última, instituída justamente nesse contexto, apresentou-se como depositária dos programas desenvolvimentistas que caracterizaram tais governos. Justamente por isso, atualmente encontra-se esvaziada pela saída, em conjunto, do Brasil, Argentina, Chile, Colômbia, Paraguai e Peru, em 2019, após o retorno dos governos neoconservadores nestes Estados, seja por eleições ou golpe de Estado.[5]

Este cenário de (des)integração regional traduz e define o caráter

---

[2] O processo de incorporação da Venezuela tem sido conturbado e, por ora, encontra-se interrompido.

[3] O Chile é também Estado associado tanto ao MERCOSUL como à CAN e nesta qualidade participa de ambos os foros de negociação.

[4] Em perspectiva ampliada, considerando a América Latina, Costa Rica, El Salvador, Guatemala, Honduras, Nicarágua e Panamá, na América Central, são membros do Sistema de Integração Centro-Americano, desenvolvido a partir da Organização dos Estados Centro-Americanos (ODECA), instituída desde 1951. O México, por sua vez, é membro do Acordo de Livre Comércio da América do Norte (NAFTA), juntamente com o Canadá e os Estados Unidos. O NAFTA, diferentemente dos demais blocos americanos de integração, restringe seu projeto à formação de um espaço de livre-comércio, sem ambicionar o estabelecimento paulatino de um Mercado Comum e nem mesmo de uma União Aduaneira, formas de integração que demandam aprofundamento da coordenação macroeconômica entre seus Estados membros.

[5] Os golpes de Estado têm sido recorrentes em Estados latino americanos desde a ofensiva conservadora no Haiti em 2004, e prosseguiram com Honduras em 2008, Paraguai em 2012, Brasil em 2016, Bolívia em 2019, além das tentativas frustradas de golpe na Venezuela desde a eleição de Chávez e, mais recentemente, sob a presidência de Nicolas Maduro.

central do *Sistema-Mundo Moderno*, categoria utilizada por Immanuel Wallerstein para definir o modelo mercantil de produção capitalista caracterizado, justamente, pela interconexão global e regulada entre Estados, que pactuam, em termos desiguais, relações comerciais definidas à partir dos centros de concentração de poder econômico, político e militar para as periferias do sistema, especialmente suas colônias tradicionais, constituída por nações africanas e americanas, incorporadas ao mercado europeu desde o Século XVI.

A partir de meados do Século XX, em 1944, ainda durante a Segunda Guerra Mundial, os Estado centrais constituíram o tripé econômico-financeiro representado pelo Fundo Monetário Internacional (FMI), o Banco Mundial e pelo Acordo Geral sobre Tarifas Comerciais (GATT), posteriormente sucedido pela Organização Mundial do Comércio (OMC), com o objetivo de promover sua reconstrução e recuperação econômica e coordenar o fetiche do "livre-comércio" entre estes Estados centrais e suas periferias.

Naquele contexto de readequação geoestratégica do poder econômico e militar mundial, o direito comunitário, instituído a partir de 1950 pelos blocos de integração regional recém criados, vinha atender plenamente às normativas emitidas pelos organismos centrais à economia-mundo, concentrando seu objeto normativo na regulação das trocas mercantis entre seus membros.

Portanto, a nossa hipótese é que tanto as organizações econômicas de alcance mundial, como aquelas de caráter regional correspondem à funcionalidade e à racionalidade dos mercados, reacomodando e reestabilizando a economia-mundo quando perturbada pelas crises promovidas pela concorrência entre capitalistas e pelas desigualdades sociais inerentes a este modelo de organização da produção mundial consolidado historicamente a partir da modernidade europeia.

A considerar o caráter *sistêmico* desse modelo de produção, no sentido que Fernand Braudel e Immanuel Wallerstein conferem ao termo, além das sobredeterminações que fazem com que perdure no tempo, a questão suscitada a partir daquele contexto é sobre os limites do *direito da integração regional*, ou *direito comunitário* sul-americano, em promover uma "integração regional alternativa" entre Estados da América do Sul e qual o seu potencial para implementar elementos disruptivos ao modelo econômico até então vigente na região.

Em uma análise retrospectiva, podemos avaliar seu potencial alternativo a partir da violenta reação do *establishment* aos governos desenvolvimentistas dessa primeira década. A guerra híbrida desencadeada em países de matriz energética e a sucessão de golpes de Estado urdidos para "corrigir" o desvio da rota que lhe fora historicamente traçada. Embora feita sob parâmetros estritamente capitalistas, a contraofensiva do capital internacional expõe o caráter colonial, e não meramente dependente, das relações de produção na América Latina, essencial ao fluxo ininterrupto e ilimitado de concentração de mais valor junto aos Estados centrais da economia global.

Colonialidade e Integração Regional

A América do Sul foi incorporada como região colonial à Europa desde o início do século XVI, inaugurando, a partir de então, o sistema capitalista e a chamada modernidade europeia (MARX, 2002)[6] (WALLERSTEIN, 2004)[7] (CAIXETA, 2018, 61-

---

[6] "A circulação de mercadorias é o ponto de partida do capital. A produção de mercadorias e o comércio, forma desenvolvida de circulação de mercadorias, constituem as condições históricas que dão origem ao capital. O comércio e o mercado mundiais inauguraram no século XVI a moderna história do capital". (MARX, 2002, 177).

[7] "O moderno sistema-mundo, que é uma economia-mundo capitalista, surgiu durante o longo século XVI em partes da Europa e da América, expandindo-se desde então para ocupar todo o planeta. O capitalismo histórico tem uma série de características exclusivas. Uma delas, que raramente recebeu a devida menção, é que virtualmente desde a origem ele é um sistema louvado por uns e condenado por outros. É verdade: foram preciso três séculos de desenvolvimento para que seus admiradores começassem a parecer numerosos e extrovertidos". (WALLERSTEIN, 2001, 97). Veja ainda: "O sistema mundial moderno, que é a economia mundial capitalista, vem existindo desde o século dezesseis. Ela foi criada originalmente em uma única parte do globo, primariamente grande parte da Europa e algumas partes do Hemisfério Ocidental. Eventualmente expandiu-se, por uma dinâmica interna, e gradualmente incorporou outras regiões do globo a sua estrutura. Só na última metade do século dezenove é o que o sistema mundial moderno passou a ser geograficamente global; e os cantos mais recônditos e as regiões mais remotas do globo só foram efetivamente integrados na segunda metade do século vinte. A criação das estruturas estatais (chamadas Estados soberanos, mas operando dentro das restrições de um sistema interestatal) foi parte essencial da criação de uma economia mundial capitalista e um elemento

112). Em razão desse fato, a América Latina é constituída por Estados economicamente vulneráveis e institucionalmente instáveis, situação que, historicamente, torna inviável um modelo de integração regional do tipo da União Europeia que vinha, há cerca de 70 anos, em processo paulatino de aprofundamento, até a crise promovida pelo Brexit.

As tentativas de instituição de organismos regionais de desenvolvimento na América do Sul coincidem com a criação das organizações de integração europeia, e sua inviabilidade, em face às suas sobredeterminações históricas, tem se evidenciado desde então. A incompatibilidade de interesses entre Estados centrais e periféricos, no âmbito do próprio capitalismo, sugere a potencialidade dos Estados da região em promoverem sua emancipação econômica pela disponibilidade de recursos (meios de produção) essenciais à produção e reprodução capitalista. Uma "integração alternativa", nesse sentido, seria aquela hábil a superar a dependência sul-americana das demandas de mercado originadas desde os Estados centrais, para priorizar o desenvolvimento da produção, circulação e consumo de mercadorias no próprio espaço sul-americano efetivamente integrado por rede de estradas, portos e aeroportos.

Com esse discurso, em 8 de dezembro de 2004, por ocasião da III Reunião de Presidentes da América do Sul, realizada em Cuzco, no Peru, foi oficialmente declarada a formação de uma *Comunidade Sul-Americana de Nações*, que deveria se constituir como uma nova e ampliada organização de integração regional voltada a viabilizar a construção dessa infraestrutura de produção (geração de energia) e circulação de mercadorias, sustentada em uma narrativa emancipatória e social mais contundente em relação àquelas até então documentadas. Após outras rodadas de negociação, em 23 de

---

necessário para sua estruturação. [...] Os Estados nunca foram exatamente entidades autônomas e sim meramente um importante aspecto institucional do sistema mundial. Tinham poder, mas não era um poder ilimitado e, é claro, alguns Estados tinham mais poder que os outros. Assim, era o sistema mundial como um todo, e não os Estados individualmente, que poderia ser caracterizado como tendo um modo de produção. O sistema mundial moderno era, e ainda é, um sistema capitalista, isto é, um sistema que opera com base na primazia de uma acumulação permanente de capital, por meio de transformação de tudo em mercadorias." (WALLERSTEIN, 2003, 19).

maio de 2008 foi aprovado o Tratado Constitutivo da *União das
Nações Sul-Americanas* (UNASUL), que, com o depósito do décimo
instrumento de ratificação, entrou em vigor em 11 de março de
2011[8].

O projeto de integração americana em uma *"comunidade de
nações"* tem uma tradição discursiva no processo das lutas de
independência e formação dos Estados da região, o que explica o
fato de estar expresso em todas as Constituições dos Estados da
América do Sul. No Brasil, a clausula de integração vem consignada
no parágrafo único do artigo 4º da Constituição Federal[9].

Em 2001, enquanto já desenrolavam as negociações do que viria
a ser a UNASUL, o então presidente da Venezuela, Hugo Chávez,
propôs a criação da *Alternativa Bolivariana para a América Latina e o
Caribe* (ALBA), que, conforme expresso no próprio nome,
propunha-se a instituir um modelo de integração a partir dos
movimentos sociais organizados, ao invés do modelo empresarial
desenvolvimentista inspirador dos blocos de integração vigentes
desde 1960.

Para fazer o contraponto com os demais organismos comerciais
existentes, a *Alternativa Bolivariana* enfatiza e prioriza a luta contra a
pobreza e a exclusão social pela criação de mecanismos que
viabilizem vantagens cooperativas e correções das assimetrias entre
os Estados-Membros, constituindo, por exemplo, fundos
compensatórios de desequilíbrios econômicos. Sua proposta inicial
seria construir um consenso regional em torno dessas questões para
reavaliar os acordos de integração firmados até então, inseridos na
lógica do capital.

Em 14 de dezembro de 2004, realizou-se em Havana, Cuba, a
primeira reunião da ALBA, da qual participaram apenas os dois
Estados. Em 2006, na sua terceira reunião, a Bolívia aderiu ao
projeto. Na ocasião, seu então presidente, Evo Morales, propôs o
Tratado de Comércio dos Povos, prontamente firmado. Em 2007, a
Nicarágua, sob a presidência de Daniel Ortega, foi incorporada e,

---

[8] Íntegra do Tratado Constitutivo da UNASUL disponível em
<http://www.itamaraty.gov.br/temas/america-do-sul-e-integracao-
regional/unasul/tratado-constitutivo-da-unasul>. Acessado em 27.jul.2020
[9] "A República Federativa do Brasil buscará a integração econômica, política, social
e cultural dos povos da América Latina, visando a formação de uma *comunidade sul-
americana de nações*" (grifo nosso).

em 2008, houve a adesão de Dominica, representada por seu presidente Roosevelt Skerrit. No mesmo ano foi instalado o *Conselho de Movimento Sociais da ALBA*, órgão decisório e com o mesmo nível hierárquico do seu *Conselho de Ministros*. Em 2009, já com o nome modificado para *Aliança Bolivariana para os Povos de Nossa América*, o tratado ALBA-TCP foi ratificado pelo Equador, San Vicente y Granadinas, Antígua e Barbuda, além de Honduras[10].

A ALBA utiliza o termo *grannacional* em substituição ao transnacional. Neste sentido, elabora "projetos grannacionais" e no espaço geográfico da ALBA são desenvolvidos "empreendimentos grannacionais". Seu significado vem expresso nos documentos oficiais:

> "El concepto Grannacional tiene tres fundamentos:
>
> 1. Histórico y geopolítico: es la visión bolivariana de la unión de las repúblicas latinoamericanas y caribeñas para la conformación de una gran nación.
>
> 2. Socioeconómico: es la estrategia de desarrollo de las economías de nuestros países con el objetivo de producir la satisfacción de las necesidades sociales de las grandes mayorías.
>
> 3. *Ideológico: la afinidad conceptual de quienes integramos al ALBA, en cuanto a la concepción crítica acerca de la globalización neoliberal, la necesidad del desarrollo sustentable con justicia social, la soberanía de nuestros países y el derecho a su autodeterminación, generando un bloque en la perspectiva de estructurar políticas regionales soberanas"* [11]. (grifos nossos)

Mais uma vez, a questão que se coloca relaciona-se aos limites históricos de um modelo de integração regional que não se circunscreva exclusivamente às regras de mercado, mas que materialize instrumentos capazes de promover um desenvolvimento sustentável, emancipatório e alternativo em relação àquele historicamente reservado à região desde a configuração da economia-mundo capitalista. A dependência colonial, desde então estabelecida, é condição estrutural a dificultar sua própria superação. Como região fornecedora dos meios de

---

[10] Honduras, aliás, foi o primeiro Estado latino americano a sofrer a nova modalidade de golpe de Estado na região, protagonizado pelo Poder Judiciário em uma estratégia de *lawfare*. Posteriormente, houve quebra institucional no Paraguai, Brasil, Bolívia e tentativas reiteradas ainda persistentes, na Venezuela.

[11] Não é mais possível encontrar os documentos relativos à ALBA-TCP em páginas da internet.

produção e matérias-primas essenciais ao desenvolvimento e à produção e concentração de mais valor, uma integração que rompa com essa subordinação tem sido invariavelmente abortada nos espaços sobre os quais se estruturaram as relações produtivas fundadas na divisão e exploração territorial e racial do valor do trabalho.

A violenta e desproporcional reação do grande capital aos governos desenvolvimentistas eleitos na região foi capaz de desconstruir, no caso do Brasil, não apenas as frágeis conquistas sociais do período, mas também as precárias instituições republicanas e, inclusive, as empresas brasileiras que empreendiam, no espaço ampliado da UNASUL, as obras de infraestrutura energética, de telecomunicações e circulação de mercadorias implementadas pela *Iniciativa para Integração da Infraestrutura Regional Sul-Americana* (IIRSA).

Para identificar o escopo de um projeto regional não basta a análise do discurso jurídico, apesar do Estado de Direito representar uma das mais significativas conquistas dos trabalhadores, na transição do século XVIII para o XIX (WALLERSTEIN, 2004) (CAIXETA, 2018, 118-232) . Apesar dos movimentos antissistêmicos do período e dos direitos sociais desde então positivados na Europa, as sobredeterminações estabelecidas em um processo histórico sul-americano fundado em relações produtivas racializadas e em uma elite econômica vinculada ao mercado e a valores estrangeiros, pouco interessada na promoção nacional ou vinculada ao seu próprio país, tem bloqueado o desenvolvimento capitalista na região.

A narrativa jurídico-utopística[12] das Constituições sul-americanas que estabeleceram a transição democrática e também presente nos documentos produzidos pelos sistemas de integração regional desde a Carta da OEA, mas especialmente à partir de 2001, expressam as reivindicações dos trabalhadores e os anseios de seu povo plural, mas não garantem que seus resultados sejam realmente *alternativos* àqueles regulados pelos interesses (lucro e concentração do capital) e necessidades (exploração da capacidade de trabalho)

---

[12] Wallerstein usa a palavra *utopística,* para indicar a concepção substantiva e racional das possibilidades históricas de forma a subsidiar um planejamento estratégico realista de transformação social. É o mesmo sentido de *práxis,* como categoria marxiana. (WALLERSTEIN, 2003).

do mercado global, ao qual a região foi incorporada há quinhentos anos atrás.

Para a determinação de parâmetros do que seria um "modelo alternativo" ao sistema-mundo capitalista nos valemos da teoria marxiana e de seus desdobramentos nos autores aqui mencionados como instrumento teórico crítico que identifica e descreve os elementos que definem as relações sócioeconômicas que constituem o sistema, revelando a inversão de valores que aí se opera, contagiando toda estrutura. Em oposição, projetos e políticas que retiram a centralidade dessas categorias sistêmicas tem o potencial de constitui-se como elementos disruptivos, ou alternativos a ele.

O modelo econômico globalizado, que Immanuel Wallerstein chama de *sistema-mundo moderno* e Aníbal Quijano (QUIJANO, 2005), de forma mais precisa e a partir de uma perspectiva latino-americana, chama de *sistema-mundo/colonial,* é fundado na produção e circulação transnacional de mercadorias com finalidade lucrativa, o que, por sua vez, depende da produção, cada vez maior, de trabalho excedente, de trabalho não pago. A necessidade de pagar o menos possível pela capacidade de trabalho estabeleceu e hierarquizou a divisão internacional do trabalho na modernidade[13]. Para Wallerstein (2001), essa sociedade é formada apenas aparentemente por Estados "soberanos", mesmo quando considerados os Estados centrais, em razão das recorrentes disputas por hegemonia e permanente necessidade de negociações. Estes estendem sua influência e poder para regiões periféricas, atualmente constituídas como Estados em razão de luta por emancipação e autodeterminação.

---

[13] "A classificação racial da população e a velha associação das novas identidades raciais dos colonizados com as formas de controle não pago, não assalariado, do trabalho, desenvolveu entre os europeus ou brancos a específica percepção de que o trabalho pago era privilégio dos brancos. A inferioridade racial dos colonizados implicava que não eram dignos do pagamento de salário. Estavam naturalmente obrigados a trabalhar em benefício de seus amos. Não é muito difícil encontrar, ainda hoje, essa mesma atitude entre os terratenentes brancos de qualquer lugar do mundo. E o menor salário das raças inferiores pelo mesmo trabalho dos brancos, nos atuais centros capitalistas, não poderia ser, tampouco, explicado sem recorrer-se à classificação social racista da população do mundo. Em outras palavras, separadamente da colonialidade do poder capitalista mundia". (QUIJANO, 2005, 120).

Caracterizam-se, entretanto, por seu republicanismo inconsistente e um Estado de Direito fluido o suficiente a atender às demandas das economias centrais. Trata-se de uma relação de dependência recíproca, mas que implica na subordinação da periferia em relação ao centro, condição inarredável à manutenção de um modelo de reprodução da vida sustentado pela divisão territorial da produção econômica a determinar o valor social e historicamente considerado como suficiente a pagar nossa capacidade de trabalho, desigualmente generificada e racialmente dividida.

Após tornarem-se formalmente independentes, o projeto de "ignorar-se uns aos outros" (MARINI, 1973, 4) tinha prevalecido até o ano 2000, apesar dos foros regionais e projetos de integração voltados ao desenvolvimento autônomo ou não-dependente ou soberano, razão da existência dos Estados Nacionais modernos, ou seja, capitalistas, desde as lutas dos *Libertadores*.

Os projetos políticos de emancipação pela via da integração regional estão expressos sob forma de normas jurídicas nos tratados institucionais dos organismos de integração que, sob circunstâncias disruptivas específicas, conferiram uma dimensão criativa ao direito regional sul-americano, da mesma forma que, recentemente, o fizeram as Constituições promulgadas, igualmente a partir do Século XXI, em Estados sul-americanos.

A condição histórica que viabiliza a formação de instituições antissistêmicas é a mesma que limita sua materialização. É possível identificar elementos potencialmente capazes de conferir uma dinâmica *alternativa* ao modelo de subordinação econômica regional no curto interstício desenvolvimentista da primeira década? Afinal, o que caracteriza uma "integração alternativa" ao modelo ao qual a região foi inserida no Século XVI constituindo o que hoje conhecemos como sistema-mundo/colonial?

As respostas não estão prontas e dependem de análise em perspectiva dinâmica, pois trata-se de um processo que se dá em condições históricas desfavoráveis. A vulnerabilidade política institucional dos Estados da região, frente à contraofensiva hegemônica, pode ser evidenciada na guerra híbrida desencadeada contra a Venezuela, o Brasil e a Bolívia, três Estados estratégicos ao desenvolvimento do capitalismo regional e mundial por serem grandes produtores de petróleo, gás, lítio, água, matrizes energéticas de todo o sistema.

Finalmente, um outro elemento a se considerar é a heterogeindade dos povos originários, o que implica em diferentes relações produtivas a conviver com a forma capitalista de produção, que tem sido absorvidas ou destruídas por ela. Para seus povos, essas diferentes formas de reprodução da vida importam em perspectivas e *necessidades* igualmente variadas a estabelecer uma dialética capaz de apontar para outras formas de produção e, inclusive a reivindicar o direito ao não desenvolvimento.

Categorias Capitalistas, Discurso Jurídico e a Realidade

A conexão recorrente entre os Estados é imprescindível para que se processe uma integração comunitária, pois esta demanda a construção de consensos e atuação articulada entre os membros em busca de interesses comuns e complementariedade de produção entre suas economias. Uma inflexão desse tipo representaria uma ruptura na tradição sul-americana, manipulada por Estados hegemônicos desde as lutas pela independência, apesar da instituição da União Pan-americana, em 1890, e dos projetos inacabados da ALADI, MERCOSUL, CAN, OTCA e, mais recentemente, da UNASUL.

Entendo a UNASUL, como instrumento de convergência entre os acordos parciais da ALADI, o MERCOSUL e a CAN, em conformidade com o projeto de aprofundamento da integração regional. Não seria, portanto, uma organização "alternativa" às existentes, mas a continuidade de um projeto traçado em 1980 visando o estabelecimento de um mercado comum sul-americano. Portanto, não se questiona o caráter capitalista dessas organizações, mas a oposição dos Estados tradicionalmente hegemônicos na região, principais destinatários dos meios de produção e do excedente de trabalho a baixo preço de origem no subcontinente americano.

A natureza e o grau de profundidade da integração são aferíveis por resultados efetivos e funcionamento profícuo de seus órgãos administrativos e decisórios, a evidenciar uma coordenação transnacional promovida pela proatividade de cada Estado comprometido com a concertação regional. Tendo em vista essas ações, o paradoxo da UNASUL. Seus documentos expressam um discurso que enfatiza a integração social dos povos sul americanos, reconhece sua diversidade étnica e linguística, aponta para uma identidade própria e uma cidadania em comum, dentro de parâmetros democráticos e de prevalência dos direitos humanos. Apenas isso, mas o suficiente para que a organização fosse identificada e, recentemente, demonizada como um projeto "de esquerda". Com esta justificativa o Brasil denunciou seu tratado, em abril de 2019, ao mesmo tempo que articula a instituição do *Foro para o Progresso da América do Sul* (PROSUL)[14], cuja primeira reunião foi sediada em Santiago do Chile, em março de 2019, e a segunda, em Nova Iorque em setembro do mesmo ano.

Apesar de acirrar a disputa ideológica, em face à contraofensiva hegemônica, o destaque dos seus documentos e as obras que empreendeu, enquanto vigente, evidenciam a ênfase conferida à integração energética e desenvolvimento de infraestrutura de comunicação regional[15]. De fato, a UNASUL empreendia o mais arrojado projeto de infraestrutura no subcontinente: a IIRSA, Iniciativa para Integração da Infraestrutura Regional Sul Americana, concebido segundo os cânones do Banco Mundial e do Banco Interamericano de Desenvolvimento, este último, seu principal financiador.

Outros organismos financeiros internacionais e bancos de fomento estatal, como o brasileiro BNDES, financiavam as obras de infraestrutura energética, de transporte e telecomunicações empreendidas, majoritariamente, por construtoras de capital nacional e com sede nos Estados da região. O desenvolvimento da *Iniciativa* evidenciou o protagonismo de grandes corporações brasileiras, da mesma forma que seu esvaziamento se deve, inclusive, à paralização das obras, em consequência dos processos de corrupção abertos contra governos de Estados da região, eventos que alimentaram a guerra política no interior desses Estados e representaram a derrota dos projetos

---

[14] Os Lineamentos para o Funcionamento do Foro para o Progresso e Integração da América do Sul pode ser encontrado no endereço: http://www.itamaraty.gov.br/images/ed_integracao/docs_PROSUL/Declaraci n_y_Lineamientos_PROSUR_NY_25-09-2019.pdf. Acesso em 28.jul.2020

[15] O tratado da UNASUL pode ser acessado no endereço: http://www.itamaraty.gov.br/images/ed_integracao/docs_UNASUL/TRAT_C ONST_PORT.pdf. Acesso em 28.jul.2020

desenvolvimentistas. No Brasil, a Operação Lava Jato resultou na falência das construtoras que empreendiam a IIRSA.

Portanto, os resultados materializados pela UNASUL revelam que a narrativa "de um novo regionalismo", expressa em seus documentos e interpretada como "socialista" por seus adversários opera, objetivamente, como fetiche a justificar o discurso de "caça aos comunistas", adequado à reacomodação geoestratégica da região ao Sistema-mundo/colonial. Tanto que os Lineamentos para o PROSUL, praticamente repetem os termos do tratado institutivo da UNASUL, organização que sucederá, desta vez destacando não apenas "um espaço regional integrado, prioritariamente, em matéria de infraestrutura e energia", mas também "defesa, segurança, combate ao crime e prevenção de desastres" (PROSUL, 2019).

A narrativa securitária, em substituição a social-desenvolvimentista, registrada no documento expressa o protagonismo dos governos de Michel Temer e Jair Bolsonaro na desconstituição da UNASUL e construção do Foro. O discurso de força e de restrição de direitos, do atual presidente brasileiro, não é isolado e encontra ressonância mundial em narrativas manifestas em leis migratórias etnocêntricas. Esta reação militarizada é representativa do momento de profunda crise global do capitalismo. O acirramento de suas contradições, que ficaram ainda mais expostas em face à pandemia do COVID-19, tem levado a reação dos que não renunciam ao privilégio de acumular ilimitadamente. O pandemia, especialmente no Brasil, expôs aos brasileiros e ao mundo a realidade que os capitalistas precisam esconder: i) somente o trabalho gera valor e riqueza e o trabalho é realizado por pessoas; ii) a vida de um trabalhador é descartável e o valor pago por seu trabalho deve tender ao valor do que come diariamente.

A América do Sul é fundamental para a garantia desta teleologia sistêmica.

Ruy Mauro Marini, referência da *teoria marxista da dependência* define a dependência como "uma relação de subordinação entre *nações formalmente independentes*, em cujo marco *as relações de produção das nações subordinadas são modificadas ou recriadas para assegurar a reprodução ampliada da dependência*. A consequência da dependência não pode ser, portanto, nada mais do que maior dependência, e sua superação supõe necessariamente a supressão das relações de produção nela envolvida" (MARINI, 2005, 4)

A teoria da dependência estabelece um recorte histórico entre relações coloniais e industriais de dependência na América Latina. Não adotamos este recorte conjuntural, mas a perspectiva do fenômeno em longa duração como meio para identificar seus limites estruturais. Neste sentido, consideramos a permanência de instituições fundantes do sistema/mundo-colonial: produção definida por interesses e mercados exógenos e relações racializadas e escravagistas de produção. Tais caracteres são reconfigurados, mas não suprimidos nas relações da região com o capitalismo global, que segue cumprindo seu papel no sistema-mundo/colonial.

É neste sentido, que os projetos de integração sul-americana são potencialmente ameaçadores: tensionam relações de produção e reprodução altamente concentradoras e lucrativas. Porém nenhum deles propõe medidas ou modelos econômicos alternativos ao que se encontra enredado. Neste sentido, não atendem às demandas de milhões de sul-americanos, e especialmente das populações originárias, conforme demarcou Magui Balbuena, dirigente camponesa no Paraguai, por ocasião do Fórum Acadêmico do Mercosul (FOMERCO), realizado em 2015 em Assunção. Em sua conferência foi categórica: "O Mercosul é responsável pela destruição do meu povo e de nossa agricultura".

Os movimentos sociais críticos, *altermundistas*, como o representado por Magui Balbuena, que começam a adquirir dimensão regional e global a partir da segunda metade do século XX, mas que, segundo Wallerstein, acumulam força desde os levantes europeus que sucederam a Revolução Francesa, inspirando, inclusive, a guerra de independência do Haiti, (WALLERSTEIN: 2003), impõe uma bifurcação na economia-mundo capaz de promover uma transição histórica para relações alternativas de produção. Wallerstein chama de *TempoEspaço transformacional* esta possibilidade historicamente construída e o contexto que permite a configuração de novas centralidades, perspectivas alternativas ao modelo socioeconômico vigente. A depender da capacidade de mobilização, resistência e institucionalização dos movimentos sociais, a estabilidade para sua consolidação. Outro caminho, entretanto, que pode ser tomado nesta bifurcação, apontado pelo autor exatamente na virada para o século do XXI, é a viabilidade histórica de reconfiguração dos Estados, pela prioridade conferida às Forças Armadas e ao policiamento repressivo dos movimentos sociais (WALLERSTEIN, 2001).Enfim, um regime disposto a responder às contradições do capital com confinamento e morte.

Direito de integração e categorias marxianas

Os consensos políticos que têm sido registrados em documentos jurídicos internacionais e constitucionais apontam para uma perspectiva pactuada de que um outro mundo é substantivamente, ou seja, historicamente possível. Se o trabalho é capaz de transformar a natureza, também transforma as formas de reprodução da vida, a viabilizar a suprassunção do modelo historicamente estabelecido. O desafio é identificar os resultados da narrativa jurídica de direitos materializados no "Estado real", isto é, no povo, corpo da sociedade para dimensionar sua força disruptiva (MARX: 2005)[16].

Suprassunção[17] é uma expressão cunhada por Hegel (*aufhebung*). O termo é recorrente nas obras de Karl Marx e associado a transformações históricas estruturais. Como categoria teórica, *aufhebung* é a síntese da dialética manifesta historicamente, isto é, materializada. O resultado possível, em uma perspectiva espaçotemporal, de profundas transformações nas relações sociais. Abrange a negação e a afirmação como partes de um todo: a desconstrução do que foi transformado por necessidade social de transformação e a consolidação de novas relações sociais. Indica, enfim, o contínuo fluxo da história como processo de superação de uma situação previamente estabelecida como efeito de suas contradições e da variedade de possibilidades históricas em permanente confronto. Para analisar esse devir, Marx, a partir de

---

[16] "Para que a constituição não apenas sofra a modificação, para que, portanto, essa aparência ilusória não seja, finalmente, destruída pela violência, para que o homem faça aquilo que, de outro modo, ele seria forçado a fazer inconscientemente em razão da natureza da coisa, é necessário que o movimento de constituição, o progresso, torne-se princípio da constituição, que, portanto, o real sustentáculo da constituição, o povo, torne-se o princípio da constituição. O progresso, ele mesmo é, então, a constituição." (MARX, 2005, 75).

[17] É um neologismo e pode ter traduções diferentes.

Hegel, utiliza de uma metodologia dialética, materialista e histórica: os processos produtivos devem ser desvelados para que a realidade se mostre como efetivamente é, em suas determinações e sobre determinações históricas e seus simulacros ideológicos.[18]

Nesse sentido, acredito que a teoria marxiana organiza categorias de análise hábeis a definir se um sistema histórico alternativo guarda reais potencialidades de se concretizar em face ao acúmulo de ações disruptivas. Como a estrutura socioeconômica suprassumida surge a partir de tensões criadas pelo sistema de produção anterior, o modelo transformado, ou em crise, preserva elementos, características, instituições do sistema socioeconômico anterior. Entretanto, na nova estrutura, tais categorias perdem a centralidade, sua essencialidade, elementos remanescentes, não estruturais.

Nesse sentido, o sistema capitalista, como sistema histórico, guarda possibilidades racionalmente substantivas de superação em razão dos conflitos e contradições geradas por seus pilares estruturantes: a concentração ilimitada do capital em face a exploração ilimitada do trabalho. Para a manutenção dessa equação é imprescindível a condição colonial dos Estados periféricos como garantia da divisão territorial e racial do trabalho entre as nações inseridas na economia-mundo capitalista.

Para Marx, a economia é a forma como a sociedade se organiza para produzir e reproduzir sua própria existência e suprir *necessidades* historicamente estabelecidas. A organização dessas relações socioeconômicas *estrutura* um sistema de produção historicamente definido. A racionalidade funcional dessa estrutura econômica determina todas as demais instituições constituídas e desenvolvidas sob tais circunstâncias, que, em um processo de retroalimentação, asseguram, por sua vez, a estabilidade do sistema econômico. Estes outros campos da vida social, Marx denomina de *superestruturas*.

A organização política e jurídica do Estado, o próprio Estado, são superestruturas essenciais ao funcionamento das relações capitalistas de produção. Todas essas manifestações interagem

---

[18] O "Crítica a Filosofia do Direito de Hegel", de 1843, escrito quando tinha 25 anos, é considerado o primeiro texto materialista de Marx. No "Ideologia Alemã" (MARX, 2007), série de textos escritos com Friedrich Engels, em 1845 e 46, que apresentam o materialismo histórico e dialético como método de análise empírica, de apreensão da realidade.

permanentemente e são tensionadas pelas contradições sociais resultantes das relações de exploração da força de trabalho, alternando contextos disruptivos e de estabilização do sistema. A depender das relações de força e poder das classes em conflito, as relações de produção estabilizam sua existência no tempo, ou, a depender da reação social às crises perpetradas, levar à sua transformação.

O direito internacional e o direito de integração, como seu subproduto, são fenômenos superestruturais ao sistema-mundo/colonial constituído na modernidade europeia. Modelo econômico que se sustenta na integração mundial e hierarquizada de mercados, isto é, de centros fornecedores de meios de produção e produtores de mercadorias. Como estrutura histórica, o dinamismo das relações socioeconômicas aí desenvolvidas, além de todas as demais manifestações superestruturais engendradas pelo próprio sistema, promovem, permanentemente, as condições que potencialmente levam à sua transformação, mas, igualmente, criam os instrumentos de força que corrigem os desvios possibilitando a readequação do modelo produtivo estabelecido.

Nesse sentido, o direito internacional e o direito de integração regional instituídos por Estados sul-americanos expressam essa complexidade estrutural e registram momentos de inflexão emancipatória que correspondem às crises mais profundas do capitalismo, que coincidem com o deslocamento do poder hegemônico e as disputas entre os Estados centrais da economia-mundo: do império ibérico para o britânico, do britânico para os Estados Unidos, dos Estados Unidos para as potências orientais, com destaque para a China, definitivamente inserida na sistema-mundo capitalista.

Nestes momentos de crise, o direito regional sul-americano consigna projetos de autodeterminação e fortalecimento das relações capitalistas internas, que, entretanto, tem resultado na reacomodação do sistema regional à sua vocação colonial, em detrimento de sua emancipação. Para tanto, as potências centrais, com hegemonia no subcontinente americano, têm podido reinventar formas de dominação e forças de subordinação. Até o século XX estas formas eram essencialmente militares. Atualmente são híbridas, por contarem, na contemporaneidade, não apenas com ameaça armada, sob a qual encontra-se a Venezuela, mas também com outros recursos do poder de polícia estatal e de suas instituições com prerrogativas repressivas, como as instâncias judiciais, quando as normas constitucionais e o direito regional passam a servir de argumento e fundamento para ações antidemocráticas e antinacionais a partir de suas fluidas instituições e subalternos agentes públicos, facilmente cooptados pela infinita capacidade de persuasão do grande capital disponibilizado alhures.

Como categorias centrais do sistema-mundo/colonial Marx destaca a propriedade privada dos meios de produção (terras, recursos minerais, águas da superfície, os meios para utilizá-los e transformá-los); a centralidade dos capitalistas na definição do que é necessário produzir e, inclusive, do que é necessário para a reprodução da força de trabalho (do quanto custa a vida de uma trabalhadora e de um trabalhador); a compra da força de trabalho por este mínimo socialmente definido como necessário por meio do salário (ou pelo fornecimento do que é considerado imprescindível à reprodução de sua força de trabalho, como um teto e algumas refeições); a formação de monopólios e de redes internacionais de produção e circulação de mercadorias; a concentração do capital, teleologia insuscetível de limitações impostas por poderes estatais; relações internacionais de dependência recíproca e subordinação da periferia ao centro geoestratégico da economia-mundo.

A análise das decisões oficiais e ações políticas relativas à estas categorias, consideradas parcialmente ou em sua totalidade, permitem avaliar o alcance ou os limites a uma "integração alternativa" entre Estados da América do Sul. As fontes para esta análise são as narrativas registradas nos documentos oficiais (tratados firmados, resoluções comunitárias, programas de metas, leis nacionais editadas a partir do organismos regional, decretos, regimentos, portarias), confrontados com seus produtos, enfim, com a realidade.

A partir dessa materialidade será possível identificar elementos potencialmente disruptivos: i) não só da condição de dependência da região e do espaço periférico que ocupa no sistema; ii) mas, inclusive, do próprio sistema-mundo/colonial, pelo estabelecimento de estruturas de produção antagônicas às categorias do modelo capitalista de produção e circulação de mercadorias.

Portanto, a "natureza" capitalista ou "alternativa" do processo de integração é revelado pelo produto jurídico dos seus órgãos, pelas políticas públicas estabelecidas e seus resultados consolidados. Depende, portanto, de uma análise longitudinal, diferida no tempo.

Se o produto de suas instituições reforça categorias centrais da economia-mundo capitalista, configura-se como superestrutural ao sistema econômico vigente. As tentativas de superação da dependência dos mercados exógenos com medidas de estímulo e proteção do mercado interno traduz-se não propriamente como anticapitalista, mas como luta anticolonial localizada, o que integra a disputa sistêmica entre Estados para o fortalecimento do poder de concorrência de suas empresas transnacionais.

Por outro lado, não é impossível esperar que, em meio ao processo de concertação política regional, sejam construídos consensos em torno de parâmetros econômicos e sociais idôneos a viabilizar estruturas anticapitalistas pré-existentes na região ou para estabelecer modelos de produção divergentes, mesmo que em âmbito local.

A apreensão do decurso histórico de estruturas socioeconômicas não é tarefa simples e não comporta análise essencialistas ou empiristas, que serão superficiais. O materialismo histórico e dialético, entretanto, fornece-nos instrumentos teóricos consistentes à identificação e análise de uma transformação histórica em curso, ressaltando que estas transformações são feitas em constante disputa, o que necessariamente implica em avanços e retrocessos.

Solidariedade e o Desenvolvimento Integral *vs* Exploração e Desigualdade como Fundamentos Sistêmicos

Nos anos de 1950 e 1960, após as guerras da primeira metade do Século XX, o mundo estava em transformação e o capitalismo em processo de reestruturação. Os debates acadêmicos acerca da economia eram otimistas e apontavam para perspectivas e estratégias de desenvolvimento, o que necessariamente levava, nas periferias do sistema, às questões relativas à descolonização e autodeterminação. O debate é ampliado no âmbito dos organismos internacionais recém-criados, como o Banco Mundial, Fundo Monetário Internacional e a ONU. Esta última institui, junto ao Conselho Econômico e Social, as cinco comissões regionais para a Europa, Ásia Ocidental, Ásia e Pacífico, África e América Latina e Caribe, que deveriam desenvolver estudos e formular propostas voltadas a promover tanto a reconstrução da economia, junto aos Estados centrais, como o desenvolvimento local, em relação às ex-colônias já independentes ou em processo de "descolonização", no caso de Estados africanos.

A articulação entre esses organismos internacionais estabeleceu os fundamentos para a instituição dos projetos de integração econômica europeus, posteriormente unificados na União Europeia e, igualmente, da Associação Latino Americana de Livre-Comércio (ALALC), em 1960, sob a égide da Comissão Econômica para a América Latina e Caribe (CEPAL). A ALALC abrigou, logo de início, o Pacto Andino, de 1966, como um de seus acordos parciais. Posteriormente, em 1980, a ALALC é sucedida pela Associação Latino-Americana de Integração (ALADI), e o MERCOSUL, torna-se, em 1991, o segundo acordo parcial de integração sul-americana. A primeira fase da CEPAL foi marcada pelas formulações teóricas acerca das estratégias e limites ao desenvolvimento da sub-região americana. Celso Furtado e Raul Prebish, o primeiro, dedicado à análise da economia brasileira e seu processo de industrialização no pós-guerra, e Prebish, voltado às economias da Argentina e Chile, destacam o paradoxo entre desenvolvimento e dependência especialmente em relação às economias nacionais da região. Naquele momento, entretanto, o isolacionismo sobrepõe-se ao regionalismo, inclusive em razão dos golpes de estado no Paraguai, Brasil, Chile, Uruguai e Argentina.

A teoria do desenvolvimento, inspirada na totalidade sistêmica da escola estruturalista francesa de André Marchal e François Perroux, adquire aspectos particulares entre os autores latino americanos, interessados na formação das economias periféricas e na transição do seu modelo agroexportador para o industrial, identificada, por isso, como *teoria da dependência*. O desenvolvimento econômico regional na América Latina e Caribe deveria, portanto, comportar um projeto de *desenvolvimento integral* capaz de romper com os ciclos de dependência.

Nesse contexto, foi criada a Organização dos Estados

Americanos (OEA), contemporânea da CEPAL, ambas são de 1948. No seu tratado constitutivo reitera-se a necessidade de uma *cooperação solidária* entre os Estados como forma de viabilizar o *desenvolvimento integral* da região[19].

A *solidariedade internacional* tem sido expressa como fundamento do direito internacional sul-americano desde seus primórdios, que remontam ao século XIX. Atualmente, vem positivado no Protocolo ao Tratado Geral de Integração Centro-americana, conhecido como Protocolo da Guatemala, no Acordo de Integração Sub-regional Andino, ou Acordo de Cartagena, no Tratado Constitutivo da União de Nações Sul-Americanos[20]

---

[19] CARTA DA OEA. Art. 30. Os Estados membros, inspirados nos princípios de *solidariedade e cooperação* interamericanas, comprometem-se a unir seus esforços no sentido de que impere *a justiça social internacional* em suas relações e de que *seus povos alcancem um desenvolvimento integral*, condições indispensáveis para a paz e segurança. O desenvolvimento integral abrange os campos econômico, social, educacional, cultural, científico e tecnológico, nos quais devem ser atingidas as metas que cada país definir para alcançá-lo. Art. 31. A cooperação interamericana para o desenvolvimento integral é *responsabilidade comum e solidária* dos Estados membros, no contexto dos princípios democráticos e das instituições do Sistema Interamericano [...]. Art. 32. A cooperação interamericana para o *desenvolvimento integral deve ser contínua* e encaminhar-se, de preferência, *por meio de organismos multilaterais*, sem prejuízo da cooperação bilateral acordada entre os Estados membros [...] Art. 33. O desenvolvimento é responsabilidade primordial de cada país e deve constituir um processo integral e continuado para a criação de uma ordem econômica e social justa que permita a plena realização da pessoa humana e para isso contribua. (grifo nosso).

[20] PROTOCOLO AL TRATADO GENERAL DE INTEGRACION CENTROAMERICA (PROTOCOLO DE GUATEMALA). "Considerando que la ampliación de sus mercados nacionales, a través de la integración constituye un requisito necesario para impulsionar el desarrollo en base a los principios de solidaridad, reciprocidad y equidad, mediante un adecuado y eficaz aprovechamiento de todos los recursos, la preservación del medio ambiente, el constante mejoramiento de la infraestructura, la coordinación de las políticas macroeconómicas y la complementación y modernización de los distintos sectores de la economía.

ACUERDO DE INTEGRACIÓN SUBREGIONAL ANDINO (ACUERDO DE CARTAGENA). Art. 1. El presente Acuerdo tiene por objetivos promover el desarrollo equilibrado y armónico de los Países Miembros en condiciones de equidad, mediante la integración y la cooperación económica y social; acelerar su crecimiento y la generación de ocupación; facilitar su participación en el proceso de integración regional, con mira a la formación gradual de un mercado común latinoamericano. Asimismo, son objetivos de este Acuerdo propender a disminuir la vulnerabilidad externa y mejorar la posición de los Países Miembros en el

Para apreender o comando implícito no *fundamento da solidariedade* entre Estados tomamos a *função de subsidiariedade*, conforme esta foi concebida em sua origem (QUADROS, 1995), com sentido mais amplo do que aquele que lhe confere, atualmente, a União Europeia. Além de uma repartição de competências, como ocorre entre a UE e seus Estados Membros, ou, no âmbito interno, entre a poder central e as unidades federativas autônomas, recuperamos o sentido dos primeiros documentos que descrevem a função como o suporte proporcionado por um ente com maior capacidade de ação voltado à solução de demandas sociais insuscetíveis de serem superadas pelos entes locais, ou então na distribuição de funções entre entes públicos e entidades civis do terceiro setor no enfrentamento dos desequilíbrios promovidos pela funcionalidade sistêmica.

Nesse sentido, uma concertação regional que tenha como objetivo a promoção de seus povos em detrimento dos imperativos do mercado, um organismo de integração que demande não apenas a circulação de meios de produção e mercadorias, mas o desenvolvimento de relações produtivas que promovam a superação de relações de exploração do trabalho, de dependência econômica e subordinação política da região aos Estados hegemônicos vai de encontro a funcionalidade e *ethos* do sistema capitalista, assumindo aspectos contra hegemônicos. Indubitavelmente, são projetos capazes de desencadear reações agressivas a partir dos centros do poder mundial por meio de seus aparelhos de repressão estatal, episódios recorrentes em suas relações com os Estados sul-americanos, a exemplo do que ocorre atualmente com importantes fornecedores de matriz energética, como Venezuela, Brasil e Bolívia.

---

contexto económico internacional; fortalecer la solidaridad subregional y reducir las diferencias de desarrollo existentes entre los Países Miembros. Estos objetivos tienen la finalidad de procurar un mejoramiento persistente en el nivel de vida de los habitantes de la Subregión.
TRATADO CONSTITUTIVO DA UNIÃO DE NAÇÕES SUL-AMERICANOS. PREAMBULO. RATIFICANDO que tanto a integração quanto a união sul-americanas fundam-se nos princípios basilares de: irrestrito respeito à soberania, integridade e inviolabilidade territorial dos Estados; autodeterminação dos povos; solidariedade; cooperação; paz; democracia, participação cidadã e pluralismo; direitos humanos universais, indivisíveis e interdependentes; redução das assimetrias e harmonia com a natureza para um desenvolvimento sustentável;

A estrutura produtiva que configura o sistema-mundo moderno e que define o modelo capitalista tem como característica a total subversão do trabalho e das formas de reprodução da vida: no capitalismo as mercadorias não são produzidas para atender uma necessidade humana, este aspecto é secundário, são produzidas exclusivamente com a perspectiva de gerar lucro. A sua utilidade é secundária, pois o que conta, para o capitalista, que vai investir em um negócio, é apenas o seu valor de troca. Esta é a especificidade histórica do sistema, o que Marx chama de fetiche da mercadoria, além da alienação do processo de trabalho, ou a descaracterização do trabalho como *praxis*, que é, justamente, o que diferencia o trabalho humano do trabalho dos outros animais: sua dimensão criativa e transformadora[21].

A teoria do valor, desenvolvida por Karl Marx n'*O Capital*, não é apenas econômica. É sobretudo uma "crítica da economia política", subtítulo da obra, profunda análise social que, a partir de evidências materiais, demonstra como o processo capitalista de reprodução da vida opera a desumanização (alienação) pela exploração do trabalho, transferindo todo o seu valor para a mercadoria e criando a ilusão, o fetiche, de que é a própria mercadoria a ser valorada, o que é determinante para a constituição de uma ética especial, no qual as coisas passam a ser mais importantes que as pessoas, e o valor da vida dos trabalhadores, ou seja, o valor daquilo que precisa para garantir sua sobrevivência, nas palavras de Marx, daquilo necessário à "reprodução de sua existência", precisa ser permanente depreciado para proporcionar o lucro do capitalista[22].

---

[21] O sentido de práxis, para Marx, possui dimensão abstrata e concreta. Na dimensão abstrata, o trabalhador concebe o que deseja produzir e planeja como fazê-lo da forma mais eficiente. É a dimensão criativa do trabalho, que possibilitou ao ser humano transformar o mundo a sua volta pela apreensão dos meios que possibilitaram otimizar sua sobrevivência. A dimensão concreta da práxis é a própria ação prática, o fazer. Portanto, para Marx, o trabalho intelectual é indissociável do trabalho material (práxis). O trabalho que transforma é o principal atributo de uma pessoa, é o que a realiza, o que confere autoestima e o que a diferencia de um animal. Para uma melhor compreensão sobre este aspecto da teoria marxiana, recomendamos a leitura de *Ideologia Alemã* e do primeiro volume d'*O Capital*, especialmente a sua terceira parte. (MARX, 2002, 211).

[22] Recomendo a leitura da segunda e terceira parte do volume I d'O Capital, especialmente seus Capítulos IV e V. Neles Marx demonstra que a existência do sistema capitalista de produção depende da divisão territorial, racial e genereficada

O Brasil, cujas relações de produção estão historicamente alicerçadas na escravidão, é um campo rico em evidências relativas à desvalorização da força de trabalho do homem negro em relação ao branco e da mulher negra em relação a todas e todos os demais trabalhadores. Assim é que as relações interpessoais adquirirem aí uma dimensão característica, ou seja, as categorias sistêmicas influenciam as formas com que se estabelecem as relações de trabalho e o valor dos salários, que correspondem a uma ética própria. A mesma lógica se aplica aos trabalhadores e trabalhadoras da América hispânica, de origem indígena, e aos povos originários brasileiros, cujo aviltamento do valor da força de trabalho é socialmente aceito, posto que precisariam de muito pouco para manter existência.

O valor pago ao salário de um trabalhador ou trabalhadora é historicamente construído e corresponde ao que a sociedade aceita como sendo suficiente para a sobrevivência desse trabalhador ou trabalhadora. As estatísticas são representativas dessa realidade e demonstram, por exemplo, que a mulher negra é a "carne mais barata do mercado", como canta Elza Soares. Não é por acaso que as mulheres pretas são também as principais vítimas de violência obstétrica (UCHÔA, 2018), já que existe um perverso consenso em torno da crença de que são mulheres fortes e resistentes a dor quando comparadas com as brancas, o que permite "economizar" com seus remédios e anestesia. Se o custo de sua existência é mais barato, seu salário pode, então, ser igualmente menor. Trata-se do que Marx chamou de "divisão social do trabalho" (MARX, 2002, 64).

A extensão dessa exploração resulta em acúmulo de trabalho excedente pelo capitalista sul-americano, o que significa a possibilidade de mais lucro. Considerando a massa de trabalho abstrato realizado em todo o mundo capitalista, a divisão territorializada e racializada do trabalho é imprescindível não apenas para proporcionar a acumulação de valor na classe empresarial mundial, mas também para a manutenção do que resta de conquistas sociais aos trabalhadores dos estados centrais à economia-mundo capitalista. Nem mesmo a perspectiva da

---

do trabalho, a possibilitar desigualdade entre trabalhadores e a depreciação de sua força de trabalho, consequentemente, maior apropriação de excedente de trabalho, e, portanto, de mais-valia (ou mais valor) pelo capitalista: o seu lucro.

migração laboral, quando o trabalhador busca ascender a melhores condições de trabalho, o objetivo não se completa: mesmo quando estes trabalhadores migram para os Estados Unidos ou para algum país europeu em busca de melhores salários, continuam, no país de destino, cumprindo seu papel sistêmico de força de trabalho alienada, desqualificada, explorada e de baixo custo.

Considerar tais aspectos é essencial à compreensão de que mesmo um projeto de integração regional que se faça segundo parâmetros mercadológicos, mas norteado pela superação solidária dos Estados membros de sua condição de periferia ao sistema-mundo, mesmo que o projeto priorize o desenvolvimento da produção local e a realização de obras voltadas circulação regional de mercadorias como meio de reduzir a pobreza e promover o desenvolvimento integral dos Estados sul-americanos, o seu sucesso, inclusive e a possibilidade de também agregar valor de troca à mercadoria força de trabalho adquirida pelo capitalista local, é suficiente a abalar o processo de apropriação global do excedente de trabalho realizado nas regiões periféricas da economia-mundo, promovendo crises e tensões, tanto nos empresários locais como estrangeiros, que irão reagir, de forma integrada, a quaisquer ameaças aos privilégios dos quais historicamente se apropriaram.

A teoria do valor de uso e valor de troca da mercadoria "força de trabalho" revela a forma como se desenvolvem as relações produtivas no capitalismo e seus efeitos em todas as demais relações humanas constituindo um *ethos de valores sistêmicos* que reproduzem sua racionalidade econômica. Em contraposição, relações antissistêmicas, conforme denominadas por Wallerstein, são aquelas alternativas ao modo-de-produção capitalista. São, portanto, capazes de pressionar sua funcionalidade e promover as condições históricas para sua transformação.

Neste sentido, para que uma instituição, como um organismo de integração regional possa ser caracterizado como "alternativo" a este modelo ou às suas determinações históricas −subordinação nacional e regional à diretrizes exógenas e exploração desigual do trabalho − deverá ser eficiente em reconhecer e estabelecer relações humanas e de produção igualmente alternativas, isto é, antissistêmicas, instituindo as condições materiais para a suprassunção histórica do sistema-mundo/colonial. O reconhecimento de outras formas de propriedade da terra e dos demais meios de produção, que não a propriedade privada; a viabilização de espaços econômicos não mercantilizados, isto é, de práticas econômicas que não visem exclusivamente a produção da mercadoria e, portanto, o lucro; o reconhecimento de relações de trabalho que não impliquem em alienação, ou seja, que devolvam ao trabalhador o controle criativo do seu processo de produção e suprimam a exploração do trabalho pelo rebaixamento do seu valor (salários baixos ou ausência de salário e direitos sociais mínimos ou inexistentes).

Não é factível supor que o sucesso de um organismo de integração em seu objetivo de fortalecer o mercado interno, substituir importações de manufaturas pela industrialização local e a prestação de serviços por capitalistas dos centros da economia mundial, promoveria, por si só, o desenvolvimento integral do subcontinente. Desenvolvimento integral e redução da pobreza implica na promoção do desenvolvimento da classe trabalhadora.

Por que o capitalista sul-americano exploraria menos os trabalhadores sul-americanos? O que levaria os empresários da região a renunciarem ao controle que exercem sobre terra e seus recursos naturais? Não se trata de boas intenções, mas de sua sobrevivência em um sistema mundial de mercados integrados em cadeias de produção e circulação global que dependem, na atualidade, da disponibilidade *just in time* de insumos.

Os capitalistas sul-americanos continuarão a competir com os demais capitalistas de todo o mundo e terão, igualmente, os preços de suas mercadorias social e historicamente determinadas pela massa de todo trabalho abstrato, mundialmente produzido e necessário a manter a reprodução desse modelo produtivo e seu processo contínuo de valorização ao máximo do valor de troca das mercadorias e diminuição ao mínimo do valor de troca da capacidade de trabalho (de uma trabalhadora branca, de um trabalhador negro, de uma trabalhadora indígena, de um imigrante, de um engenheiro civil ou do ajudante de pedreiro).

É factível supor que os Estados, conforme estabelecidos, são instrumentos hábeis a desconstruir essa lógica produtiva, principalmente em se tratando de Estados com instituições públicas fracas e instáveis? É verossímil que os capitalistas renunciem ao seu exclusivo controle sobre o processo de circulação e produção de mercadorias e capital para transferir ao Estado o controle dos meios de produção?

E ainda, o controle estatal dos meios de produção e até da produção em si, naqueles setores considerados estratégicos ao desenvolvimento implica, necessariamente, em controle público ou coletivo do processo produtivo? Implicaria na transferência deste controle aos trabalhadores? Ou o Estado se utilizaria do mesmo processo produtivo organizado pelo empresário privado? Enfim, continuaria comprando a força de trabalho do trabalhador e consumindo-a no processo produtivo preservando, desta forma, a alienação do trabalho pela eliminação de sua dimensão criativa?

O que irá definir o caráter de um Estado, de governos ou de uma organização internacional ou regional de integração de Estados é a correlação de forças entre capitalistas e trabalhadores: a luta de classes. No curto espaço de uma geração, logo após as guerras mundiais do século XX, a classe dos capitalistas encontrava-se seriamente assombrada pelo espectro do comunismo soviético, fundamental para a vitória dos Estados liberais do ocidente. Durante um curto espaço de tempo foram admitidas as políticas implementadas pelos *Welfare States* europeus e idealizadas, porém nunca efetivamente implantadas, as políticas desenvolvimentistas nos Estados periféricos, rapidamente abortadas, na América do Sul, pelos golpes militares. A segunda tentativa de implementação desse projeto deu-se recentemente, na primeira metade do século XXI, quando governos social-democratas, após meio século em comparação com a Europa, foram finalmente eleitos em razão das mobilizações sociais desencadeadas pelas crises decorrentes das medidas liberais implantas na região pelo Consenso de Washington.

Conclusão

Não basta a previsão jurídica de um Estado plurinacional[23] ou de um Estado cooperativo[24], o que determina que estes Estados garantam a vida é o consenso historicamente estabelecido em relação ao reconhecimento dos direitos sociais do trabalho. As mobilizações de trabalhadores têm podido, desde a transição do

---

[23] O Estado Plurinacional da Bolívia foi instituído oficialmente pela Constituição de 2007

[24] República Cooperativa da Guiana, desde sua independência em 1966.

século XVIII para o XIX, expressar sua pauta de direitos, fundamentais à reprodução da vida em condições humanas dignas, por meio de Cartas Constitucionais, que os *consagram*. Porém, não basta o pacto e sua consagração, mas um consenso historicamente realizado: um padrão de direitos socialmente definido e aceito, abaixo do qual a sociedade não se admite retrocesso.

O Direito expressa, especialmente por meio de Constituições promulgadas desde então, o conflito estrutural de interesses inerente às relações de desigualdade social. Tais divergências vem positivadas, comumente, na forma de "princípios jurídicos" ou de "direitos fundamentais".

O estudo do ordenamento jurídico por meio do confronto de suas antinomias internas, em perspectiva histórica, dialética e utopística, permite-nos compreender a razão da efetividade de certos direitos, como o direito de propriedade e as obrigações contratuais, e a insignificância de outros, como o direito à vida, à liberdade, à saúde universal, à previdência social, à moradia, ao trabalho. O Direito é um espaço em disputa, porém, estruturado para segmentos minoritários da população, que o colonizam.[25]

O Direito resultante dos movimentos sociais dos séculos XIX e XX, longe de corresponder às proposições dogmáticas de unidade e coerência, apresenta contradições internas, resultado da luta de classes. Tais contradições são expressões da complexidade social e de interesses antagônicos que o Direito ao mesmo tempo que expressa, neutraliza, por se tratar de um instrumento sob o controle

---

[25] N'*O Capital* há um trecho que gosto muito e gostaria de compartilhar: "A esfera que estamos abandonando, da circulação ou da troca de mercadorias, dentro da qual se operam a compra e a venda da força de trabalho, é realmente um verdadeiro paraíso dos direitos inatos do homem. Só reinam aí liberdade, igualdade, propriedade e Bentham. Liberdade, porque o comprador e o vendedor de uma mercadoria – a força de trabalho, por exemplo – são determinados apenas por sua vontade livre. Contratam como pessoas livres, juridicamente iguais. O contrato é o resultado final, a expressão jurídica comum de suas vontades. Igualdade, porque estabelecem relações mútuas apenas como possuidores de mercadorias e trocam equivalente por equivalente. Propriedade, porque cada um só dispõe do que é seu. Bentham, porque cada um dos dois só cuida de si mesmo. A única força que os junta e os relaciona é a do proveito próprio, da vantagem individual, dos interesses privados. E justamente por cada um só cuidar de si mesmo, não cuidando ninguém dos outros, realizam todos, em virtude de uma harmonia preestabelecida das coisas, ou sob os auspícios de uma providência onisciente, apenas as obras de proveito recíproco, de utilidade comum, de interesse geral". (MARX, 2002, 206).

de empresários e não dos trabalhadores.

Como expressão dos consensos contra hegemônicos juridicamente estabelecidos, das circunstâncias que tornaram possível sua expressão jurídica e dos limites estruturais de seus propósitos potencialmente emancipadores e revolucionários oferece-se à análise histórica.

O direito de integração sul-americano, por seu lado, permite-nos analisar o processo de formação e continuidade dos blocos regionais, o contexto internacional e os contextos nacionais sob o qual se estabeleceram, o projeto político registrado nos documentos comunitários em confronto com seus resultados, tanto em relação à produção normativa e jurisprudencial comunitária e seus reflexos nos Estados membros, como na esfera do empreendimento de políticas públicas regionais, como a *Iniciativa para Infra-Estrutura* coordenada pela UNASUL[26].

Uma das hipóteses é que a concretização de programas e instituições com potencial disruptivo, mesmo que tênues, tensionam o modelo de relações internacionais na geopolítica do sistema-mundo/colonial, passível de desencadear, portanto, a reação do capital tradicionalmente hegemônico na região.

Outra, que o direito de integração sul-americano é insuscetível de ameaçar e, portanto, ser reativo ou promover reações do capital hegemônico, justamente por ser estruturalmente capitalista e versar, exclusivamente, sobre circulação de mercadorias, inclusive da força de trabalho, e complementariedade de fatores produtivos.

Pesquisas relativas às Interpretações Prejudiciais proferidas pelo Tribunal de Justiça da Comunidade Andina (CARNEIRO, 2017a), e a análise dos resultados da política migratória do MERCOSUL tendem a confirmar a segunda hipótese (CARNEIRO, 2017b), (CARNEIRO, 2017c).

---

[26] Neste aspecto, as decisões da Corte Interamericana de Direitos Humanos sobre questões relativas à propriedade comunal dos povos originários sul-americanos são exemplos paradigmáticos no reconhecimento ao direito à terra, à água, ao meio-ambiente saudável e à vida. Como exemplos, citamos os casos: Comunidade Mayagna (Sumo) Awas Tingni vs. Nicarágua (2001); Comunidade Indígena Yakye Axa vs. Paraguai (2005); Comunidade Moiwana vs. Suriname (2005); Comunidade Indígena Sawhoyamaxa vs. Paraguai (2006); Povo Saramaka vs. Suriname (2007); Comunidade Indígena Xakmok Kasek vs. Paraguai (2010); e Comunidades Indígenas Lhaka Honhat (Nuestra Tierra) vs. Argentina (2020).

Quanto à primeira, uma análise crítica permite-nos avaliar a possível relação entre a ofensiva do capital, materializada nas recentes rupturas constitucionais em Estados da região e o sucesso das políticas de integração e infraestrutura da UNASUL protagonizadas por empresas sul-americanas.

Da mesma forma que as relações econômicas no capitalismo fazem parecer que toda a riqueza vem do dinheiro e das propriedades, quando são originadas exclusivamente do trabalho - o que Marx chama de "fetiche da mercadoria"[27] - o Direito também comporta fetiches.

O fato de os territórios americanos terem sido incorporados ao sistema-mundo na condição de colônias, regiões periféricas ao sistema que se consolidava, potencializa o surgimento de movimentos e instituições disruptivas a essa condição de subordinação aos capitalistas estrangeiros. Entretanto, sobredeterminações históricas dessa condição de subordinação, que conta com o apoio das elites locais que se beneficiam desse comércio desigual, bloqueia a diversificação e ampliação da classe capitalista nacional, objetivo das políticas desenvolvimentistas.

O direito de integração sul-americano, desde meados do século XIX, tem expressado idealmente, sob forma de princípios jurídicos, anti-*valores* às estruturas colonizantes, sem, contudo, viabilizá-los, embora adicionem *magia* às narrativas jurídicas.

A *materialização* de relações internacionais cooperativas e solidárias, voltadas à superação da pobreza (ao agregar valor de troca à força de trabalho, única forma possível de redução da pobreza) e à realização do desenvolvimento integral dos seus povos

---

[27] Para melhor compreensão, recomendo os dois primeiros capítulos do primeiro volume d'O Capital. Um trecho ilustrativo: "Assim, só a análise dos preços das mercadorias levava à magnitude do valor, só a expressão comum, em dinheiro, das mercadorias induzia a estabelecer-se sua condição de valor. É, porém, essa forma acabada do mundo das mercadorias, a forma dinheiro, que realmente dissimula o caráter social dos trabalhos privados e, em consequência, as relações sociais entre os produtores particulares, ao invés de pô-los em evidência. (...) Formas dessa natureza constituem as categorias da economia burguesa. São formas de pensamento socialmente válidas, portanto objetivas, ajustadas a esse modo de produção historicamente definido, a produção de mercadorias. Todo mistério do mundo das mercadorias, todo o sortilégio e a magia que enevoam os produtos do trabalho, ao assumirem estes a forma de mercadoria, desaparecem assim que examinamos outros meios de produção". (MARX, 200, 97-98).

(pela garantia de acesso comunal e coletivo aos meios de produção, terra, água, meio ambiente), tal como previsto em documentos jurídicos regionais, sofre os limites estruturais da economia-mundo, que não subsiste sem a divisão social (territorial, racial e bigenerificada) do trabalho.

Para a manutenção da funcionalidade sistêmica na região, tal como estabelecida desde sua incorporação ao sistema-mundo/colonial, atuam como condicionamentos históricos que reproduzem sua condição marginal: vulnerabilidade e dependência em suas relações com Estados centrais e no âmbito dos organismos internacionais econômicos, recorrente instabilidade política e institucional, aprofundamento dos mecanismos de exclusão social e precarização do trabalho como condição de inserção ao concorrido mercado internacional. Circunstâncias que tornam os Estados latino-americanos reféns da dinâmica econômica estabelecida a bloquear condições de emancipação, que repercute, internamente, na dificuldade em se estabelecer instituições republicanas estáveis e no recorrente uso do poder de polícia do Estado para a manutenção do estado de dependência.

A exacerbação da crise do capitalismo que temos tido o privilégio e a tristeza de testemunhar, tem evidenciado suas contradições e revelado as ilusões das quais se alimenta. Vivemos em uma bifurcação no TempoEspaço, que potencializa as transformações. Se estas transformações conduzirão a relações econômicas e políticas alternativas dependerá da capacidade de ação dos explorados. A extrema precarização da última década tem mobilizado os trabalhadores neste sentido, especialmente aqueles mais explorados, como os trabalhadores de aplicativos: escravos contemporâneos que o cinismo chama de empreendedores. Não têm nada a perder, a não ser seus grilhões telemáticos.

Referencias

CAIXETA, Ricardo Lima. *O Estado no sistema-mundo moderno:* um estudo sobre permanências baseado na obra de Immanuel Wallerstein. Disponível em: https://teses.usp.br/teses/disponiveis/107/107131/tde-30052019-100231/pt-br.php. Acesso em: 30.jul.2020.

CARNEIRO, Cynthia Soares. El transplante de las interpretaciones prejudiciales para el Tribunal de Justicia Andino. *Revista de la Secretaría del Tribunal Permanente de Revisión*, v. 5, p. 101-128, 2017. Disponível em: http://revistastpr.com/index.php/rstpr/article/view/100. Acesso em 30.jul.2020.

______. Migrações internacionais e precarização do trabalho: o contexto global, os acordos de residência do MERCOSUL e os imigrantes sul-americanos no Brasil. *Revista Argumenta*, v. 26, p. 337-376, 2017b. Disponível em: http://seer.uenp.edu.br/index.php/argumenta/article/viewFile/749/pdf_1. Acesso em 30.jul.2020.

______. Sul-americanos na Grande São Paulo: pesquisa-ação na Conferência Nacional de Migração e Refúgio e o diagnóstico dos imigrantes sobre a marginalização de direitos no Brasil. *Revista de Estudos Empíricos em Direito*, v. 4, p. 156-174, 2017c. Disponível em: https://reedrevista.org/reed/article/view/86. Acesso em: 30.jul.2020

MARINI, Ruy Mauro. *Dialética da Dependência*. Rio de Janeiro: Expressão Popular, 2005.

MARX, Karl. *O Capital*: crítica da economia política. O processo de produção do capital. 20 ed. Rio de Janeiro: Civilização Brasileira, Livro I, v. 01, 2002.

______. *Manuscritos Econômico-Filosóficos*. São Paulo: Boitempo, 2004.

______. *Crítica da Filosofia do Direito de Hegel*. São Paulo: Boitempo, 2005.

______. *A ideologia alemã*. São Paulo: Boitempo, 2007.

PROSUR. *Declaración de los Ministros de Relaciones Exteriores de PROSUR*. Disponível em: http://www.itamaraty.gov.br/images/ed_integracao/docs_PROSUL/Declaracin_y_Lineamientos_PROSUR_NY_25-09-2019.pdf. Acesso em 28.jul.2020

QUIJANO, Aníbal. Colonialidade do poder: eurocentrismo e América Latina. In: *A colonialidade do saber*: eurocentrismo e ciências sociais. Perspectivas latino-americanas. Buenos Aires: CLACSO. Disponível em:

http://biblioteca.clacso.edu.ar/clacso/sur-sur/20100624103322/12_Quijano.pdf. Acesso em 30.jul.2020.

UNASUL. *Tratado Constitutivo da União das Nações Sul Americanas.* Disponível em: https://pt.wikisource.org/wiki/Tratado_constitutivo_da_Uni%C3%A3o_de_Na%C3%A7%C3%B5es_Sul-Americanas#Artigo_1_Constitui%C3%A7%C3%A3o_da_UNASUL. Acesso em 27.jul.2020.

UCHÔA, Thayse; HAMERMÜLLER, Amanda. Dor além do parto: o olhar de quem sofreu. Disponível em: https://www.ufrgs.br/humanista/2018/01/28/violencia-obstetrica-atinge-1-em-cada-4-gestantes-no-brasil-diz-pesquisa/ Acesso em 27.jul.2020.

WALLERSTEIN, Immanuel. *Modern World-System.* Berkeley, Los Angeles, London: University of California Press, 2004.

______. *Utopística ou as decisões históricas do Século Vinte e Um.* Petrópolis: Vozes, 2003.

______. *Capitalismo histórico e civilização capitalista.* Rio de Janeiro: Contraponto, 2001.

O futuro do Direito Constitucional crise e reconstrução: uma breve análise da herança neoliberal recente

José Luiz Quadros De Magalhães

Este texto é uma homenagem ao meu querido amigo, escritor, filósofo, poeta, professor, constitucionalista Mario Lúcio Quintão Soares. As reflexões que seguem nos acompanham em nossas jornadas acadêmicas desde muito tempo, palestras, viagens pela América Latina, por todo o Brasil e pelas nossas Minas Gerais, defendendo a democracia e os Direitos Humanos. Tive oportunidade de estar ao lado de Mario Lúcio em muitas trincheiras de vida. Na defesa dos Direitos Humanos trabalhamos juntos na Comissão de Direito Humanos da Ordem dos Advogados do Brasil; na UFMG, no mestrado e doutorado lutamos contra o equivocado desmonte do Estado de bem estar social e as armadilhas de um falso Estado Democrático de Direito como critica a um suposto assistencialismo estatal que abriu espaço para o neoliberalismo e a desconstrução dos direitos sociais e econômico. Na UFMG compartilhamos da convivência e aprendizado com querido mestres como o Professor Washington Peluso Albino de Souza, responsável pela introdução no Brasil das discussões do Direito Econômico a necessidade de subordinação da economia aos princípios constitucionais e aos direitos fundamentais; com o Professor José Alfredo de Oliveira Baracho, quem primeiro trouxe as reflexões da Teoria da Constitucional e do processo constitucional e criou disciplinas que trouxeram discussões ricas de todos os cantos do mundo sobre o tema; ou ainda o querido Professor Antônio Augusto Cançado Trindade, quem nos aproximou das discussões da jurisprudência da Corte Interamericana de Direitos Humanos e do Instituto Interamericano de Direitos Humanos, com sede na Costa Rica, trazendo o IIDH para a nossa Escola de Direito.

Na nossa querida PUC Minas e Faculdade Mineira de Direito do Campus Coração Eucarístico compartilhamos tardes de ricos debates acadêmicos, quando em todas as quartas-feiras compartilhávamos o debate com alunos de mestrado e doutorado. No programa da PUC pudemos trazer debates sobre os desafios democráticos, os mecanismo de comprometimento da democracia representativa, a defesa do federalismo e as reflexões críticas do novo constitucionalismo latino-americano, o Estado Plurinacional e as teorias decoloniais.

O texto que segue é um pouco dos ricos debates que realizamos. Um grande abraço ao meu amigo poeta, escritor, advogado, militante, mineiro, professor Mario Lúcio Quintão Soares.

Na luta pela Constituição e os direitos socio-econômicos

O Direito Constitucional contemporâneo passou a incorporar a ideia de democracia como essencial a qualquer ordem constitucional. Entretanto, a democracia vem sofrendo ataques, adaptações, tendo seu sentido transformado e seqüestrado pelo capitalismo e mais recentemente pelo projeto neoconservador. O grande desafio é resgatar esse conceito, que deve estar conectado à ideia de justiça social e econômica, respeito aos Direitos humanos e a diversidade em suas mais diversas representações, sem o que, a democracia efetiva não é possível.

A democracia não é um lugar onde se chega, a democracia é sempre um caminho. No meu livro *Poder Municipal*, publicado pela editora Mandamentos, resultado da tese de doutorado, procurei construir uma proposta de um novo papel a ser desenvolvido pela Constituição, não como ordem reacionária, que reage às mudanças fora dos limites constitucionais, mas como mecanismo transformador, que atua no sentido de colocar toda a estrutura do Estado a serviço das transformações democraticamente construídas, entendendo-se não só à democracia como processo, mas à Constituição como asseguradora desse processos de transformação.

Em uma democracia representativa baseada em partidos políticos ideológicos, com programas definidos e coerência, o que implica em fidelidade partidária, poderíamos desejar que o eleitor votasse não em nomes, mas em propostas e em um grupo de pessoas integrantes dos partidos políticos capazes de aprovar essas propostas, transformá-las em leis (se no parlamento) e implementá-las (se no executivo).

Coerentes com as propostas e o programa de seu partido, seus membros filiados ocupando cargos ou funções no Executivo e no Legislativo teriam suas atuações pautadas pela fidelidade às propostas e às diretrizes político-ideológicas de seu partido político. Sabemos, entretanto, da dificuldade contemporânea de serem implementadas políticas, principalmente na área econômica, que sejam dissonantes da vontade e dos interesses de quem efetivamente detêm o grande poder, que é o poder econômico, nas mãos das grandes corporações capitalistas, o grande capital conservador, especialmente no setor financeiro. Portanto, a dificuldade maior para que o Governo e os legisladores tenham coerência com suas propostas reside no leque político-ideológico de esquerda, uma vez que as políticas conservadoras do grande poder econômico encontram respaldo em grande parte da direita mais conservadora.

Vimos que hoje há grande insatisfação com os governos que se mostram impotentes para modificar uma ordem econômica excludente, o que tem levado a um desinteresse pela democracia representativa, com índices de abstenção cada vez maiores nas eleições. Esse fenômeno pode ser conectado a dois aspectos interessantes: a) as políticas de direita se vinculam aos interesses do capital financeiro conservador, que tem levado à exclusão, desemprego, desigualdade e, logo, à insegurança, à criminalidade crescente e à violência. Interessante que era justamente a direita que baseava as suas campanhas eleitorais em construção de políticas de segurança; ou seja: gera violência com políticas econômicas excludentes e promete mais direito penal e mais polícia para oferecer segurança. Hoje, como não há praticamente mais políticas de esquerda moderada ou centro-esquerda, pois esta abandonou a busca de modelos econômicos alternativos (o que sempre foi sua característica essencial), parte da esquerda também assumiu o discurso policial repressor, ainda com algum pudor em algumas circunstancias; b) as políticas de centro-esquerda têm cada vez menor espaço para a construção de modelos alternativos, especialmente porque, diante das políticas econômicas globais neoconservadoras (chamadas de neoliberais) ditadas pelo grande capital corporativo, a centro-esquerda perde sua razão de ser, oferecendo, no máximo, algum tipo de assistencialismo com um discurso um pouco mais charmoso (por vezes), mas sem poder ou sem querer desafiar o grande poder econômico, modificando o modelo econômico, proposta histórica de todos os partidos de esquerda.

O pano de fundo ideológico que começou a ser construído a partir da década de 1970 foi o da criação da ideologia do fim da história, pelo menos na área econômica, onde se coloca o modelo econômico neoconservador (chamado para efeito de marketing de neoliberal), como o grande modelo vitorioso, o único modelo possível, discurso que veio ser fortalecido com o fim da União Soviética e, simbolicamente, com a queda do muro de Berlim.

A ideia que se constrói a partir da ascensão conservadora e o fim do socialismo real na Europa oriental é a da vitória do liberalismo e o fim da história (o que é uma gigantesca bobagem). Essa estratégia discursiva é seguida de outra construção ideológica da direita conservadora: a ideia de que a economia é uma ciência que mostra respostas técnicas exatas aos problemas diários de produção, consumo, emprego, desenvolvimento, inflação, tecnologia e bem-estar, e, sendo esse discurso técnico-científico quase matemático, não podem os políticos e os juristas se insurgirem contra ele.

No momento em que aceitamos a mentira de que a economia não pode ser subordinada ao Direito e seus imperativos de justiça social e econômica, e, logo, à política, que produz o Direito na instância parlamentar, desautorizamos a democracia, que agora nada pode diante dos (pseudo) imperativos econômicos; desautorizamos o Direito (que não deve regulamentar a economia) e a política (feita por não técnicos). O pressuposto ideológico falso que sustenta a separação da economia do Direito e da política parte da aceitação de que há apenas um modelo econômico possível e que nesse modelo há decisões tecnicamente acertadas que não podem ser contrariadas pela política (como espaço democrático de criação inicial do Direito) e, logo, pelo Direito. É óbvio que não podemos negar que existem decisões no âmbito econômico que são fundadas em teorias com base científica e tecnicamente recomendadas. O que é falso e que sustenta a ideologia conservadora contemporânea é a afirmativa de que existe apenas um modelo econômico, um único caminho a ser seguido na economia. Existem diversos modelos econômicos, e a escolha desses modelos só pode ser política, pois deve ser democrática. É nesse sentido que a política democrática e o direito devem submeter a economia ao sentido constitucional de justiça econômica e social tão cara ao Estado Social. Não é o Direito que deve se adequar a economia por não existir outro modelo possível. É a economia que deve se adequar ao Direito por existirem outros modelos possíveis. São os economistas que devem adequar a ciência econômica, construir teorias econômicas que tornem viáveis a vontade constitucional. A equação foi invertida e transformada em dogma. Essa é uma questão ideológica central da contemporaneidade. Essa é a grande mentira de nossa época.

Em decorrência dessa mentira, assistimos ao comprometimento da democracia, quando governos eleitos se abstêm de modificar o modelo econômico; a partir dessa mentira assistimos ao comprometimento ou o suicídio da centro-esquerda, que ao chegar ao poder mantém os mesmos modelos econômicos conservadores excludentes. Ora, se a esquerda não mais representa uma alternativa econômica no poder, não há mais esquerda, mas, sim, um grupo de homens que se dizem bons e bem-intencionados, nem sempre honestos mas geralmente sensíveis, que infelizmente não podem fazer nada para mudar o perverso quadro que nos cerca, decorrente de um modelo econômico não menos perverso, mas complexo e poderoso.

Enfim, como já ressaltamos, assistimos ao comprometimento do Estado de Direito, quando os juízes e os tribunais não aplicam a lei e a Constituição, pois estas podem comprometer a estabilidade econômica, o investimento estrangeiro e o risco país.

Esse quadro de crise é bem representado por espetáculos patéticos, que assistimos na primeira década do século XXI, pelo mundo afora, especialmente no chamado "ocidente", quando na discussão de políticas econômicas e salariais, governos de partidos historicamente de esquerda, ao chegar ao poder nacional ou federal, no Executivo ou legislativo, adotam políticas de direita (especialmente na economia) e, negando toda a coerência com o passado, talvez acreditando que o governo de direita que o antecedeu estivesse "tecnicamente" "correto", propõe políticas econômicas excessivamente modestas, mas "tecnicamente" adequadas.

Era de se supor que a direita, que sempre promoveu aumentos modestos, mas "tecnicamente corretos" segundo seu modelo, apoiasse essa política "responsável" do Governo de esquerda com políticas de direita (aliás a direita para ser coerente tinha de apoiar certos governos de esquerda em quase tudo).

Quando um governo não é o que prometeu ser, compromete a democracia e o Estado de Direito, adotando práticas conservadoras de políticas responsáveis, porque tecnicamente adequadas, e de outro lado a direita é irresponsável por brincar de ser oposição não apoiando o que sempre defendeu, mostrando que nunca acreditou no que fez e nem no que faz. Este jogo absurdo de oposição por oposição pela direita, e de abandono da história e compromisso histórico por parte da esquerda desmoraliza a democracia representativa e afasta o povo da política.

Transformaram a política em um jogo irresponsável de concorrência pelo poder. Lembremos que a irresponsabilidade não está no fato de descumprir o tecnicamente indicado, a irresponsabilidade está no fato de terem abandonado a política democrática transformando-a em um jogo por poder à direita ou em uma negativa de exercício de poder político à esquerda.

Quanto aos que se autoproclamam radicais de esquerda aliando-se à direita em determinados momentos (pragmáticos), parece que estão continuando a ajudar na legitimação de algo que eles querem combater: a democracia burguesa, pois bem sabem que jamais vão alcançar o que querem por meio do jogo parlamentar. Lembremos as palavras do filósofo esloveno Salavoj Zizek em dois momentos: "Na vida diária fingimos desejar coisas que não desejamos, e assim, ao final o pior que nos pode acontecer é conseguir o que 'oficialmente' desejamos." Citando parte da esquerda europeia, que joga um jogo no qual não acredita, insistindo em meros discursos inflamados mas inconsistentes Zizek acrescenta: "É claro que sabem (que seu discurso é inviável ou inconsistente) mas contam com o fato de que suas exigências não serão atendidas - e assim eles continuam hipocritamente a manter limpa sua consciência radical sem perder sua posição privilegiada."[1]

---

[1] ZIZEK, Slavoj. Bem-vindo ao deserto do real: cinco ensaios sobre o 11 de setembro e datas correlacionadas, p. 79.

Slavoj Zizek, um dos importantes interlocutores sobre o debate do pensamento político da esquerda contemporânea, lembra qué não devemos embarcar no convite da direita conservadora, que nos diz que devemos simplesmente escolher um dos dois lados na guerra contra o terrorismo. Existem vários lados, e o mundo é extremamente mais complexo do que o maniqueísmo simplificador do pensamento fundamentalista conservador.

Estado de Exceção e Constitucionalismo

Com os atentados terroristas que atingiram, entre outros países, com maior repercussão política, os Estados Unidos, Espanha, Turquia e o Reino Unido a partir de 2003, os governos do Estados Unidos e do Reino Unido de forma contundente, adotaram medidas de suspensão e comprometimento da Constituição e mesmo do Estado de Direito, que tem precedentes na história constitucional moderna e que encontra sustentação em uma teoria autoritária da Constituição que busca subsídios muitas vezes na Antiguidade. Lembremos que hoje, além do medo ao terrorismo o estado de exceção e o hiper controle sobre os corpos encontra novas justificativa na suposta defesa da saúde coletiva e enfrentamento de vírus. A pandemia se tornou em um excelente pretexto para testar a capacidade dos Estados e empresas, de controlar os movimentos dos corpos, os pensamentos e o funcionamento dos mesmos corpos.

A ideia de recorrer a medidas excepcionais em momentos de crise é muito antiga, podendo ser encontrada na Antiguidade, pois, como recurso humano, é o mais primitivo deles. Esse caráter primitivo da violência institucionalizada, autorizada, é uma contaminação do constitucionalismo dada a sua origem não democrática. Já estudamos em outros momentos que constitucionalismo e democracia sempre se estranharam e que o constitucionalismo nasceu liberal, meritocrático, para trazer segurança aos homens brancos e proprietário. A inserção de mecanismo de democracia representativa no constitucionalismo só ocorre a partir da segunda metade do século XIX por força das lutas dos movimentos sociais operários.

O estado de exceção pretende suspender a Constituição para garantir a Constituição. Esse raciocínio primário é comum na contemporaneidade, quando admitimos matar os que matam, vingar os que vingam, quando admitimos suspender a liberdade em nome da liberdade, como ocorreu no discurso político de diversas ditaduras latino-americanas das décadas de 1960 e 1970, como no Brasil, Argentina, Uruguai e Chile, por exemplo. Para evitar o crime admitimos o crime legal do Estado, para proteger as pessoas, violamos as pessoas. Quando combatemos a violência com violência, o crime com o crime e muitas outras equações semelhantes, nos tornamos o que queremos combater. Talvez seja esta a grande consequência trágica do 11 de setembro. Ao reagir com medidas de suspensão dos direitos civis para garantir sua sociedade livre, o Governo Bush comprometeu fortemente os valores que sustentam aquela sociedade desde sua formação possibilitando posteriormente um governo com matizes neofascistas como Trump. Essa é a grande vitória do terrorismo. Não se pode acabar com a liberdade para defender a liberdade. A liberdade é a grande defesa da liberdade. Não se pode suspender a democracia para defender a democracia, pois só a democracia garante democracia. Não se pode suspender a Constituição para garantir o Estado Constitucional, pois só a Constituição pode garantir liberdade, democracia e segurança, enfim só o respeito integral à Constituição garante o constitucionalismo. Não há constituição em partes, e a Constituição não pode prever sua suspensão, em parte, por ser incompatível com a sua essência como texto integral, coerente e lógico.

A hipocrisia do estado de exceção reside no fato de que num regime político baseado no respeito aos direitos e liberdades fundamentais, o estatuto das situações de necessidade centra-se na salvaguarda desses mesmos direitos e liberdades que autorizam sua suspensão para sua proteção, enquanto, num regime totalitário ou autoritário não se carece de recorrer a providências de suspensão de direitos, isso é feito claramente. Nesse raciocínio, é preferível um regime declaradamente autoritário, mais fácil de combater, do que um regime que se esconde no discurso democrático e constitucional para, quando necessário, suspender direitos para preservar o poder dos poucos. É comum na história política moderna o recurso às medidas de exceção para garantir privilégios do grupo que se encontra no poder. Quando os mecanismos constitucionais não são suficientes, as elites recorrem aos golpes comuns na América. Toda vez que os privilégios econômicos da elite são ameaçados, a democracia e, mesmo o constitucionalismo são ameaçados, comprometidos ou destruídos, para garantir a manutenção dos privilégios do grupo. Basta lembrar o Brasil, em 1964; Chile, em 1973; e Venezuela, em 2002; dentre vários outros exemplos.

Esse exemplo não é novo. Ao recordar a década de 1790, percebemos como o constitucionalismo, e não apenas a democracia, é apenas tolerado e instrumentalizado pela elite no poder. Aí começamos a perceber a utilidade do estado de exceção como instrumento estranho ao constitucionalismo. Somente a liberdade garante a liberdade; somente o constitucionalismo garante o constitucionalismo.

A década de 1790 na França é um resumo da modernidade e revela que a revolução francesa foi vencida pela alta burguesia, e, como à alta burguesia não interessava democracia, o constitucionalismo se transformou em mecanismo de contenção da democracia popular. Assim podemos interpretar em parte a década de 1790.

Os sistemas de contenção de crises surgem com o próprio Estado e são inerentes aos jogos de poder. A história das civilizações tem sido a história desses jogos de poder. Podemos localizar três momentos dos sistemas de defesa:

a)   em situações de crise há suspensão de todo ou de parte da ordem constitucional, concentrando nas mãos de uma pessoa a autorização para solucionar as dificuldades segundo sua compreensão. Isso é a ditadura;

b)   não há alteração da ordem constitucional, mas admite-se a prática de todo ato necessário à "salvação pública" com acompanhamento judicial. É o sistema britânico e norte-americano de lei marcial;

c)   ocorre a substituição da legalidade ordinária dos tempos de paz por uma legalidade especial e transitória adequada para tempos de crise.

Algumas Conclusões

Quais são os reais jogos de poder que se escondem atrás das representações do mundo contemporâneo? A representação do mundo é fundamental para a manutenção das relações sociais, desde as comunidades primitivas até os nossos dias complexos. Representar é significar. Não utilizo o termo aqui como representação política mas representação como reprodução do que se pensa; como reprodução do mundo que se vê e se interpreta e logo como atribuição de significado às coisas. Representação é exibir ou encenar.

A representação pode, portanto, ajudar a compreender as relações de poder ou pode ajudar a encobri-las. O poder do Estado necessita da representação para ser exercido e neste caso a representação sempre mostra algo que não é, algumas vezes do que deveria ser, mas, em geral, propositalmente o que não é. Representação pode, de um lado, ao distorcer a aparência revelar o que se esconde atrás desta[2] e de outra forma encobrir os reais jogos de poder, os reais interesses e as reais relações de poder.

Várias são as formas de dominação. Tem poder quem domina os processos de construção dos significados dos significantes[3]. Tem poder quem é capaz de tornar as coisas naturais, "a automatização das coisas engole tudo, coisas, roupas, móveis, a

---

[2] Carlo Ginsburg menciona o estranhamento e o distanciamento como mecanismos que permitem enxergar o real escondido pelas representações. No estranhamento, a arte ao distorcer a imagem do real revela as relações reais escondidas pela imagem. A pompa do poder, os discursos políticos, a cobertura da mídia e sua pretensa isenção, encobrem a falibilidade e a insegurança do humano no poder. A oratória e sua forma escondem a ausência de conteúdo ou um conteúdo que significa o oposto do que diz significar. A isenção da mídia encobre a distorção dos fatos, a manipulação da opinião. Isto nos leva a pensar porque exércitos de pessoas ontem e hoje defendem bravamente interesses que não só não são os seus como são contra os seus. O melhor exemplo é dos cães de guarda do sistema, sempre tão explorados pelo próprio sistema: mais ou menos como o policial que dá a vida para proteger a propriedade do latifundiário. A ordem que ele pensa defender não é a sua ordem. A ordem que ele pensa defender é contra ele, seus filhos, seus pais, sua mulher e seus sonhos. Ler GISNSBURG, Carlo. Olhos de madeira, editora Companhia das Letras, São Paulo, 2001.

[3] Os significantes são os símbolos. Exemplo: a palavra liberdade é um significante composto de signos diversos. A combinação das letras LIBERDADE resulta na palavra que ganha sentidos ou significados diferentes em diferentes épocas e lugares. O texto não existe se não for lido e a partir do momento que é lido são atribuídos sentidos aos seus significantes. É impossível não interpretar e interpretar significa atribuir sentido, o que por sua vez significa jogar toda uma carga de valores, de pré-compreensões que pertencem a uma cultura específica, e mesmo a pessoas específicas.

mulher e o medo da guerra."[4] Diariamente repetimos palavras, gestos, rituais, trabalhamos, sonhamos, muitas vezes sonhos que não nos pertencem. A repetição interminável de rituais de trabalho, de vida social e privada nos leva a automação a que se refere Ginsburg. A automação nos impede de pensar. Repetimos e simplesmente repetimos. Não há tempo para pensar. Não há porque pensar. Tudo já foi posto e até o sonho já está pronto. Basta sonha-lo. Basta repetir o script previamente posto e repetidos pela maioria. Tem poder quem é capaz de construir o senso comum. Tem poder quem é capaz de construir certezas e logo preconceitos. Se eu tenho certeza não há discussão. O preconceito surge da simplificação e da certeza.

A dominação passa pela simplificação das coisas: o bem e o mal; darth vader e lucky skywalker; a democracia e o fundamentalismo; o capitalismo e o comunismo. Duas técnicas comuns neste processo de dominação são a nomeação de grupos, criando identidades ou identificações e a explicação de uma situação complexa por meio de um fato particular real. O problema não é que o fato particular seja real, o problema consiste na explicação de algo complexo com um exemplo particular que mostra uma pequena parte do todo que ele quer explicar. Comum assistir a este tipo de geração de preconceito na mídia, diariamente. Um exemplo comum diz respeito a recorrente crítica ao estado de bem estar social: o estado de bem estar social tem uma história longa e complexa, que apresentou e apresenta fundamentos, objetivos e resultados diferentes em momentos da história diferentes e em culturas e países diferentes. Entretanto é comum ouvirmos, inclusive de intelectuais, que o estado social é assistencialista (ou pior clientelista) e logo gera pessoas preguiçosas que não querem trabalhar.

---

[4] GINSBURG, Carlo. Olhos de Madeira, ob.cit. pg. 16. Nesta página Gisnsburg cita Chklovski que diz o seguinte a respeito do estranhamento: "Para ressuscitar nossa percepção da vida, para tornar sensíveis as coisa, pra fazer da pedra uma pedra, existe o que chamamos de arte. O propósito da arte é nos dar uma sensação da coisa, uma sensação que deve ser visão e não apensa reconhecimento. Para obter tal resultado, a arte se serve de dois procedimentos: o estranhamento das coisas e a complicação da forma, com a que tende a tornar mais difícil a percepção e prolongar usa duração. Na arte, o processo de percepção é de fato um fim em si mesmo e deve ser prolongado. A arte é um meio de experimentar o devir de uma coisa; para ela, o que foi não tema a menor importância."

O processo ideológico distorce a realidade e cria certezas construídas sobre fatos pontuais que procuram explicar uma situação complexa. O elemento de dominação presente procura construir certezas na opinião pública pois a afirmação vem acompanhada de um fato real que a pessoa pode constatar e a televisão o faz ao trazer a imagem. Portanto, a partir de uma situação que efetivamente ocorre, mas, que de longe não pode ser utilizada para explicar a complexidade do tema "estado de bem estar social", quem detém a mídia constrói certezas e as certezas são o caminho curto para o preconceito. Quanto mais certezas as pessoas tiverem, quanto mais preconceituosas forem as pessoas, mas facilmente elas serão manipuladas por quem detém o poder de criar estas "verdades". A certeza é inimiga da liberdade de pensamento e da democracia enquanto exercício permanente do diálogo. Quem detém o poder de construir os significados de palavras como liberdade, igualdade, democracia, quem detém o poder de criar os preconceitos e de representar a realidade a seu modo, tem a possibilidade de dominar e de manter a dominação.

Entretanto, este poder não é intocável. A dominação tem limites e estes limites não são ficções cinematográficas.

Este poder encoberto pela representação distorcida (propositalmente distorcida)[5] funda-se em ideologias, em mentiras.[6] A grande mentira na qual estamos mergulhados é a

---

[5] Importante lembrar que não negamos a condição autopiética da vida. Somos seres interpretativos. Tudo é interpretação e a interpretação é condicionada por cada condição humana. A representação distorcida com o objetivo de manipulação é feita com este objetivo. Estamos aqui falando de honestidade nas comunicações. Honestidade dos argumentos utilizados no diálogo democrático. A representação distorcida que encobre os jogos de poder é desonesta. O objetivo é dominar, enganar e não dialogar.

[6] "...a ideologia oculta o caráter contraditório do padrão essencial oculto, concentrando o foco na maneira pela qual as relações econômicas aparecem superficialmente. Esse mundo de aparências constituído pela esfera de circulação não só gera formas econômicas de ideologia, como também é um verdadeiro Éden dos direitos inatos do homem, onde reinam a liberdade e igualdade. (O Capital I, cap. VI) "Sob este aspecto, o mercado é também a fonte da ideologia política burguesa: a igualdade e a liberdade são, assim, não apenas aperfeiçoadas na troca baseada em valores de troca, como também a troca dos valores de troca é a base produtiva real de toda igualdade e liberdade. "(Crundise, Capítulo sobre o capital) "Ma é claro que a ideologia burguesa da liberdade e da igualdade oculta o que ocorre sob o processo superficial de troca, onde essa aparente igualdade e liberdade individuais desaparecem e revelam-se como desigualdade e falta de

mentira do mercado, da liberdade econômica fundada numa naturalização da economia como se esta não fosse uma ciência social, mas, uma ciência exata. A matematização da economia sustenta a insanidade vigente.

A força da ideologia se mostra quando ela é capaz de fazer com que as pessoas, pacificamente, concordem com o assalto privado aos seus bolsos. É impressionante a incapacidade de reação contra o sistema financeiro que furta do trabalhador diariamente sem que este esboce alguma reação. A falta de reação pode se justificar pela incapacidade de perceber a ação ou da aceitação da ação como algo natural. Tudo isto encontra fundamento em uma grande capacidade de geração de representações nas quais a pessoas passam a viver. Viver artificialmente em um mundo que não existe: "matrix".

Se as pessoas acreditam que a história acabou, que chegamos a um sistema social, constitucional e econômico para o qual não tem alternativa, pois ele é natural, não há saída. Para estas pessoas, a alternativa que está gritando em seus ouvidos não é ouvida, a alternativa que está em seu campo de visão não é percebida.

Se a economia não é mais percebida como ciência social, se o status de suas conclusões passa para o campo da ciência exata, logo a economia não pode mais ser regulada pelo estado, pelo Direito, pela democracia. Não posso mudar uma equação física ou matemática com uma lei. De nada vai adiantar. A matematização da economia é a grande mentira contemporânea. Se a economia é uma questão de natureza, se a economia não é história, quem pode decidir sobre a economia são os sábios e jamais o povo. Isto ajuda a entender, por exemplo, como um governo que se pretendia de esquerda adota uma política econômica conservadora de direita. Esta é a ideologia que sustenta um mundo governado pelo desejo cego de poder, dinheiro e sexo. A razão não manda no mundo, jamais mandou. O desejo conduz o ser humano. O problema não é o desejo comandar. O problema é que não são os nossos desejos que comandam, mas os desejos de poucos que nos fazem acreditar que os seus desejos são os nossos desejos.[7]

---

liberdade." (Dicionário de pensamento marxista editado por Tom Bottomore, editora Jorge Zahar editor, Rio de Janeiro, 2001, pág.184).

[7] Algumas palavras problemáticas apareceram no texto: ideologia e desejo. Palavras cheias de sentidos diversos, localizadas no tempo e no espaço. A palavra ideologia

A despolitização do mundo é uma ideologia recorrente utilizada pelo poder econômico manter sua hegemonia. Nas palavras de Slavoj Zizek "a luta pela hegemonia ideológico-política é por consequência a luta pela apropriação dos termos espontaneamente experimentados como apolíticos, como que transcendendo as clivagens políticas."[8] Uma expressão que ideologicamente o poder insiste em mostrar como apolítica é a expressão "Direitos Humanos". Os direitos humanos são históricos e logo políticos. A naturalização dos Direitos Humanos sempre foi um perigo pois coloca na boca do poder quem pode dizer o que é natural o que é natureza humana. Se os direitos humanos não são históricos, mas, direitos naturais quem é capaz de dizer o que é o natural humano em termos de direitos? Se afirmamos os direitos humanos como históricos, estamos reconhecendo que nós somos autores da história e logo, o conteúdo destes direitos são construídos pelas lutas sociais, pelo diálogo aberto no qual todos possam fazer parte. Ao contrário, se afirmamos estes direitos como naturais fazemos o que fazem com a economia agora. Retiramos os direitos humanos do livre uso democrático e transferimos para um outro. Este outro irá dizer o que é natural. Quem diz o que é natural? Deus? Os sábios? Os filósofos? A natureza?

A revolução necessária ocorrerá na revelação do que está encoberto. A revelação do real, a busca do real é o grande desafio contemporâneo.

---

aparece no sentido marxista: "Duas vertentes do pensamento filosófico crítico influenciaram diretamente o conceito de ideologia de Marx e de Engels: de um lado, a crítica a religião desenvolvida pelo materialismo francês e por Feuerbach e, de outro, a crítica da epistemologia tradicional e a revalorização da atividade do sujeito realizada pela filosofia alemã da consciência (ver idealismo) e particularmente por Hegel. Não obstante, enquanto essas críticas não conseguiram relacionar as distorções religiosas ou metafísicas com condições sociais especificas, a crítica de Marx e Engels procura mostrar a existência de um ele necessário entre formas "invertida" de consciência e a existência material dos homens. É esta relação que o conceito de ideologia expressa, referindo-se a uma distorção do pensamento que nasce das contradições sociais (ver contradição) e as oculta. Em conseqüência disso, desde o início, a noção de ideologia apresenta uma clara conotação negativa e critica. ." (Dicionário de pensamento marxista editado por Tom Bottomore, editora Jorge Zahar editor, Rio de Janeiro, 2001, pág.184).

[8] ZIZEK, Slavoj. Plaidoyer en faveur de l'intolérance. Climats, 2004, Paris, pag. 18. Interessante não apenas ler este livro como a obra deste fascinante pensador esloveno. Vários livros já foram traduzidos e publicados no Brasil: Bem vindo ao deserto do real e As portas da revolução são duas obras importantes.

Referências

GISNSBURG, Carlo. Olhos de madeira, editora Companhia das Letras, São Paulo, 2001

ZIZEK, Slavoj. Plaidoyer en faveur de l'intolérance. Climats, 2004, Paris.

BOTTOMORE, Tom. Dicionário de pensamento marxista editado por Tom Bottomore, editora Jorge Zahar editor, Rio de Janeiro, 2001

ZIZEK, Slavoj, Bem Vindo ao deserto do real: cinco ensaios sobre o 11 de setembro e datas correlacionadas, Salavoj Zizek, São Paulo, Boitempo Editorial, 2003, coleção Estado de Sitio.

Tributação e Justiça Fiscal

João Salvador dos Reis Neto[1]

Introdução

A necessidade de analisar a tributação sob o prisma da filosofia do Direito, notadamente à teoria de justiça de John Rawls, além de outras considerações, nos parece de extrema importância, devido principalmente ao quão polêmico e incompreendido é a relação jurídico-tributária. Urge salientar que entendemos ser simbióticas as ideias de tributação e justiça fiscal.

A questão da tributação, ou mesmo da polêmica que ela sustenta, em si, não é recente. Data dos primórdios da história do homem em sociedade e representa o verdadeiro apanágio estatal.

contudo, tal longevidade não lhe fornece uma seara tranquila. Pelo contrário. A insatisfação para com este modelo de custeio da maquina estatal sofre cada vez mais severas criticas, municiadas, inclusive, com denuncias de corrupção é má destinação dos recursos arrecadados à título de contribuição[2] do cidadão.

A tributação, principalmente através de impostos, espécie principal entre os tributos, é utilizada pelo Estado como instrumento de implementação de suas políticas públicas, geralmente fundadas na ideia de justiça social distributiva.

Fato é que, tais políticas e, mais precisamente, o instrumento da tributação, são veículos dos quais o Estado se vale em resposta a diversos motivadores. Tratam-se de incentivos aos quais o Estado responde, ou deveria responder, baseado em pretensas questões sociais.

---

[1] Mestre em Direito Empresarial pela Fumec. MBA em Direito Tributário pela FGV.

[2] Contribuição (ato volitivo do indivíduo que pressupõe aceitação), compulsória (pressupõe o surgimento da relação jurídica independente da vontade da parte devedora, no caso, o contribuinte, e que se torna obrigatória), demonstrando mais uma vez a complexidade da tributação.

De outra sorte, observando a outra ponta da relação jurídico-tributária, temos o contribuinte, responsável pelo pagamento desta prestação compulsória que lhe é imposta e aos quais também são impostos uma diversa gama de incentivos. Incentivos estes muitas vezes capazes de compelir que o contribuinte cumpra sua obrigação ou que o faça de forma diversa que aguardava o Estado. Ocorrendo desta forma, questionamos como ficaria a ideia de financiamento da máquina estatal e de justiça fiscal? Não obstante, questionamos também que, se ao contribuinte, enquanto particular, não é vedada determinada prática que lhe incorreria menor carga tributária, porque deveria realizar outra prática que lhe oneraria em montante maior?[3] E, em fazendo sua escolha, o contribuinte leva em consideração o aspecto moral do contrato social de Rousseau?

Fato é que seja qual for a ótica acima elencada, o agente, público ou privado, pautará sua atuação motivada em incentivos[4], na busca de maximizar seus interesses e principalmente, gerando consequências que devem ser observadas sob pena de uma diversa gama de prejuízos, principalmente no âmbito social.

Nosso intuito aqui é analisar a questão da tributação no que tange a efetividade da noção de justiça fiscal, principalmente se esta é alcançada ou ao menos observada na tomada de decisões frente aos incentivos posto, tendo como paradigmas os ensinamentos de John Rawls[5].

Levando em consideração a tributação no Brasil,

---

[3] Bruno Meyerof Salama nos lembra que na obra clássica de John Rawls: "Um certo consenso nas concepções da justiça não é, todavia, o único pré-requisito para uma comunidade humana viável. Há outros problemas sociais fundamentais, em particular os de coordenação, eficiência e estabilidade. RAWLS, John. Uma Teoria da Justiça. São Paulo: Martins Fontes, 2002, p. 6". (SALAMA, 2009).

[4] Para abordar a questão dos incentivos na questão tributária, levaremos em consideração os ditames da disciplina Direito e Economia, uma disciplina cujo feitio é nos abrir os olhos para algo que geralmente não observamos quando da tomada de decisões, qual seja, as consequências de nossos atos. Assim podemos configurar de forma simplista a Análise Econômica do Direito, como alguns doutrinadores preferem, que nos lembra que os indivíduos em geral visam maximizar de forma racional seus interesses, fazendo determinadas escolhas, respondendo à incentivos que lhe são postos. Sejam quais forem os interesses dos indivíduos ou a representação efetiva do seu bem estar, ao buscarem maximizá-lo farão opções dentre as escolhas que lhe são oportunizadas, tendo com fiel da balança uma diversa gama de incentivos.

[5] Em sua obra "Uma Teoria de Justiça". (RAWLS, 2002)

particularmente entendemos que a carga tributária é fruto da falta de razoabilidade do Sistema Tributário nacional, sendo o mesmo um nicho de aberrações criadas pelo legislador através de diversas leis ordinárias, leis complementares, emendas constitucionais, somadas a um rol infindável de atos normativos advindos do Poder Executivo.

Contudo, não nos caberá questionar o conteúdo desta tributação, ou como são destinados os recursos arrecadados. Não obstante reconhecermos a distancia entre a realidade e as discussões acadêmicas, partiremos do pressuposto que o Sistema Tributário Nacional é coerente e coordenado com o ordenamento jurídico e seus princípios e, portanto, é efetivo. Desta forma, iremos analisar as motivações e consequências das escolhas tomadas pelo contribuinte e pelo Estado e sua repercussão frente a ideia de justiça fiscal.

A segunda seção deste trabalho enfocará a questão da tributação e do princípio da solidariedade, tendo como objetivo situar as funções da primeira e a efetivação do segundo.

A terceira seção trará uma análise a cerca dos incentivos que podem macular a escolha do contribuinte, ou mesmo, do Estado, para a tomada de decisão em questões referentes à tributação.

Já na quarta seção do presente trabalho, iremos abordar a contribuição de John Rawls para a ideia de justiça e equidade.

A quinta seção está reservada a abordagem acerca da relação entre planejamento tributário e justiça fiscal, ponto central de nossa pesquisa, sendo sucedido, portanto, na sexta seção, das conclusões que alcançamos.

A Tributação e o Princípio da Solidariedade

O principal demonstração de supremacia do interesse público sobre o privado pode ser encontrada no poder de tributar do Estado. Liam Murphy e Thomas Nagel[6] nos esclarecem, por exemplo, que:

Numa economia capitalista, os impostos não são um simples

---

[6] MURPHY; NAGEL, 2005. p 5.

> método de pagamento pelos serviços públicos e governamentais: são também o instrumento mais importante por meio do qual o sistema político põe em prática uma determinada concepção de justiça econômica ou distributiva.

Neste sentido, o descontentamento para com tributos não deveria existir, haja vista não ter se pensando até o presente momento uma forma alternativa de custeio da maquina estatal.

Mas o fato é que a importância da tributação para a sociedade é proporcionalmente inversa ao descontentamento com que ele é recebida pelos cidadãos. Salientamos que questões como corrupção e desvios com o erário não é objeto de nosso trabalho, não obstante seu inevitável reconhecimento. Contudo, por si só, a tributação é um fato complexo. Veja-se, por exemplo, que é um mecanismo jurídico que "fere constitucionalmente" um princípio fundamental do ordenamento jurídico brasileiro, qual seja, o da propriedade, já que permite o Estado obrigar o cidadão a lhe entregar parte de seu patrimônio. Como é possível?

A resposta pode ser encontrada no principio constitucional da solidariedade, o qual lembrar que vivemos em sociedade e a maquina estatal está, ou pelo menos deveria, à disposição de todos. Nas palavras de Fernando Lemme Weiss[7]:

> O princípio da solidariedade é a denominação deste elo social participativo em prol dos direitos, tendo como fundamento constitucional expresso no inciso I, do art. 3º, da Constituição Federal, que estabelece como objetivos fundamentais da República Federativa do Brasil construir uma sociedade livre, justa e solidária.

Urge salientar que não existem princípios constitucionais absolutos; uma harmonização entre eles se faz necessária. Mas para que serve a tributação afinal? É o que veremos a seguir.

As funções da tributação

Dizer que a tributação serve apenas para financiar a máquina estatal é uma conclusão simplista, que desrespeita o real papel deste instituto nas sociedades ao longo do tempo. Devemos enfrentar o pagamento de tributos com a maturidade que a situações em que

---

[7] WEISS, 2004. p 24.

incidem demandam, principalmente quando estamos falando na espécie impostos, principalmente no nosso país.

Não avalizamos os altos patamares que vêem alcançando a carga tributária que nos acomete no Brasil, contudo, reconhecemos sua função na sociedade brasileira, principalmente quando observamos a gama de problemas sociais existentes. Não questionamos o percentual incidente, mas sim a contrapartida.

Como bem identificaram Liam Murphy e Thomas Nagel[8], a tributação tem duas funções precípuas:

> A tributação tem duas funções principais. (1) Ela determina que proporção de recursos da sociedade que vai estar sob controle do governo para ser gasta de acordo com algum procedimento decisão coletiva e que proporção será deixada, na qualidade de propriedade pessoal, sob o arbítrio de indivíduos particulares. Essa é a repartição ente público e privado. (2) Ela é um dos principais fatores que determinam de que modo o produto social é dividido entre os diversos indivíduos, tanto sob a forma de propriedade privada, sob quanto a forma de benefícios fornecidos pela ação pública. Essa é a distribuição.

Fato é que estas funções devem ser observadas pelo Estado, enquanto responsável por instituí-la, e pelos contribuintes, enquanto grandes atingidos por seus efeitos. Tal observação decorrerá da maturidade no sentido de estar em sociedade, maturidade esta já presente em países tidos com de primeiro mundo e que, agora dizemos como opinião particular, o Brasil ainda procura alcançar.

De qualquer forma, um princípio se destaca na defesa da tributação e, entendendo ou não o contribuinte a função que exerce na sociedade a sua instituição, o mesmo não possui argumentos para derrubá-lo. Trata-se do princípio da capacidade contributiva e a ideia de sacrifício igualitário, cujas maiores observações faremos no tem a seguir.

Capacidade contributiva e a ideia de sacrificio igualitário coletivo

---

[8] MURPHY; NAGEL, 2005. p 101.

O artigo 145, parágrafo 1º, segunda parte, da Constituição da República de 1988[9] consagra expressamente o chamado princípio da capacidade contributiva, que sempre vigorou no sistema tributário brasileiro, não obstante ser um comando ausente na maioria das Constituições anteriores.

Tal princípio se confunde com a própria fundamentação da tributação, e encerra que os membros da sociedade deverão contribuir na medida de sua condição de pagamento. Logo, temos como dicção deste princípio que não poderá ser instituído em valores superiores aos que podem ser obrigados os contribuintes.

Trata-se do princípio que mais se aproxima do ideal de justiça tributária e consequentemente, de justiça social, se levarmos em consideração que a máquina estatal é financiada pelos tributos pagos pelos membros da sociedade.

A forma de distribuição da carga tributária alcança através do método proposto por este princípio nos fornece a imagem de que a tributação tem o fim de bem comum e que todos devem contribuir, na medida de sua capacidade, para que este bem comum seja alcançado.

É a efetivação da isonomia do contribuinte no que refere-se ao sacrifício individual a ser realizado em prol do interesse e benefício coletivo. A capacidade contributiva e um princípio corolário a esta isonomia, a qual podemos observar no chamado princípio da isonomia tributária, previsto no artigo 150, inciso II, da Constituição da República de 1988[10], cuja melhor definição é alcançada naquela antiga regra de equidade nos trazida por Aristóteles de que devemos aquinhoar desigualmente aos desiguais, na medida em que se desigualam, que a verdadeira igualdade pressupõe tratar os iguais igualmente e os desiguais desigualmente.

Fato é que a sociedade, seja qual for, não é formada apenas por

---

[9] Sempre que possível, os impostos terão caráter pessoal e serão graduados segundo a capacidade econômica do contribuinte, facultado à administração tributária, especialmente para conferir efetividade a esses objetivos, identificar, respeitados os direitos individuais e nos termos da lei, o patrimônio, os rendimentos e as atividades econômicas do contribuinte.

[10] Instituir tratamento desigual entre contribuintes que se encontrem em situação equivalente, proibida qualquer distinção em razão de ocupação profissional ou função por eles exercida, independentemente da denominação jurídica dos rendimentos, títulos ou direitos;

pobres, ou apenas por ricos. É formada por indivíduos com toda sorte de condições econômicas e é impreterível que todos se sacrifiquem para alcançar o bem comum, objetivo de estar em sociedade. O sacrifício igualitário impõem que os dada contribuinte perceba perda real no seu bem-estar.

Guardadas as devidas proporções e utilização, fazemos remissão à figura do *affectio societatis* do Direito Empresarial à título de ilustração. A reunião dos sócios de uma determinada sociedade deve se dar em consonância a um bem comum. Ninguém está obrigado a se manter em sociedade, mas se decidir fazê-lo, deve se sacrificar quando necessário para que a sociedade dê lucro a todos.

Fato é que o princípio da capacidade econômica encerra ao contribuinte o fundamento ético necessário a exigência do tributo, principalmente quando a espécie tributária trata-se do imposto.

A Contribuição de John Rawls e a Questão da Equidade

A escolha pela análise através da teoria da justiça de John Rawls se deu devido sua importância na explicação do social ótimo no que tange à justiça social. Fato é que vários são os autores de grande renome e obras que poderiam aqui serem retratados, mas sob o enfoque pretendemos, o modelo de Rawls nos instiga mais. Fato é que quer sua teoria de justiça venha a ser aceita, quer não, ela representa a proposta mais convincente de uma sociedade equânime.[11]

Urge salientar que está não pretende ser uma leitura ou releitura dos ensinamentos de John Rawls, inclusive devido ao fato de que em ambas as situações uma homenagem muito maior há de ser feita ao referido autor. O que pretendemos é nos valer de alguns de seus ensinamentos para analisar a questão da tributação, notadamente a incidente no Brasil.

Levando em consideração o que apresentamos até o momento, questionamos como pode o contrato social, enquanto acordo hipotético, desempenhar o papel moral de um acordo real, com efetividade?[12] Ou seja, como é possível que este ideal social de

---

[11] SANDEL, 2011. p 204.
[12] SANDEL, 2011. p 177.

Rousseau garanta que o que cada indivíduo pague seus tributos com senso de responsabilidade social e solidariedade, mesmo diante de tantos incentivos que lhe são postos em contrapartida?

John Rawls nos esclarece tal questionamento argumentando que a maneira pelo qual podemos entender a justiça é perguntando a nós mesmos com os quais princípios concordaríamos em um situação inicial de equidade[13], levando em consideração, portanto, a força moral do contrato social hipotético, que no cerne do nosso estudo, nada mais é do que a estrutura formada por princípios constitucionais, mesmo que contrapostos, harmonizados.

Estamos em uma sociedade heterogênea, composta por indivíduos de diferentes condições econômicas, sociais e intelectuais. Alguns indivíduos com mais e outros com menos oportunidades. Como adequar esta situação a noção de justiça, principalmente se levarmos em consideração que é dever de cada um pagar seus tributos, mas é direito também escolher a opção negocial menos onerosa?

Rawls nos responde este questionamento com seu princípio da diferença, o qual, na explicação de Liam Murphy e Thomas Nagel[14]:

> É essa a posição que John Rawls chamou de princípio da diferença, segundo o qual as diferenças de riqueza e padrão de vida entre grupos sociais diversos só se justificam na medida em que o sistema que gera tais desigualdades também atende aos interesses do grupo mais pobre pelo menos tão bem quanto qualquer outro sistema alternativo atenderia.
>
> (..)
>
> Enquanto a doutrina da prioridade pura expressa a ideia de que é simplesmente mais urgente ou mais importante melhorar as condições daqueles que, num certo sentido absoluto, estão em má situação, o princípio da diferença identifica com uma certa ideia de imparcialidade ou justiça.

No mesmo sentido Michael J. Sandel[15], nos esclarece que:

> A alternativa de Rawls, que ele denomina princípio da diferença, corrige a distribuição desigual de aptidões e dotes sem impor limitações aos mais talentosos. Como? Estimulando os bem-

---

[13] SANDEL, 2011. p 178.
[14] MURPHY; NAGEL, 2005. p 73.
[15] SANDEL, 2011. p 194

dotados a desenvolver e exercitar suas aptidões, compreendendo, porém, que as recompensas que tais aptidões acumulam no mercado pertencem à comunidade como um todo. (..) Embora o princípio da diferença não submeta a distribuição igualitária de renda e riqueza, ele deixa implícita a ideia de uma visão de igualdade poderosa e até mesmo inspiradora.

Adaptando ao nosso estudo, o princípio da diferença equaliza a ideia de que o Estado deve reconhecer o direito de cada contribuinte fazer escolhas lícitas pelo pagamento a menor de tributos, conferindo a este efetividade dos serviços públicos e, ao mesmo tempo, prover assistência talvez até maior àqueles menos aquinhoados, que não pagam tributos não por escolha, mas por condição.

Segundo Rawls, para a efetivação da justiça se faz necessária a adoção de uma perspectiva social a partir de uma posição original, como observadores imparciais sob o véu da ignorância.

Neste sentido, cada indivíduo, sem saber em que posição social estaria seria levado a maximizar a utilidade mínima quando se tenta aumentar o bem-estar das pessoas em pior situação, diante do receio de estar fadado a compor a base da pirâmide econômica. Tal perspectiva recebeu o nome de critério maximin.

Desta feita, a grosso modo, o sistema proposto por Rawls seviria como uma apólice de seguros, requerendo maior distribuição e, para tanto, devendo ser as instituições justas. Nas suas palavras[16]:

Podemos rejeitar o argumento de que a ordenação das instituições é sempre defeituosa porque a distribuição de talentos naturais e as contingencias das circunstancias sociais são injustas, e essa injustiça deve inevitavelmente transferir —se para as organizações humanas. Ocasionalmente, essa reflexao é apresentada como uma desculpa para se ignorar a injustiça, como se recusa a concordar com a injustiça fosse o mesmo que a incapacidade de aceitar a morte. A distribuição natura; não é justa nem injusta; nem é injusto que pessoas nasçam em alguma posição particular na sociedade. Esses são simplesmenté fatos naturais . O que é justo ou injusto é o modo como as instituições lidam com estes fatos.

De fato nos faz sentido a fala de Rawls, ao passo que oportunizar os contribuintes, seja qual for sua condição econômica,

---

[16] RAWLS, 2002. p 109

maximizar seus interesses em busca de efetividade, trará benefício a todos os indivíduos, direta ou indiretamente.

Trata-se da instituição da justiça como equidade aristotélica afinal. Ou seja, a justiça sera alcançada pelo tratamento igual aos iguais e desigual aos desiguais, na medida em que se desigualam, mas conferindo a todos, um tartamento benéfico com possibilidade de busca de cada indivíduo em maximizar sua satisfação.

Nas palavras de Rawls, justiça significa[17]:

> O senso comum tende a supor que a renda e a riqueza, assim como as boas coisas da vida em geral, deveriam ser distribuídas de acordo com o mérito moral. A justiça é a felicidade de acordo com a virtude. (...) mas a justiça como equidade rejeita essa concepção.

Planejamento Tributário e Justiça Fiscal

Trata-se o planejamento tributário de prática de uma atuação preventiva do contribuinte, de forma lícita, no intuito de fazer valer no negócio jurídico que realizar uma incidência menor de tributação. E, em tempos de demasiada carga tributária como a que incorre no Brasil atualmente, tal prática se mostra mais do que atraente, se mostra necessária.

A carga tributária brasileira é fruto da falta de razoabilidade do sistema tributário nacional, sendo este um nicho de várias aberrações criadas pelo legislador através de diversas leis ordinárias, leis complementares, emendas constitucionais, somadas a um rol infindável de atos normativos advindos do Poder Executivo.

O planejamento tributário é o grande alvo combatido pelas autoridades fiscais, estando estes sempre municiados pelas ferramentas lhes dadas pela legislação tributária vigente, ferramentas estas nem sempre legais e constitucionais, ou fundamentadas na ética e boa-fé.

Um questionamento feito pelos que defendem a economia fiscal através de formas lícitas, do qual também subscrevemos, gira em torno de qual seria o motivo do contribuinte realizar uma atividade que lhe incida mais tributo, sendo que há várias formas de fazê-lo,

---

[17] RAWLS, 2002. p 342-343.

inclusive, menos onerosas.

Ora, para aqueles que residem e realizam suas atividades no país que detém uma das maiores cargas tributárias em todo o globo, senão a maior proporcionalmente, levando em consideração o nível de riqueza da maioria da população e a contraprestação referente à arrecadação dos tributos, a ideia de planejamento tributário é fundamental.

Em contrapartida, no vertente estatal, diversos argumentos fundamentam o entendimento daqueles que são favoráveis ao combate do planejamento tributário, dentre os quais vale destacar o combate a corrupção, diminuição do déficit fiscal, busca de igualdade entre contribuintes em situação semelhante, a efetivação do princípio da solidariedade, o custeio do Estado, dentre outros.

Justiça fiscal e eficiência

Das diversas acepções existentes para a ideia de eficiência, uma delas se destaca. Trata-se daquela que remete a noção de maximização de interesses e alcance do bem estar frente ao mínimo de custos.

Neste sentido, será eficiente a medido tomada para se alcançar ao máximo os interesses através do mínimo de custos. Trata-se justamente da ciência inserida naquele binômio econômico do custo/benefício.

Em se tratando de eficiência, a análise de duas abordagens se faz necessária. A primeira delas diz respeito a chamada eficiência Paretiana. Nesta abordagem, dada uma gama de possíveis alocações de benefícios ou renda, uma alteração que possa melhorar a situação de pelo menos um indivíduo, sem piorar a situação de nenhum outro indivíduo, é chamada de Lei de Pareto.[18]

Também conhecido como "Ótimo de Pareto", ou "melhora de Pareto", esta abordagem de eficiência trazida por Vilfredo Pareto[19]

---

[18] SALAMA, 2009.

[19] Sociólogo, político e economista italiano de origem francesa, Vilfredo Pareto foi considerado um dos ideólogos do movimento fascista. Nasceu em Paris em 15 de julho de 1848, seus estudos o levaram a formular uma polêmica lei da distribuição de renda, doutrinando que não é aleatória e segue padrão invariável no curso da

tornou-se um dos conceitos fundamentais da ciência econômica. A "melhora de Pareto" seria alcançada em uma situação quando um agente econômico percebe uma melhora na sua situação sem que houvesse piorar na dos outros agentes econômicos.

Desta feita, a eficiência decorreria da situação onde nenhum indivíduo pudesse melhorar sua situação sem que outro indivíduo tivesse a sua piorada. Este vínculo no qual o êxito de um indivíduo tem como consequência o prejuízo de outro aparentemente demonstra que a acepção de Eficiência Paretiana não seria bem visto socialmente, mas não deixa de demonstrar-se como plausível em uma economia livre de mercado.

É claro que o ideal fosse que todos obtivessem lucro e sucesso nas suas atividades, contudo, face a todas as situações que envolvem a atividade empresarial, podemos dizer que o insucesso na atividade empresarial é um produto desta economia.

De outra sorte, vemos a acepção de eficiência trazida pela abordagem de compensação de Kaldor- Hicks[20], que acaba tendo como escopo completar a ideia paretiana. Na verdade, este critério nos fornece uma saída à limitação da teoria de Pareto, na qual só poderíamos falar em eficiência quando o melhoramento da situação de um indivíduo não deixaria nenhum indivíduo em situação pior.

A abordagem de Kaldor-Hicks define que a eficiência será alcançada quando os ganhadores de determinada situação puderem compensar os perdedores de seu insucesso. E o fato de poderem compensá-los não significa que necessariamente devam fazê-lo. Para que a eficiência seja alcançada, tão somente a possibilidade de compensação já justificaria a eficiência.

Neste sentido, se na "Melhora de Pareto", a eficiência seria alcançada quando a melhora na situação de um indivíduo não teria como consequência a piora de outro, na compensação de Kaldor-Hicks podemos dizer que é possível que ocorrência de perdedores.

Conforme bem observado por Liam Murphy e Thomas Nagel

---

evolução histórica. Tal teoria ficou conhecida como a Lei de Pareto, tendo como importância ser uma grande contribuição à ciência econômica, notadamente à matéria de microeconomia.

[20] MERCURO; MEDENA, 1999, p.50.

na obra "O mito da Propriedade"[21], levando em consideração uma concepção mais conservadora da ideia de eficiência e benefício, a melhor abordagem é a do "Ótimo de Pareto".

Contudo, tal abordagem não nos traz muitos subsídios quando tratamos da análise de implementação de política publicas pelo Estado, principalmente tendo como instrumento a tributação.

O fato de existir um indivíduo que é acometido por um prejuízo não incorre em ineficiência da atividade Estatal, haja vista a noção de sacrifícios individuais em prol do interesse coletivo já analisado anteriormente.

O bem estar coletivo não seria medido pela inexistência de prejuízos individuais. Logo, a eficiência não é alcançada pela felicidade de cada um, mas pela felicidade de todos, sob pena de se reduzir a eficiência as ideias propostas pelo utilitarismo, teoria esta que faz uma avaliação moral e, mais especificamente no tema do presente trabalho, mediria o sucesso de determinado curso ou ação de acordo com o bem estar ou felicidade dos indivíduos por ela atingidos.

A eficiência do contribuinte

A introdução de um imposto altera a eficiência do mercado. O contribuinte é obrigado a pagar a prestação compulsória, mas não a pagar a prestação compulsória que mais o onere.

Sendo assim, o tributo induz o contribuinte a moldar seu comportamento no intuito de maximizar seus interesses, que geralmente tem seu princípio na economia de tributos.

Na relação jurídico-tributária temos, de um lado, o Estado, seja qual for o ente, dotado de capacidade tributária ativa para instituir, cobrar fiscalizar e arrecadar tributos e, de outro, o contribuinte, responsabilizado para recolher recolhimento deste tributo. Fato é, que para que seja assegurada forma mais eficaz da prestação jurídica inserida nesta relação, ambos o interesse deve ser alcançado, algo que não vem acontecendo.

---

[21] Os autores discorrem acerca da ideia de eficiência e utilitarismo acerca da tributação e de políticas públicas.

Resta ao contribuinte maximizar seus interesses na melhor forma que lhe convier, nos imites da lei, mesmo estando a perigo de ser considerado praticante de ato ilícito, haja vista que o liame atual entre a elisão fiscal ou planejamento tributário lícito e a realização de atos ou negócios enganosos considerados como ilícitos ou evasivos, está cada vez mais tênue.

Entendemos que o contribuinte, seja pessoa física ou jurídica, deve se valer de todas as possibilidades que sejam lícitas para diminuir a carga tributária da qual é acometida. Ocorrendo essa diminuição lícita, que geralmente é alcançada através de planejamento tributário, acreditamos estar presente a eficácia do contribuinte.

Não obstante a possibilidade e, levando em consideração a carga tributária atual, a necessidade deste planejamento, entendemos é direito de todo contribuinte fazer a opção negocial pela forma que lhe seja menos onerosa. Direito este inserido no artigo 1º, inciso IV[22] e caput do artigo 170[23] da Constituição da República/88, os quais, como dito anteriormente, tratam do direito à liberdade de iniciativa.

Seria a escolha de um caminho que implique o não pagamento de tributos, o pagamento a menor ou o pagamento diferido no tempo. Que eficiência teria de escolher o caminho mais oneroso? Acredito que não teria alguma.

Posto que a enorme entrada de recursos nos cofres públicos, advindos da tributação pelos três entes federativos, a contrapartida não acontece. O planejamento tributário é o grande alvo combatido pelas autoridades fiscais, estando estes sempre municiados pelas ferramentas lhes dadas pela legislação tributária vigente, ferramentas estas nem sempre legais e constitucionais, ou fundamentadas na ética e boa-fé.

Um questionamento feito pelos que defendem a economia fiscal através de formas lícitas, do qual também subscrevemos, gira em

---

[22] Art. 1º A República Federativa do Brasil, formada pela união indissolúvel dos Estados e Municípios e do Distrito Federal, constitui-se em Estado Democrático de Direito e tem como fundamentos: IV - os valores sociais do trabalho e da livre iniciativa.

[23] A ordem econômica, fundada na valorização do trabalho humano e na livre iniciativa, tem por fim assegurar a todos existência digna, conforme os ditames da justiça social, observados os seguintes princípios.

torno de qual seria o motivo do contribuinte realizar uma atividade que lhe incida mais tributo, sendo que há várias formas de fazê-lo, inclusive, menos onerosas.

Ora, para aqueles que residem e realizam suas atividades no país que detém uma das maiores cargas tributárias em todo o globo, senão a maior proporcionalmente, levando em consideração o nível de riqueza da maioria da população e a contraprestação referente à arrecadação dos tributos, a ideia de planejamento tributário é fundamental, e personifica com exatidão a busca pela maximização de riquezas e eficiência por parte do contribuinte.

Justiça fiscal e ética fiscal

A busca pela diminuição de tributos a pagar, principalmente em um país cuja carga tributária é uma das maiores do mundo, se mostra mais do que uma alternativa tentadora, se mostra como necessária, principalmente para pequenas e microempresas e os contribuintes pessoas físicas.

Mas tal economia, ou seja, o planejamento tributário, não deve ser buscada sem se observar o requisito elementar da ética. Requisito este, que não é exclusivo dos negócios jurídicos, mas sim, de toda e qualquer atividade humana, sendo que, na falta deste, presenciamos abusos e injustiça.

O efeito colateral da ética é a prática de justiça. Logo, ética no âmbito tributário, seja no planejamento realizado pelo contribuinte, ou mesmo na tributação realizada pelo Estado compreende o importante princípio da justiça tributária.

O princípio da justiça tributária se configura na busca do contribuinte de boa-fé, parte integrante de uma ordem tributária socialmente mais justa, o qual ficaria obrigado a pagar seus tributos de forma solidária e coerente.

O planejamento tributário, como dissemos, configura esta busca. Contudo, se faz mister salientar que esta ser realizada licitamente, alcançando, portanto, a tão importante ética fiscal privada.

A ética privada norteia a atuação do contribuinte, pessoa física, que tem o dever fundamental de pagar tributos segundo a sua capacidade contributiva. Não seria ético a este contribuir a menos para o montante da riqueza social, em proporção ao que suas faculdades lhe permitiam pagar. Não pode o contribuinte valer-se do planejamento tributário para efetuar pagamento de tributo aquém de sua capacidade contributiva. Daí a necessidade de lisura e licitude na realização do planejamento tributário.

Neste sentido, ensina Marco Aurélio Greco[24], que o direito de o contribuinte buscar diminuir a carga tributária pela qual é acometido, por meios juridicamente lícitos postos a sua disposição, não é absoluto e incontrastável em seu exercício, pois a experiência pós-moderna de convívio em sociedade é fundamentada primordialmente pelo princípio da solidariedade social e não pelo individualismo exacerbado.

No tocante ao Estado, cabe a este tributar, tendo como arrimo princípio da justiça tributária, no intuito do fomento de uma sociedade justa, forjada nos valores de ética e necessidade de preocupação com a sobrevivência da máquina estatal e do próprio povo. Nestes termos, entendemos ser esta a configuração da ética fiscal pública.

A ética fiscal pública é baseada em quatro valores superiores, a saber, a liberdade, que consiste na aceitação da opção fiscal a ser adotada pelo contribuinte, desde que respeitada a sua capacidade contributiva; a igualdade, no sentido de que todos que estiverem na mesma situação haverão de sofrer a mesma tributação; a segurança, que pugna pela não tributação de surpresa, incoerente, e finalmente; a solidariedade, ápice da efetivação da ética fiscal pública[25].

Num país afundado em corrupção e escândalos políticos, em abusos de grandes empresas e do descaso das autoridades para com a sociedade, bem como com as micro e pequenas empresas, a necessidade de ética e justiça, inclusive no âmbito tributário se mostra imperiosa, devendo o comportamento dos entes públicos e da sociedade ser fundamentada segundo a ética fiscal privada e fiscal pública, na busca da justiça tributária.

Desta feita, no que diz respeito a atuação no tocante à economia

---

24 GRECO, 1998.
25 NOGUEIRA, 2004.

de tributos pelo contribuinte, o agente público deveria respeitar o princípio da legalidade, pois, não fazendo, somente o próprio Estado é beneficiado.

Vale ratificar este entendimento, pois se trata o princípio da legalidade, ao nosso ver, assim como de inúmeros operadores do direito, como um dos maiores, senão o maior princípio norteado do Direito Tributário.

Relembrando esta basilar fonte do direito, ela encontra guarida no texto constitucional, no artigo 5º, inciso II[26]. No que tange ao princípio da legalidade tributária, este se vê consagrado no artigo 150, inciso I[27] da Carta Maior.

Neste sentido, denotando-se que a sempre será a causa da tributação e, por raciocínio lógico, sem lei não há tributo, podemos concluir que a atuação do FISCO alcançará a ética fiscal que tanto desejamos se for eivada principalmente na legalidade e, por conseguinte, na legalidade tributária.

Contudo, vale ressaltar que este cenário não é o que percebemos hoje no Brasil, tendo inclusive este trabalho relembrado alguns exemplos de abuso das autoridades fiscais.

O princípio da legalidade é o meio de se preservar a segurança jurídica. Não se tratando apenas da relação jurídico-tributária, mas sim em qualquer relação que seja regulada pela lei.

Conclusão

Neste breve estudo tivemos o intuito de demonstrar que a Teoria da Justiça de John Rawls melhor se adequa ao modelo social que tem no seu bojo a tributação fundamentada na justiça. Justiça esta que não é refratária à maximização dos interesses dos agentes envolvidos na relação jurídico- tributária. Pelo contrário, é favorável ao crescimento pessoal, pelo que desta forma haverá benefício a todos da sociedade. Parafraseando Rawls, trata-se de

---

[26] Ninguém será obrigado a fazer ou deixar de fazer alguma coisa senão em virtude de lei.

[27] Sem prejuízo de outras garantias asseguradas ao contribuinte, é vedado à União, aos Estados, ao Distrito Federal e aos Municípios: I - exigir ou aumentar tributo sem lei que o estabeleça.

justiça enquanto equidade.

As motivações dos participantes da relação jurídico-tributária, seja o Estado na implementação de sua política fiscal, seja o contribuinte na resposta dada ao dever de pagamento do tributo não deve se afastar de um ideal de justiça, o qual poderá ser efetivada pelo pagamento de tributos em prol do princípio da solidariedade, ou mesmo pela economia lícita de tributos baseado no princípio constitucional da livre iniciativa e no da autonomia privada.

A avaliação de consequências através de incentivos que são dados aos agentes econômicos, seja qual forem, e aqui elenco o Estado como o principal deles, influencia a escolha por uma ou por outra alternativa a ser tomada, sendo certo que em todas consequências haverão e poderão influenciar o equilíbrio da justiça distributiva.

Motivos tem o Estado para intentar a tributação e o contribuinte para, principalmente, se esquivar. A análise destas motivações se demonstra como imprescindível, assim como a ciência de saber que as consequências nos deixam uma mensagem: toda e qualquer tomada de decisão deixa uma conta a ser paga. E esta conta é está vinculada a justiça fiscal.

Referências

AMARO, Luciano. Curso de Direito Tributário. 3. ed. São Paulo: Saraiva, 1999. 545 p.

BALEEIRO, Aliomar. Direito Tributário Brasileiro. 11. ed. Atual. Misabel Abreu Machado Derzi. Rio de Janeiro: Forense, 1999. 1132 p.

COÊLHO, Sacha Calmom Navarro. Curso de Direito Tributário Brasileiro. Rio de Janeiro: Forense, 1999. 874 p.

DERZI, Misabel Abreu Machado. A desconsideração dos atos e negócios jurídicos dissimulatórios segundo a Lei Complementar nº. 104, de 10 de janeiro de 2001. O planejamento tributário e a Lei Complementar nº. 104. São Paulo: Dialética, 2001, p. 214-215.

GRECO, Marco Aurélio. Planejamento fiscal e interpretação da lei tributária. São Paulo: Dialética, 1998.

GODOI, Marciano Seabra. O tributo, o direito tributário e seu significado atual para a ordem constitucional: crítica à postura libertarista presente na doutrina brasileira. Belo Horizonte: S.l., 2010. (não publicado).

HYLTON, Keith N. Calabresi. The Intellectual History of La & Economics. Boston University School of Law. Boston, Disponível em: http://www.bu.edu/law faculty/papers>. Acesso em: 16.04.2020.

MERCURO, Nicholas; MEDENA, Steven G. Economics and the law - from Posner to post- modernism. Princeton – New Jersey: Princeton University press, 1999, p.50.

MURPHY, Liam; NAGEL, Thomas. O mito da propriedade – os impostos e a justiça. v.1, 1ª. ed. São Paulo: Martins Fontes, 2005. p. 280.

RAWLS, John. Uma Teoria da Justiça. Tradução de Almiro Pisetta e Lenita M. R. Esteves. São Paulo: Martins Fontes, 2002. 707 p.

SALAMA, Bruno Meyerhof. O que é Pesquisa em Direito e Economia? Cadernos Direito GV, São Paulo, n. 22, março. 2008. Disponível em <http://www.direitogv.com.br/interna.aspx?PagI d=HTKCNKWI&IDcategory=4&IDSubCategory=139>. Acesso em 16.04.2020

__________, Bruno Meyerhof. A história do Declínio e Queda do Eficientismo na obra de Richard Posner. Outubro, 2009. Disponível em: < http://works.bepress.com/bruno_meyerhof _salama/35/>. Acesso em 16.04.2020.

SANDEL, Michael J. Justiça – O que é fazer a coisa certa. Tradução de Heloisa Matias e Maria Alice Máximo. Rio de Janeiro: Civilização Brasileira, 2011. 349 p.

WEISS, Fernando Lemme. Justiça tributária. Um enfoque sobre as renúncias fiscais, a Reforma Tributária de 2003/2004 e os Códigos de Defesa dos Contribuintes (ES, IT, SP, MG e o projeto brasileiro). 2ª. ed. Rio de Janeiro: Lumen Juris, 2004. 283 p.

A raiz do Direito Comunitário e as suas ramificações: Análise do desenvolvimento da integração regional pelo Código Aduaneiro do Mercosul

Mayra Thais Andrade Ribeiro[1]

"Como pura criação artificial, o conceito de Nação foi muito utilizado no século XVIII para levar a burguesia, economicamente poderosa, à conquista do poder político. O século XIX foi marcado, em nome da grandeza das Nações, por uma desmedida conquista imperialista. No século XX, o mundo assistiu às duas guerras mundiais, fomentadas, em parte, pela exploração dos denominados Sentimentos Nacionais. O século XXI abre suas portas clamando pela união de todas as Nações por um mundo mais fraterno e solidário."

Ricardo Arnaldo Malheiros Fiuza
Mônica Aragão Martiniano Ferreira e Costa

Introdução

Primeiramente é preciso celebrar o intuito desta Obra que louva a vida e a brilhante carreira acadêmica do Professor **Mário Lúcio Quintão Soares**, a quem tenho imenso respeito e admiração como pessoa e profissional dedicado e engajado que é! Não há como falar de Direito Comunitário sem não se lembrar das suas aulas instigantes na Pós-graduação da PUC Minas. Obrigada por tanto, querido e estimado Mestre!

Desde a instituição do Estado Nacional, este se tornou o ente responsável pelo dinamismo extraterritorial capaz de possibilitar o

---

[1] Doutora e Mestre em Direito Público Internacional e Direitos Humanos pela Pontifícia Universidade Católica de Minas Gerais (PUC Minas). Especialista em Estudos Diplomáticos pelo Centro de Direito Internacional (CEDIN). Professora Universitária. Advogada. Contato: mayrathais@gmail.com

conhecimento de valores outros cultivados e tutelados juridicamente por Estados distintos. As relações sociais entre os indivíduos desenvolvem-se a partir de necessidades diversas, dentre elas o interesse de expandir ou proteger sua cultura. A globalização possibilitou a formação de redes de diálogos políticos, econômicos, sociais e culturais entre Estados, instituições e indivíduos, e, por conseguinte, a integração entre regiões internacionais.

Junto às garantias internas de cada governo tem-se o Direito Internacional. Este ramo da ciência jurídica é bastante influenciado pelas relações expansionistas de Estados que interferiam em sociedades singulares para fins de comércio, política, economia e cultura.

Para regular essas atividades estabelecidas em território incomum reconheceu-se à instituição de regras e princípios específicos, visto que havia aí a estruturação de uma ordem internacional formada por Estados e blocos de integração regional. Estes últimos possuem natureza jurídica de organismos internacionais, instituídos para promover a cooperação e união jurídico-política para beneficiar seus integrantes, sejam eles Estados, pessoas físicas, jurídicas.

O Direito Comunitário é um dos fenômenos jurídicos desenvolvidos a partir de tais relações dinâmicas e expansionistas entre os Estados e particulares de uma determinada região, ou regiões, com interesses políticos, econômicos, sociais e, principalmente, jurídicos destinados à comunidade envolvida. O direito de integração regional entre Estados caracteriza-se pela cooperação entre os membros, feita por etapas cujas relações econômicas, políticas e sociais se estreitam, tendo como momento e formalidade máxima de integração a institucionalização do direito comum.

Este ramo é autônomo com princípios e normas próprias, pertencentes a um ordenamento comum, sendo regulamentado e coordenado por suas instituições, que são autônomas, de caráter supranacional, capazes de constituir direitos e obrigações aos seus destinatários do bloco regional.

Por fim, nesta pesquisa será feita uma análise do último Código Aduaneiro do Mercosul elaborado em 2010, sobre seus aspectos de harmonização legislativa no bloco como um possível impulsionador do Direito Comunitário no bloco.

As Origens Históricas do Direito Comunitário

O Direito Comunitário é ramo recente do direito, caracterizado como o mais alto grau de integração regional entre Estados no que tange a total cooperação de suas estruturas normativas e políticas de modo a limitar as soberanias internas compartilhando-as junto com as próprias instituições criadas pelo bloco para harmonizar e coordenar as atividades internas e externas realizadas em nome dos Estados integrados.

Este direito é um dos atuais fenômenos jurídicos desenvolvidos a partir das relações dinâmicas e expansionistas entre os Estados, cidadãos e empresas de uma determinada região, ou regiões, com interesses políticos, econômicos, sociais e, principalmente, jurídicos, destinados à comunidade envolvida nesse processo.

Sobre o início do Direito Comunitário oriundo da Europa, percebe-se o sentimento de união das sociedades em prol da construção de um novo continente que estava alastrado em virtude das consequências catastróficas que se seguiram no período das duas Grandes Guerras Mundiais.

Após os acontecimentos desumanos que desestruturaram os Estados europeus, tanto nos aspectos políticos, econômicos e culturais, em meio aos esforços para o auxílio as desenvolvimento europeu. Neste momento pós-guerra, os Estados se uniram no intuito de reconstruir a Europa, primeiramente, em seus aspectos econômicos, propondo, desta forma, uma integração comercial. Houve a criação do BENELUX [2] em 1944, formado pelos Estados da Bélgica, Holanda e Luxemburgo, cujos objetivos incluem união aduaneira entre os acordantes, principalmente sobre os insumos de ferro, carvão e aço.

Momentos posteriores houve uma proposta de reconstrução do continente, feita por Winston Churchill em 1946, na universidade de Zurique. Nesta ocasião Churchill propôs a formação de um Conselho da Europa. Tal ideia fomentada por Churchill foi o lócus da criação da Comunidade Européia do Carvão e do Aço (CECA),

---

[2] Sigla formada pelas letras iniciais dos Estados integrantes do bloco, formado por Bélgica, Holanda e Luxemburgo.

com inspiração do governo francês.

Junto aos esforços dos Estados Europeus os Estados Unidos da América (EUA) através de seu secretário de Estado George Marshall, estabeleceu-se formalmente em 15 de Julho de 1947 o programa para a recuperação da Europa, o Plano Marshall, patrocinado pelos EUA de forte inspiração liberal (CARNEIRO, 2007), cujas negociações impulsionaram a posterior criação de diversos organismos internacionais, tais como: Organização das Nações Unidas (ONU); Fundo Monetário Internacional (FMI); Banco Internacional de Reconstrução e desenvolvimento (BIRD); Organização Internacional do Comércio (OIC); Acordo Geral de Tarifas e Comércio – *General Agreement on Tariffs and Trade* – (GATT).

Na década de cinquenta[3] foi criada a Comunidade Européia do Carvão e do Aço (CECA), seguida pelo Tratado de Paris de 18 de abril de 1951 cujos objetivos eram de alcançar a paz e reconciliação entre Estados europeus inimigos de guerra, surgindo, desta forma, os fundamentos para criação de um Direito Comunitário na região européia[4]. A natureza jurídica da comunidade europeia foi definida no artigo 6º da CECA, sendo classificada como pessoa jurídica de Direito Internacional.

O termo União Européia foi utilizado a princípio pelos chefes de Estados e de Governo dos Estados-membros das organizações europeia na Conferência de Paris de 1972, cujo objetivo era transformar as finalidades dos tratados já aderidos numa efetiva união europeia (CAMPOS, 1995).

A unificação institucional europeia consolidou-se por meio do Ato Único Europeu, instituído em 1986, que reforçou a dinâmica comunitária, à medida que melhorou o processo decisório dos órgãos do bloco, o que promoveu um avanço significativo no processo de integração.

O Ato Único representou a etapa significativa de concretização

---

[3] Em 09 de maio de 1950 foi criada a Comunidade Européia do Carvão e do Aço (CECA) para promover a integração entre os Estados europeus tendo em vista a rentável produção de carvão e de aço por aqueles Estados, sendo tais produções notáveis na Alemanha e na França.

[4] Os Estados integrantes do Tratado de Paris eram: França, República Federal da Alemanha, Itália, e os integrantes de outro bloco de integração, o BENELUX.

dos interesses da comunidade europeia, em termos de institucionalização (organização das instituições e suas funções a favor do bloco) para atuar em prol do desenvolvimento econômico, social, político, cultural, entre outros, vez que estabeleceu princípios norteadores da União Européia, são eles: a) Dar prosseguimento ao esforço de construção da União Européia; b) Promover a implementação dessa união graças às três comunidades e à cooperação dos Estados em suas relações internacionais; c) Promover a democracia; d) Valorizar a atuação do Parlamento europeu; e) Agir de maneira coesa e solidária; f) Promover a melhoria da situação econômica e social; g) Seguir progredindo no processo da união econômica e monetária, encetada em 1972. (TEIXEIRA, 2005).

O Ato Único demonstrou os objetivos a serem seguidos por seus Estados-membros. Conforme aduz Campos (1995), essa união entre os Estados possibilitou a criação de um espaço econômico e social integrado, homogêneo e coeso, cujas instituições atuavam com vistas a definir e aplicar uma política externa comum, tendo como parâmetro o poder econômico e político das comunidades europeias, para agir concertadamente em face do mundo exterior.

Em conseqüência do avanço proporcionado pela adesão dos Estados europeus ao Ato Único, em 1992 foi assinado, na cidade de Maastricht, o Tratado-Constituição da União Européia (UE), criando de fato a união comunitária do bloco, vez que incorporou novas temáticas à sua agenda, como meio ambiente, cultura, defesa do consumidor, segurança nas relações internacionais, além de reforçar a segurança jurídica do bloco, visto que os Estados-Membros – 27 atualmente – estão sujeitos às sanções por violações dos direitos do bloco. (CARNEIRO, 2007).

Momento seguinte ao Tratado de Maastricht foi criado em 1998 o Euro, moeda unificada europeia, emitida pelo Banco Central Europeu em 1999, sendo a principal característica da união monetária comum. No mesmo ano foi assinado o Tratado de Amsterdã para modificar as instituições do bloco visando sua expansão, como as alterações feitas na composição da Comissão Européia e o número de votos no Conselho da União.

Os órgãos responsáveis pelas atividades comunitárias da UE são: a Comissão Européia, órgão executivo responsável pelas relações políticas comerciais internacionais, apresenta propostas de legislação, fiscaliza os tratados comunitários, entre outras funções administrativas; o Conselho da União Européia, que possui atividades políticas, legislativas e decisórias, bem como emana decisões, que dependem de propostas da Comissão, junto ao Parlamento para realizar as finalidades e princípios dispostos nos tratados, além de é coordenar as políticas econômicas dos Estados-partes visando o mercado comum; o Parlamento Europeu, que representa os povos da comunidade europeia e seus parlamentares nacionais e atua previamente no procedimento de aprovação pelo Conselho de propostas de leis feitas pela Comissão; o Tribunal de Primeira Instância, que possui competência para julgar recursos e ações propostas por pessoas físicas e jurídicas contra as decisões das instituições comunitárias; o Tribunal da Função Pública, constituído para a solução de conflitos trabalhistas; o Tribunal de Justiça das Comunidades Europeias (TJCE), que pode ser acionado para julgar processos dos Estados-membros, de suas instituições comunitárias, e de pessoas físicas ou jurídicas (JO, 2004) sobre a aplicabilidade das normas comunitárias; e o Tribunal de contas, que examina as contas de todas as receitas e despesas da UE e de seus órgãos, verifica se a gestão financeira está correta, e averigua as situações de cada Estado-membro no que se refere à cobrança das receitas comunitárias, feitas por meio de impostos.

As Etapas Clássicas do Processo de Integração

Em meados do século XX, após a Segunda Guerra Mundial, a Organização das Nações Unidas (ONU) foi criada e se mobilizou em favor dos direitos difusos, que dizem respeito a toda coletividade numa tentativa de recuperar a dignidade da pessoa humana, que havia se desnorteado em meio aos conflitos étnico-culturais e principalmente político-econômicos daquela época.

A partir de então, se iniciou uma jornada na qual se visava à proteção dos direitos fundamentais do ser humano a nível global, abordando-se temas como a manutenção da paz, segurança, economia, e meio ambiente. As relações internacionais se tornaram mais dinâmicas favorecendo o debate e a integração, rede de relações, entre os Estados proporcionando a criação de instrumentos normativos e valores comuns entre os acordantes, como forma de superação das adversidades socioeconômicas

(QUINTÃO SOARES, 1995).

O Direito Comunitário, como o direito que rege as relações dos Estados integrantes dos blocos regionais com objetivos de desenvolvimento econômico, social e cultural comuns, possui formação inicial na União Européia, sendo constituído por etapas.

Para clarear o entendimento sobre as atividades realizadas e os objetivos delineados pela cooperação entre Estados-membros, insta salientar as etapas, que não são obrigatórias, pois cabe aos Estados estabelecerem quais objetivos de integração regional pretendem traçar. Tais etapas, descritas por Jo (2004), são classificadas da seguinte maneira:

a. Área de preferência tarifária – representa a fase de cooperação entre os Estados, sendo o início da integração econômica pelos acordos firmados concedendo preferências tarifárias de setores econômicos ou industriais de maneira recíproca aos membros. Atualmente o bloco formado pelo Tratado Norte-Americano de Livre Comércio (*North American Free Trade Agreement* – NAFTA) composto pelos Estados Unidos da América (EUA), México entre outros Estados, se enquadra nessa fase;

b. Área de Livre Comércio – Nesta fase de cooperação, há a liberação do comércio na região integrada, sendo estabelecida uma pauta aduaneira comum - relações nas fronteiras territoriais - entre os membros do bloco, mas em relação a Estados terceiros, cada membro da integração regional manterá seu sistema comercial próprio;

c. União Aduaneira – As relações entre os Estados-membros tornam-se mais estreitas nessa cooperação, pois no que se refere às transações efetuadas a favor do bloco junto a um produto estrangeiro, haverá uma Tarifa Externa Comum (TEC), ou seja, o produto terá o mesmo valor de importação/exportação para todos os membros, de interesse do bloco (VILAÇA, 2005);

d. Mercado Comum – Esta etapa já demonstra uma integração mais acentuada entre os membros, visto que há o estabelecimento de políticas comuns; a livre circulação dos trabalhadores, desde que pertençam aos Estados-membros; o reconhecimento de diploma dos profissionais de mesma profissão no bloco, podendo aqueles se estabelecerem em qualquer Estado-membro; a liberdade de prestação de serviços em qualquer um dos Estados-partes; a livre circulação de bens, em que os produtos não serão impedidos de serem transferidos entre diferentes Estados-membros, vez que não haverá barreiras alfandegárias; a liberdade de capital, em que há o planejamento de uma política monetária e uma instituição que criará uma moeda única;

e. União Econômica – Nesta etapa de integração há o desenvolvimento do processo de coordenação, unificação e execução comum das políticas econômica e monetária dos Estados-membros;

f. União Econômica Completa – Esta etapa representa o maior grau de integração comunitária Estatal. Será criado um órgão supranacional que deverá administrar, coordenar e unificar toda a política econômica dos Estados-membros.

Os Princípios e as Fontes do Direito Comunitário

O Direito Comunitário é ramo recente do Direito, que se baseia na evolução dos processos de integração entre Estados e interfere em suas estruturas funcionais afetando por igual os particulares. Esse ramo constitui-se por seus contratos – tratados internacionais comuns – válidos para o direito da Comunidade, sendo que as regras fundamentais e os valores básicos instituídos pelo Direito Comunitário devem ser respeitados por seus destinatários. Tal direito possui estrutura principiológica e normativa próprias, o que o caracteriza como ramo autônomo do Direito.

• Princípio da Subsidiariedade

A delegação de competências soberanas aos órgãos comunitários representa a democratização do processo de decisão para harmonizar a atuação interna e a comunitária.

A partir dessa dinâmica tem-se instituído o princípio da subsidiariedade, desenvolvido a partir do direito alemão (JO, 2004), no qual as instituições mais próximas dos conflitos em que as partes estão envolvidas sejam acionadas antes dos órgãos comunitários. Isto ocorre a partir das definições sobre quais competências os Estados atribuem à Comunidade, podendo esta ser provocada quando as resoluções internas dos Estados-membros forem frustradas ou insuficientes, conforme o artigo 3º B do TUE dispõe.

Segundo Quadros (1995) este princípio significa um auxílio que um ente com maior capacidade de atuação pode conferir a outro, que está impossibilitado de garantir a aplicação de direitos de integração aos seus destinatários.

• Princípio da Proporcionalidade

Para complementar o princípio da subsidiariedade, observa-se o respeito da comunidade pelo princípio da proporcionalidade, desenvolvido a partir do direito alemão (JO, 2004), que significa a moderação da interferência comunitária, vez que os órgãos deverão realizar suas competências conforme os objetos dos tratados.

Este princípio veda os excessos das medidas tomadas pela comunidade, vez que os Estados podem decidir conforme suas competências.

• Princípio da Progressividade

Este princípio representa a impulsão para a concretização do Direito Comunitário à medida que aquele está expresso nos tratados constitutivos dos blocos de integração cujos Estados-membros se propõem a tomarem todas as medidas necessárias para garantir a eficácia do Direito Comunitário.

Está consagrado no preâmbulo que instituiu o Mercosul (Mercado Comum do Sul) o princípio da progressividade cujo marco de desenvolvimento da integração da América Latina, foi a instituição desse bloco, em 1991, seguindo os objetivos traçados anteriormente em 1980, pelo Tratado de Montevidéu (CARNEIRO, 2007).

Conforme o artigo 5º do Tratado da Comunidade Européia, os Estados-membros tomarão as medidas gerais ou especiais capazes de assegurar o cumprimento das obrigações decorrentes do presente tratado ou resultantes de atos das instituições da Comunidade.

A cooperação entre a Comunidade e os Estados-membros

representa o princípio da cooperação leal nas relações entre a Comunidade e os Estados, entendido por Campos (1995), e possui os mesmos fundamentos e objetivos do princípio da progressividade.

• Princípio da Coesão Econômica e Social

Este princípio se relaciona com os princípios da progressividade e da cooperação leal, e, conforme seus ditames, caso haja violação do Direito Comunitário pelos Estados em prejuízo aos particulares caberá responsabilidade civil do Estado, conforme art. 10 do TCE, nas relações entre a Comunidade e os Estados-membros (CAMPOS, 1995), à medida que caberá à UE fomentar o desenvolvimento econômico e social dos Estados para viabilizar sua inserção harmônica na economia mundial (CARNEIRO, 2007).

Este princípio está expresso no artigo 2º do Tratado de Roma e no preâmbulo do Tratado de Maastricht, em que a Comunidade européia protegerá os Estados menos desenvolvidos com vistas a proporcionar o desenvolvimento harmônico da UE. Semelhantes fundamentos são encontrados nos tratados dos sistemas de integração americanos, como nos artigos 15º e 19º do Tratado de Montevidéu, em que há um tratamento diferenciado motivado pela solidariedade entre os Estados-membros para apoiar os Estados de menor desenvolvimento econômico para que se possa flexibilizar, dessa forma, sua participação no bloco (CARNEIRO, 2007).

• Princípio da Autonomia do Direito Comunitário

A integração normativa entre Estados pelo Direito Comunitário não retira a autonomia interna dos Estados-membros, pois as normas comunitárias são elaboradas por instituições próprias do bloco, diversas dos órgãos regulados pelo direito interno.

Conforme esse princípio, as normas podem ser aplicadas e interpretadas integralmente pelos órgãos comunitários sem que estes se submetam à hierarquia do poder interno de cada Estado-parte.

• Princípio da Primazia (ou primado) do Direito Comunitário

Segundo o princípio da primazia do Direito Comunitário, consagrado por jurisprudência do TJCE, os Estados ao se integrarem consentem com a instituição de uma ordem supranacional coexistente com a soberania interna, mas essa se submeterá à ordem comunitária. Há uma autolimitação individual dos Estados perante os interesses e ações comuns. Por isto tem-se o primado da norma comunitária sobre as normas internas que continuarão tendo validade, mas não serão aplicadas nos casos tutelados pelo direito comum do bloco.

• Princípio da Unidade do Direito Comunitário

A aplicação das normas comunitárias, bem como sua interpretação nos Estados-membros deve ser feita de maneira uniforme, em igualdade. Nos contenciosos comunitários os objetivos do bloco traduzidos em suas normas, são obrigatoriamente aplicados nos Estados integrantes do bloco, pois visam estabelecer sua comunidade, tendo como parâmetro as finalidades firmadas nos tratados comunitários.

• Princípio da Aplicabilidade Imediata do Direito Comunitário

Em decorrência do Princípio da Unidade do Direito Comunitário tem-se o Princípio da Aplicabilidade Imediata de Direito Comunitário, segundo o qual não é necessário haver um ato nacional que recepcione a norma comunitária para que esta tenha validade no direito interno.

As disposições comunitárias têm poderes para conferir, diretamente, garantias e obrigações às autoridades nacionais, às pessoas físicas e jurídicas dos Estados-membros (MATHIJSEN, 1991), conforme o artigo 5º do Tratado da Comunidade Européia dispõe sobre a obrigação dos Estados em agir sem prejudicar os objetivos comunitários.

- **Princípio do Efeito Direto**

Segundo o princípio do Efeito Direto, as garantias e obrigações determinadas pelas normas comunitárias podem ser invocadas pelos cidadãos perante a jurisdição interna (MARTINS, 2009).

Isto ocorre com todos os atos vinculativos da comunidade. Devendo-se observar as normas comunitárias que possuem disposições claras e incondicionais (sem reservas de não cumprimento) como obrigação dos Estados, pessoas físicas ou jurídicas, de modo que tais obrigações e garantias poderão ser pleiteadas pelas partes particulares em juízo nacional, seja contra atos do Estado ou por seus pares particulares. (MATHIJSEN, 1991).

- **Princípio da Proteção dos Direitos Fundamentais**

Em suas atividades de extrema respeitabilidade, o TJCE consagrou o principio de proteção dos direitos fundamentais pelo ordenamento jurídico comunitário. Segundo tal princípio, os direitos fundamentais garantidos pelas Constituições internas dos Estados-membros do bloco comunitário serão protegidos em nível comunitário, vez que este respeitará os direitos essenciais para uma vida digna destinados aos sujeitos tutelados pelos Estados e suas instituições, sejam elas nacionais, internacionais ou comunitárias.

Sobre a importância da tutela desses direitos humanos pelos Estados para que haja o desenvolvimento da sociedade internacional, afirma Trindade (2006):

> (...) [o] denominador comum [da agenda mundial] tem sido a atenção especial às *condições de vida* da população (particularmente dos grupos vulneráveis, em necessidade especial de proteção), daí resultando o reconhecimento universal da necessidade de situar os seres humanos de modo definitivo no centro de todo processo de desenvolvimento. (TRINDADE, 2006, p. 111).

As Fontes do Direito Comunitário

Os Estados que aderem ao sistema comunitário consolidado na União Européia, seguem valores comuns constituídos tanto nos tratados, como nas normas criadas pelos órgãos comunitários. Tais valores que definem a organização européia se traduzem na forma de princípios de cooperação, oriundos de preceitos do Direito Internacional e do Direito Comunitário. Conforme Mello (1996) a cooperação entre Estados é um dos propósitos da ONU, formalizado no artigo 1º de sua Carta, e essa integração também é um dos princípios garantidos pela Carta da Organização dos Estados Americanos (OEA) em seu capítulo segundo.

O Direito Internacional é uma das bases do Direito Comunitário a partir do momento em que este é formado por tratados e resoluções originadas dos organismos de integração que fundamentam nos princípios do Direito Internacional, como: *pacta sunt servanda* – os acordos devem ser cumpridos; boa-fé; e legalidade.

Sobre o liame existente entre o Direito Internacional e o Direito Comunitário define Mello (1996):

> (...) o Direito Comunitário é um direito regional ou particular e que se integra no Direito Internacional publico clássico, bem como apresenta características próprias (...) não há menor dúvida, de que ele seja mais 'avançado' do que o Direito Internacional público clássico no sentido de 'coordenar', ou melhor, 'integrar' os Estados. (MELLO, 1996, p. 171).

A primeira fonte do Direito Comunitário é o Direito Comunitário Originário, de natureza convencional-constitucional que seriam os tratados constitutivos do bloco e os tratados que os alteram, seus anexos e acordos previstos nos tratados, sendo o Estado seu legislador originário. (TAVARES, 2007).

A segunda fonte é o Direito Comunitário Derivado, sendo o

conjunto dos atos jurídicos adotados pelas instituições comunitárias em suas competências, conforme o art. 253 do Tratado da União Européia. Percebe-se tal derivação: na elaboração dos regulamentos que traçam os objetivos gerais e possuem aplicabilidade direta nos Estados-membros; nas diretivas que vinculam apenas o resultado da ação em análise, pois os meios de execução ficam a critério do Estado, mas devem ser exercidos dentro do prazo estipulado nas diretivas sob pena de ter aplicabilidade direta perante os destinatários da UE; nas recomendações, medidas sem vinculação aos Estados-membros, o que não favorece os fins do Direito Comunitário; e das decisões que podem ser tomadas por todos os destinatários do Direito Comunitário, ou seja, os Estados, as pessoas físicas e as pessoas jurídicas. Tem-se, ainda, como fonte derivada do Direito Comunitário as decisões e jurisprudências dos Tribunais, que são de extrema importância para a formação da ordem jurídica comunitária, segundo Jo (2004):

> (...) a análise das praticas parece demonstrar que elas [jurisprudências do Tribunal] realmente são aceitas [como fonte do Direito Comunitário], e isto se deve principalmente ao fato de que o Tribunal exerceu em papel ativo na formação dos princípios fundamentais do Direito Comunitário Europeu e, ainda hoje, segue produzindo sentenças inovadoras, que influenciam significativamente na formação da ordem jurídica comunitária. (JO, 2004, p. 292).

O Direito Comum Do Mercosul Impulsionado Pelo Código Aduaneiro (Cmc/Decisão Nº 27/2010)

Através dos tratados anteriores e posteriores à criação do Mercosul os esforços da integração se formalizaram evoluindo de mera cooperação para a União Aduaneira "imperfeita" (SILVA, 2010), pois ainda que haja uma integração regional de maior expressividade devido às política econômicas comuns adotadas pelos Estados-membros, existem produtos com ressalvas à liberação comercial.

No âmbito do Mercosul, os Estados estabeleceram objetivos e atuam na promoção do Mercado Comum, ainda não alcançado em sua totalidade. No entanto, sobre a competitividade no mercado internacional o bloco, estes possuem significativa influência e força por sua integração regional, observadas e ressalvadas as dificuldades econômicas e a desigualdade social percebida, pois os membros do Mercosul se enquadram nos aspectos caracterizadores de Estados em desenvolvimento (antes nomeados de 3º Mundo). Conforme Silva (1995) afirma: "(...) o Tratado de Assunção está imbuído de uma visão neoliberal de integração, onde a criação de comércio e a especialização são metas principais para o processo [da retomada do crescimento e desenvolvimento econômico da região]." (SILVA, 1995, p. 235).

Como exposto, a política econômica do Mercosul encontra-se na União Aduaneira, cujas repartições públicas internas, responsáveis pela cobrança de direitos de entrada e saída de mercadorias nos limites territoriais dos Estados, devem respeitar a redução das barreiras comerciais alfandegárias estabelecidas no âmbito do Mercosul. Outras características dessa fase de integração é a eliminação de tarifas aduaneiras[5] e restrições não-tarifárias[6] à circulação de mercadorias entre os Estados; a criação da Tarifa Externa Comum (TEC); e a adoção de políticas comuns comerciais em relação a terceiros Estados.

A eliminação de tarifas aduaneiras e restrições não-tarifárias (livre comércio) significam que um Estado mercosulino poderá importar produtos de outro integrante da Zona, ou seja, o território que compreende o Mercosul, sem pagar tarifas ou a desagravação tarifária para o comércio entre os Estados do bloco que terão alíquotas tarifárias (valor cobrado no serviço aduaneiro) reduzidas em relação ao Estado fora da tutela mercosulina. (FLORÊNCIO; ARAÚJO, 1996).

A adoção de uma TEC para o Mercosul significa que nas relações comerciais de importação dos produtos oriundos de mercados fora do bloco incidirá a mesma alíquota tarifária para os Estados-membros. Sobre a adoção de políticas comerciais comuns entre os Estados mercosulinos e terceiros, foi instituído em agosto

---

[5] As tarifas aduaneiras são impostos sob as mercadorias no momento em que cruzam as fronteiras do Estado ou entram na faixa territorial sob o controle da alfândega, nas transações de exportação e importação.

[6] As restrições não-tarifárias são aquelas medidas que limitam as importações dos Estados do bloco sobre determinado(s) produto(s).

de 2010, durante a Cúpula do Mercosul na cidade de San Juan, na Argentina, o Código Aduaneiro do Mercosul, pela Decisão n° 27 do CMC, sendo, portanto, fonte normativa do bloco. Tal código será analisado em seguida, neste trabalho. (FLORÊNCIO; ARAÚJO, 1996).

As concessões benéficas sobre as tarifas internas e externas ao bloco não se restringem aos Estados-membros, vez que Estados fora desse processo de integração podem receber auxílios tarifários que os beneficiarão nas transações comerciais junto ao bloco.

O cerne da integração se perfaz, principalmente, pela harmonização legislativa entre Estados, sendo este o motivo que fundamenta a criação de um Código Aduaneiro comum ao bloco regional, além do que tal unificação serve para limitar a aplicação de leis que dê margem à concorrência entre os membros o que contrasta com os objetivos do Mercosul.

No âmbito do Mercosul, no início de seu processo integracionista, foi criado em 16 de dezembro de 1994, na cidade de Ouro Preto – MG, o Código Aduaneiro Comum do bloco (CAM), pela Decisão n° 25 do CMC. Tal código objetivou regular, de maneira básica, as definições e institutos sobre a matéria aduaneira do Mercosul que, junto com a criação da TEC de 1994, seriam fundamentais para o progresso da União Aduaneira no bloco regional.

O CAM de 1994 não foi implementado pelos Estados mercosulinos, e a harmonização legislativa do bloco sul-americano não se formalizou por completo, pois a resposta dos Parlamentares nacionais não se realizou, houve o desuso do Código apesar de seu reconhecimento como norma mercosulina pelos Estados-membros. Entretanto no que se refere à aplicação da TEC, esta possui aplicação, conforme os objetivos de integração do bloco, bem como o uso da desagravação tarifária, que consiste na preferência de tarifas reduzidas ou zero sobre as importações intra-bloco.

Não obstante o entrave sobre a efetividade do Código Aduaneiro do Mercosul de 1994, os esforços em se criar um novo código aduaneiro comum como mecanismo de tutela de direitos intra e extra-bloco, além dos objetivos de harmonização legislativa para a expansão das relações comerciais comuns entre os membros, não estagnaram.

Isto porque as diversas reuniões entre os Estados mercosulinos, que resultaram em Decisões do CMC ou Resoluções do GMC junto aos seus grupos de trabalho, foram direcionadas à criação de um novo código aduaneiro da região.

A Decisão do CMC de nº 25/06 determinou a criação de um grupo especial "Grupo *ad hoc*" junto ao GMC, composto por especialistas em matéria aduaneira e Direito Tributário, que seria encarregado de redigir o novo projeto de CAM que deveria ser aprovado até dezembro de 2007 com previsão para a reunião do CMC do primeiro semestre.

Na Decisão nº 54/04 do CMC foi estabelecido o objetivo de ser inserida no novo código a eliminação da dupla cobrança da TEC e Distribuição de Renda Aduaneira, com vistas a permitir a implementação da livre circulação de mercadorias importadas de Estados fora do bloco.

Entretanto, o projeto do código da decisão referida acima não foi elaborado, tendo seu prazo sido postergado até a sua ultima reunião de 2007, pela Decisão nº 15/07 do CMC. Para sua elaboração deveria ser observada a recomendação que já havia sido feita pelo GMC, que determinava a prorrogação para a elaboração do projeto do código aduaneiro até maio de 2008.

Em meio as diversas discussões e tentativas em se criar um novo código aduaneiro para tal região sul-americana por seus órgãos e Estados, foi criado o novo código em Agosto de 2010, durante a Cúpula do Mercosul na cidade de San Juan, na Argentina, pela Decisão nº 27/10 do CMC.

Além da harmonização legislativa sobre as questões aduaneiras do bloco, o código foi criado para a extinção da dupla cobrança da TEC, que recai sobre as mercadorias importadas por um dos Estados-membros que circulam pelos demais, não sendo, portanto, tributadas novamente se forem reexportadas para o território dos outros membros. Assim, sobre as mercadorias importadas de um Estado fora do bloco incidirá o imposto de importação devido para o Estado mercosulino de destino, no entanto para que tal mercadoria circule reexportada entre os demais não será cobrado novamente.

Junto à eliminação da dupla cobrança da TEC decidiu-se pela criação de um mecanismo que permite a distribuição de renda aduaneira entre os Estados integrantes do Mercosul e a interconexão eletrônica pela transmissão de dados entre as alfândegas.

Tal norma favorece a integração do bloco mercosulino ao cercear os entraves mercantis, resultando na efetividade do livre comércio regional. Ressalta-se outro ponto fundamental para o desenvolvimento de uma política integracionista para a comunitária plena, que é a uniformização normativa a ser acatada e respeitada pelos membros do Mercosul.

No preâmbulo do CAM é destacado o objetivo de aprofundar o processo de integração do bloco, e que tal código criará condições para promover tal avanço visto que regulará de maneira comum as questões aduaneiras do Mercosul priorizando a livre circulação de mercadorias.

Ressalta-se sobre a codificação comum, a criação do Código Aduaneiro da União Européia, em outubro de 1992, pelo Regulamento n° 2913/92 da extinta Comunidade Econômica Européia, substituída pela União Européia. Tal código estabeleceu as normas a serem observadas nas transações comerciais internacionais sobre a origem das mercadorias, valor e declaração aduaneira, entre os Estados-membros da UE e terceiros.

O Código Aduaneiro da UE trouxe maior segurança jurídica para as relações aduaneiras, pois definiu qual o âmbito de aplicação; quais as mercadorias abarcadas pelo código; questões sobre a dívida aduaneira; o controle aduaneiro; entre outros. Ainda não há uma Constituição comum européia, portanto, para os assuntos aduaneiros, a norma específica a ser analisada trata-se do referido Código Aduaneiro Comunitário.

Os dois códigos aduaneiros comuns referidos anteriormente possuem pontos convergentes e divergentes.

As semelhanças ocorrem na questão da nomenclatura ou informações dadas aos produtos de circulação na área regional para identificar a produção de origem (Regime de Origem), pois pela identificação da mercadoria é possível saber se haverá ou não tratamento preferencial sobre as tarifas, conforme os artigos 163 e 170 do CAM, o que implica na concessão de tarifa alfandegária zero nos territórios dos outros membros, se o Estado for membro do Mercosul.

O valor da importação aduaneira também é semelhante, e seguirá as regras do Acordo Geral sobre Tarifas Aduaneiras e Comércio (GATT – *General Agreement on Tariffs and Trade*), tal instituição foi criada no período pós Segunda Guerra Mundial, pelo governo norte-americano e europeu com o objetivo de recuperar e desenvolver a economia mundial. Esse valor será igual para todos Estados-membros sobre suas importações aduaneiras realizadas no âmbito do bloco.

A fiscalização de mercadorias é regularizada por ambos os códigos, no código europeu regula-se a entrada de mercadorias, mas no CAM há regularização na entrada e na saída, conforme os artigos 19 e 74, respectivamente. Sendo tal função atribuída à administração aduaneira de cada Estado-parte.

O âmbito de aplicação do CAM está definido em seu artigo 2º no qual a legislação aduaneira se aplica a todo território aduaneiro do Mercosul, ou seja, aos Estados signatários do Tratado de Assunção. Há a diferenciação do território aduaneiro em "Zonas", conforme artigo 4º tem-se a Zona primária, situada nas fronteiras dos Estados-membros delimitadas pela Administração Aduaneira. Pelo artigo 5º tem-se a Zona secundária, como a parte do território não compreendida na zona primária, e por fim, no artigo 6º há a distinção da Zona de vigilância aduaneira especial que está fora do território aduaneiro, mas em virtude de sua proximidade da fronteiras, dos portos ou aeroportos internacionais dos Estados-membros, possui maior vigilância, há o controle especial.

O CAM traz definições básicas sobre assuntos de aduana, tais como: controle aduaneiro; declaração de mercadoria; exportação; importação; mercadoria; regime aduaneiro; normas regulamentares, entre outras.

Ressalta-se a importância que foi dada pelo CAM às normas editadas pelos órgãos do Mercosul, reconhecendo sua autonomia e superioridade de seus comandos. São distinguidas as normas regulamentares, e as normas complementares. As primeiras são aquelas editadas em matéria aduaneira necessárias à aplicação deste código, para favorecer sua execução. Já as segundas são aquelas que não regulamentam, mas completam disposições do CAM.

No título II são definidos os sujeitos aduaneiros, como a Administração aduaneira, as pessoas vinculadas à atividade aduaneira, como o importador e exportador, o despachante, o agente de transporte, sendo pessoas físicas ou jurídicas.

Sobre as condições de ingresso das mercadorias no território aduaneiro estão dispostas no título III, como a questão do controle, vigilância, fiscalização e transporte das mesmas.

As condições de circulação de mercadorias sem pagamento dos tributos aduaneiros nem restrições de caráter econômico são distribuídas entre os regimes aduaneiros estabelecidos no CAM conforme a destinação, finalidade e prazos determinados para a permanência e transferência de mercadorias no território aduaneiro. Tais regimes são: de importação definitiva (art. 51); admissão temporária para reexportação no mesmo estado (art. 53); admissão temporária para aperfeiçoamento ativo (art.56); transformação sob controle aduaneiro (art. 64); depósito aduaneiro (art. 67); e trânsito aduaneiro (art. 91).

São definidos, ainda, os regimes especiais, que possuem regulação específica pelos regimes aduaneiros, que também são de livre comércio e circulação, conforme o que está disposto sobre as bagagens, franquias diplomáticas, meios de transporte comerciais, as condições das pessoas envolvidas nos procedimentos aduaneiro e as zonas francas, sendo estas partes dos territórios estatais cujas mercadorias nelas introduzidas não possuem proibições nem restrições de caráter econômico (Títulos VIII e IX).

Ressalta-se as questões humanitárias presentes no Código Aduaneiro do Mercosul de 2010, presentes nos regimes aduaneiros especiais, regulados pelos regimes aduaneiros, sem pagamento ou com pagamento parcial dos tributos aduaneiros e com sujeição a um despacho aduaneiro simplificado, em razão da qualidade do declarante, da natureza das mercadorias, da forma de envio ou do destino, conforme art. 100 do CAM. Trata-se do Regime de Remessa de Assistência e Salvamento, no qual as importações ou exportações com caráter definitivo ou temporário de mercadorias destinadas à ajuda a populações vítimas de uma situação de emergência ou catástrofe, não pagarão tributos aduaneiros, sendo de livre circulação. Conforme dispõe o artigo 113 do CAM,

Tal dispositivo, o art.113, respeita a dignidade humana, vez que não embarga as medidas a serem realizadas para as soluções das situações emergências em que vidas devem ser poupadas, prescindindo-se de burocracias capazes de lesar a saúde e vidas humanas.

Outra questão humanitária disposta no CAM refere-se ao de Regime de Comércio Fronteiriço (art. 114), no qual as mercadorias transportadas por residentes nas localidades situadas em fronteiras com terceiros Estados que são destinadas à subsistência de sua família, não pagarão ou terão pagamento parcial dos tributos aduaneiros. Percebe-se a relevância das questões de caráter alimentar reconhecidas pelo Código Aduaneiro do Mercosul, garantindo direitos humanos necessários a promover condições de vida favoráveis aos cidadãos, em respeito a sua dignidade.

Sobre o Acesso à Justiça, estão dispostos no CAM, em seu Título XII, os direitos dos tutelados pelo Mercosul, como: o direito de petição; consultas à Administração Aduaneira sobre aspectos técnicos vinculados a aplicação do CAM nos casos concretos; e os recursos de ato administrativo da Administração Aduaneira.

Nas disposições finais (Título XIV) consta a obrigação de cumprimento do código pelos Estados-membros, visto que a sua não observância implica em sanções a serem impostas aos membros pela legislação dos Estados integrantes do bloco. Além de sanções civis ou penais pode haver conseqüências tributárias no âmbito do livre comércio entre os membros para aquele que descumprir o CAM.

Por fim, tem-se a previsão de criação de um comitê do atual Código Aduaneiro do Mercosul, formado pelos servidores das Administrações Aduaneiras e representantes dos Estados-partes, para zelarem pela aplicação uniforme desta norma, bem como de suas regulamentares. Isto sem excluir a observância dos tutelados pelo Mercosul do CAM, visto que tal instrumento normativo é de suma importância de harmonização legislativa para o desenvolvimento e concretização do Mercado Comum objetivado no início de criação do bloco por seu Tratado de Assunção.

Ao se analisar as disposições e finalidades do Código Aduaneiro do Mercosul, percebe-se o caráter intergovernamental, pois para a sua aprovação nos parlamentos nacionais dos Estados é necessário que passe por seus procedimentos internos de incorporação. Outra questão verificada refere-se ao estágio de integração regional no qual o bloco se encontra atualmente, ou seja, o traço marcante de União Aduaneira, visto que está consolidada a livre circulação de mercadorias pela eliminação de tarifas e restrições não-tarifárias e pela elaboração da Tarifa Externa Comum.

Esses objetivos integracionistas formalizados no Mercosul demonstram que os interesses dos Estados-membros avançaram de mera cooperação tarifária a uma das etapas de integração regional, a União Aduaneira. Entretanto há que se ressaltar que o Mercado Comum e a instituição de uma Constituição Comunitária ainda não foram realizados no bloco. O que se tem em matéria de normas de harmonização integracionista é o Código Aduaneiro do Mercosul, que regulamenta os procedimentos e definições comuns que devem ser respeitadas pelos membros do bloco.

Pelo objetivo do CAM ser de cunho aduaneiro, explicitando regras de mercado, percebe-se os interesses de atuação no Mercosul pelos Estados nas relações em maior parte econômicas, de caráter tarifário sobre mercadorias e comércio intra e extra-bloco.

O Direito Comunitário no bloco ainda não foi concretizado em seu caráter amplo, pois a união monetária, político-econômica e, principalmente, cultural são questões de sucessivas discussões políticas que se concretizam conforme os interesses dos Estados-membros, visto que ao mesmo tempo em que se pretende potencializar o bloco, cada Estado possui suas próprias dificuldades estruturais de caráter político, econômico e social que muitas das vezes retardam o desenvolvimento do Mercosul. Estaria o bloco a mercê dos projetos individuais de seus membros? Apesar do foco na questão aduana dos Estados, os diversos grupos de trabalho sobre saúde, meio ambiente, e cultura das instituições mercosulinas, seriam os impulsionadores de um possível Direito Comunitário no bloco?

Tais questões estão em constante (re)formulação, não somente pelos tutelados do direito do Mercosul, bem como os diversos atores do cenário político mundial, pois os reflexos da atuação do bloco sul-americano estão inseridos na dinâmica das relações globais pelos acordos entre Estados e blocos.

Conclusão

A dinâmica das relações entre os diversos Estados do globo terrestre favorece a formação de redes de diálogos políticos, econômicos, sociais e culturais entre Estados, Instituições e indivíduos, e, por conseguinte, a criação dos blocos de integração regional e do desenvolvimento de um Direito Comunitário pelo estreitamento dessas interações.

Em 1992 foi assinado na cidade de Maastricht, o Tratado-Constituição da União Européia (UE), criando de fato a união comunitária do bloco, vez que incorporou novos temas à sua agenda, como meio ambiente, cultura, defesa do consumidor, segurança nas relações internacionais, além de reforçar a segurança jurídica do bloco.

A integração entre Estados europeus, como visto, formou-se a partir de tratados internacionais e posteriormente por leis originadas dos organismos de integração.

Outros blocos foram criados em diferentes regiões do mundo por objetivos comuns aos Estados-partes, para proporcionar o desenvolvimento interno de cada um e favorecer a expansão do bloco regional. Tais como o Mercosul, bloco formado através de um regime jurídico do Direito Internacional Público (Tratado de Assunção), mas sua temática específica para a formulação de normas vinculativas é baseada no Direito de integração junto a alguns princípios do Direito Comunitário, o que favorece seu processo de integração não somente econômicos, bem como sociais, culturais e políticos. O caráter intergovernamental do Mercosul limita a atuação de suas instituições às aprovações dos Estados-partes e, dessa forma, percebeu-se a ausência da supranacionalidade no bloco.

A Comissão de Relações Exteriores e Defesa Nacional (CRE) aprovou em abril de 2018 o Código Aduaneiro do Mercosul, assinado pelos governos de Brasil, Argentina, Uruguai e Paraguai em 2010 (PDS 31/2018), no que o Congresso Nacional promulgou o Decreto Legislativo n°149 de 10 setembro de 2018. Em meio as crises políticas, pressões econômico-sociais vividas pelos Estados do Bloco, tem-se que o CAM é um importante instrumento que se mantém até os dias atuais como uma possível alavanca para uma maior integração no bloco.

Referências

BRASIL. DECRETO LEGISLATIVO Nº 149, DE 10 DE SETEMBRO DE 2018. Aprova o texto do Código Aduaneiro do Mercosul, celebrado em San Juan, em 2 de agosto de 2010. Disponível em: <https://www2.camara.leg.br/legin/fed/decleg/2018/decreto legislativo-149-10-setembro-2018-787159-anexo-pl.pdf>. Acesso em: 03 abr. 2020.

CAMPOS, João Mota de. Direito Comunitário. Lisboa: Fundação Calouste Gulbenkian, 1997.

CARNEIRO, Cynthia Soares. Para Entender o Direito da integração regional. In: BRANT, L. N. C. (Org.). Belo Horizonte: Del Rey, 2007.

FIUZA, Ricardo Arnaldo Malheiro; COSTA, Monica Aragão Martiniano Ferreira. Aulas de Teoria do Estado. Belo Horizonte: Del Rey, 2007.

FLORÊNCIO, Sérgio Abreu e lima; ARAÚJO, Ernesto Henrique Fraga. Mercosul Hoje. São Paulo:Alfa-omega, 1996.

JO, Hee Moon. Introdução ao Direito Internacional. 2ª Ed. São Paulo: LTr, 2004.

MARTINS, Etiene. Princípios do Direito Comunitário. Enciclopédia Biosfera – Sumário da edição Vol. 5 N° 7/2009. Disponível em: <http://www.conhecer.org.br/enciclop/enciclop.htm>. Acesso em 30/08/10.

MATHIJSEN, P.S. F. R. Introdução ao Direito Comunitário. Coimbra: Biblioteca Jurídica Coimbra Editora, 1991.

MELLO, Celso D. de Albuquerque. Direito internacional da integração. Rio de Janeiro: Renovar, 1996.

MERCOSUL. CÓDIGO ADUANEIRO DO MERCOSUL - DECISÃO N° 27/2010 DO CONSELHO DO MERCADO COMUM (CMC). Disponível em: <http://www.econeteditora.com.br/comex_new/servicos/ac ordo_mercosul_cmc_027_2010.php?form[url]=/comex_new/ >. Acesso em: 03 abr. 2020.

QUADROS, Fausto de. O princípio da subsidiariedade no direito comunitário após o tratado da União Europeia. Coimbra: Almedina, 1995.

QUINTÃO SOARES, Mario Lúcio. Teoria geral da cidadania em suas expressões clássicas- Paradigma Greco-romano e medieval. Dissertação de Mestrado. Faculdade de Direito da UFMG: Belo Horizonte, 1995.

SILVA, Roberto Luiz. Direito Econômico Internacional e direito comunitário. Belo Horizonte: Del Rey, 1995.

TAVARES, Fernando Horta. O Direito da União Européia: Autonomia e Princípios. Virtuajus. Revista eletrônica da Faculdade Mineira de Direito. v. 2, p. 5, 2006. Disponível em: <http://www.fmd.pucminas.br/Virtuajus/2_2006/Docentes/pdf/Fernandoh.pdf>. Acesso em 15/09/10.

TEIXEIRA, Carla Moura. A Constituição europeia: Perspectivas e reflecçoes sobre o processo de integração regional europeu. Ed. Revista dos Tribunais. Ano 13. n º 53. Outubro-Dezembro de 2005.

TRINDADE, Antônio Augusto Cançado. A humanização do direito internacional. Belo Horizonte: Del Rey, 2006.

VILAÇA, José Luís da Cruz. A Protecção dos Particulares e a Evolução do Sistema Jurisdicional Comunitário. In **A União Europeia**. Coimbra: Faculdade de Direito, 2005.

Revisión del concepto de minorías. especial referencia a la doctrina y derecho brasileños

Mércia Cardoso de Souza[1]

"A través de los siglos en la historia de la humanidad, las minorías han sido eliminadas, asimiladas o discriminadas. Esta es una situación que hoy aparece con mayor evidencia debido a la Globalización, cuando el mundo parece no tener más fronteras ni para el tránsito de las personas ni para la divulgación de esas violaciones. En ese contexto, es que surge com más fuerza la Teoría do Multiculturalismo." (Ana Maria D'Ávila Lopes)

Introducción

La terminología "minoría" ha sido objeto de controversias a lo largo de varias décadas. Es importante resaltar que existen estudiosos adoptando posiciones divergentes acerca del concepto de la expresión, ya que la minoría es un concepto que puede tener diferentes significados, de acuerdo con el enfoque adoptado.

Para Liliana Jubilut, la construcción conceptual de minorías ha de considerar un enfoque filosófico, jurídico, social y político, puesto que todas las dimensiones colaboran para la definición de minorías y de grupos vulnerables. Se asevera que éstos están vinculados al constructo histórico y social. (JUBILUT, 2013)

En este sentido, las consideraciones elucidantes de Gabi

---

[1] Doctora en Derecho Constitucional – Universidade de Fortaleza. Maestra en Derecho Internacional – Pontifícia Universidade Católica de Minas Gerais. Diplomada em Trabajo Social – Universidade Estadual do Ceará. Diplomada em Derecho – Universidade de Fortaleza. Professora de Derecho Constitucional - Faculdade Luciano Feijão, Sobral, Brasil. Coordinadora de línea de investigación Derechos Humanos en la Escuela Superior de la Magistratura del estado del Ceará, Brasil. E-mail: merciacdsouza@gmail.com. https://orcid.org/0000-0003-0828-7096

Wucher ratifican tal entendimiento:

> La problemática de las minorías es, sin duda, un tema muy amplio. La impresionante complejidad de la cuestión también encuentra expresión en su carácter esencialmente *interdisciplinary*, el cual también la convierte en un objeto de estudio *par excellence* de la disciplina de las relaciones internacionales, ya que el debate teórico involucra al menos a juristas, científicos políticos, sociólogos, antropólogos, historiadores, filósofos y psicólogos; difícilmente, los diversos enfoques logran no compenetrar en los campos de disciplinas afines. (WUCHER, 2000, p. 12)

La importancia y originalidad de disertar sobre el aludido concepto, reside en la idea de que los profesionales del área jurídica deben conocerlo con seguridad a fin de que puedan utilizar dichos medios para defender los derechos de las personas que viven situaciones de exclusión en la sociedad. Muchas personas no abordan de manera adecuada el concepto de las minorías.

El debate teórico sobre las minorías encuentra relevancia por la necesaria urgencia en las agendas internacional y brasileña, ya que tanto los tribunales internacionales como los nacionales han sido demandados a decidir sobre los más diversos casos involucrando tanto a las minorías como a los grupos en situación de vulnerabilidad.

Además, se observa que cada año surgen nuevos grupos minoritarios que buscan tanto el reconocimiento como el ejercicio de derechos (PORTILLA, 2001). Se trata de grupos excluidos, tanto de ejercicio de poder como de ejercicio de derechos. Esto engloba tanto a los grupos minoritarios como a los grupos en situación de vulnerabilidad. En Brasil, hay que reconocer que, a lo largo de las décadas del siglo XX y XXI, surgieron nuevos grupos que pueden ser considerados minoritarios, por un concepto más amplio que el clásico, como en la definición de Capotorti, que será comentada en este trabajo. Entre estos nuevos grupos, se encuentran los homosexuales, las personas con discapacidades, las personas mayores, las personas seropositivas, entre otros.

Con este trabajo, se pretende demostrar que, según la época y el lugar, entre otros criterios, el concepto de minoría puede contemplar o excluir grupos de individuos. Se destaca que el significado de la minoría es algo que trasciende el propio campo jurídico, o sea, puede ser analizado también bajo una mirada política, social y filosófica.

En el sentido de colaborar con los profesionales del área jurídica, se discurrirá sobre las controversias en torno al significado de minoría.

Metodología

Para alcanzar el objetivo de este trabajo científico, se utilizó investigación de naturaleza cualitativa, del tipo documental y bibliográfico interdisciplinario en las doctrinas brasileña e internacional. La investigación documental se desarrolló sobre la base de los documentos oficiales de las Naciones Unidas. La investigación bibliográfica interdisciplinaria fue desarrollada a partir de las argumentaciones de varios estudiosos del tema minorías, de Brasil y del exterior. La investigación jurisprudencial fue desarrollada a partir de procesos juzgados por el Supremo Tribunal Federal, que abordan directa o indirectamente el tema minorías.

Resultados

En busca del concepto de "minorías" y la regulación jurídica internacional de los derechos de las minorías: la búsqueda por la no exclusión de los seres humanos

En 1945, la Organización de las Naciones Unidas - ONU fue creada por medio de la Carta de San Francisco (Carta de las Naciones Unidas), cuyo artículo 1 enumeraba sus propósitos[2].

---

[2] Artigo 1

Los propósitos de las Naciones Unidas son:

Mantener la paz y la seguridad internacionales, y con tal fin: tomar medidas colectivas eficaces para prevenir y eliminar amenazas a la paz, y para suprimir actos de agresión u otros quebrantamientos de la paz; y lograr por medios pacíficos, y de conformidad con los principios de la justicia y del derecho internacional, el ajuste o arreglo de controversias o situaciones internacionales susceptibles de conducir a quebrantamientos de la paz;

En esa coyuntura, en 1947, la Comisión de Derechos Humanos de la ONU creó una comisión con mandato que trataba de la prevención de la discriminación y de la protección a las minorías. De esta manera, la subcomisión presenció el rechazo de todas las propuestas de conceptualización del término minoría. Así, a mediados de la década de 1950 del siglo XX, la subcomisión decidió condensar sus actividades en la prevención de la discriminación, restringiéndose a recomendar la inclusión de una provisión referente a la protección de los derechos de minorías en los instrumentos internacionales de derechos humanos que estarían en elaboración y, por lo tanto, sujetos a la aprobación a partir de ese momento. (WUCHER, 2000)

Las atrocidades cometidas durante la Segunda Guerra Mundial hicieron que los Estados reflexionaran sobre el respeto a la dignidad de la persona humana y la paz, idea que quedó reconocida por la comunidad internacional. De igual modo, esa comunidad acogió el pensamiento de que los ordenamientos jurídicos de los Estados eran insuficientes para proteger y promover los derechos de sus nacionales, ya que serían vulnerables a los cambios de regímenes políticos. En ese sentido, la Carta de las Naciones Unidas puede ser considerada el primer documento que señalizó la universalización de los derechos humanos. (WUCHER, 2000)

Además, la Carta de las Naciones Unidas prohíbe las discriminaciones en virtud de la raza, el sexo, la lengua y la religión. Sin embargo, aludido documento es omiso en lo que se refiere a las minorías (WUCHER, 2000). Por otro lado, a pesar de no mencionar el término "minoría", la Declaración Universal de los Derechos Humanos - DUDH, de 1948, asegura a todos los seres humanos el goce de los derechos en ella previstos, independientemente de raza, color, religión, sexo, opinión política,

---

Fomentar entre las naciones relaciones de amistad basadas en el respeto al principio de la igualdad de derechos y al de la libre determinación de los pueblos, y tomar otras medidas adecuadas para fortalecer la paz universal;
Realizar la cooperación internacional en la solución de problemas internacionales de carácter económico, social, cultural o humanitario, y en el desarrollo y estímulo del respeto a los derechos humanos y a las libertades fundamentales de todos, sin hacer distinción por motivos de raza, sexo, idioma o religión;
Servir de centro que armonice los esfuerzos de las naciones por alcanzar estos propósitos comunes. (ONU, 1945, *on-line*)

idioma, etc. La DUDH ya asegura el derecho a un mundo plural, aunque no se refería expresamente a las minorías.

En esa época, predominó la equivocada visión de que los derechos de las minorías estarían protegidos bajo el enfoque individual y universal de los derechos humanos. Tal visión impulsó la exclusión del tema "minorías" de la agenda internacional. Fue sólo con la adopción del Pacto Internacional de Derechos Civiles y Políticos (1966), que se retomó la discusión del tema "minorías" en el ámbito de la ONU, aunque sucedió esporádicamente (WUCHER, 2000).

En este sentido, la jurista Ana María D'Ávila Lopes (2006b, p. 6) llama la atención sobre el hecho de que tal vez la Conferencia de París, celebrada en 1919, fue el momento más específico de búsqueda de protección a las minorías, pues se declaró en la época la "igualdad de todas las personas ante la ley, la igualdad de los derechos civiles y políticos, la igualdad de trato y la seguridad de las minorias". Es necesario que se perciba que la Sociedad de las Naciones fue la primera organización internacional en buscar la protección internacional de todas las personas, sin distinción (LOPES, 2006b, p. 6).

En esta línea de comprensión, se constata que los derechos de las minorías se han asegurado en el artículo 27[3] del Pacto Internacional de Derechos Civiles y Políticos (1966), adoptado por la Asamblea General de la ONU.

En la década de 1970 del siglo XX, el Relator Especial de las Naciones Unidas, el italiano Francesco Capotorti, desarrolló estudios sobre **las minorías culturales - lingüísticas, religiosas y étnicas**[4], o mejor dicho, sobre aludido artículo 27 del Pacto Internacional de Derechos Civiles y Políticos. El informe (conocido como Informe Capotorti) fue publicado en 1979, recomendando la elaboración y adopción de una declaración internacional sobre los derechos de las minorías, así como definió a las minorías como:

---

[3] En los Estados en que existan minorías étnicas, religiosas o lingüísticas, no se negará a las personas pertenecientes a dichas minorías el derecho que les corresponde, en conjunto con los demás miembros de su grupo, a poseer su propia vida cultural, a practicar su propia religión y emplear su propio idioma. (ONU, 1966, *on-line*)

[4] Énfasis añadido.

> A group numerically inferior to the rest of the population of a State, in a non-dominant position, whose members - being nationals of the State - possess ethnic, religious or linguistic characteristics differing from those of the rest of the population and show, if only implicitly, a sense of solidarity, directed towards preserving their culture, traditions, religion or language. (UNITED NATIONS, 1979, p. 96 – parr. 568)

Considerando la definición clásica contenida en la propuesta de Francesco Capotorti[5], los elementos constitutivos del concepto son:

a) Elemento **numérico**;

b) Elemento de **no dominancia**;

c) Elemento de **ciudadanía**;

d) Elemento de la **solidaridad entre los individuos** que integran la minoría, a fin de preservar la cultura, las tradiciones, la religión y el idioma[6].

De esta manera, en el entendimiento de Francesco Capotorti, las minorías pueden ser definidas bajo una *óptica objetiva* como un grupo numéricamente inferior a la población de un Estado, que se encuentra en una posición de no dominación y que está dotada de características, ya sea, referente a la religión, etnia o idioma, diferentes de aquellos predominantes en el seno de la población.

Sin embargo, las minorías no siempre serán inferiores a la población de un Estado. Por lo tanto, el criterio numérico no sería determinante, es decir, el elemento cuantitativo no contemplaría la esencia de un grupo para ser considerado una minoría.

Así, los grupos constituidos por mujeres, personas de tez negra, ancianas, niños y adolescentes, personas con discapacidades, entre otros, en los días actuales constituyen una parte significativa de la población mundial. De este modo, no encajan en el criterio cuantitativo adoptado por la definición clásica de minoría (ROCHA, 1999, p. 285).

El elemento numérico no es determinante para caracterizar a minorías que necesiten protección especial. Se rememora la situación de Sudáfrica, durante el apartheid, en que la minoría

---

[5]Comprendemos que las minorías y los grupos vulnerables no son sinónimos.

[6] Énfasis añadido.

blanca dominaba a la mayoría negra. De este modo, para que una minoría sea identificada debe encontrarse en posición de no dominación. Además, el elemento de la no dominación es característica también de los grupos vulnerables, a ejemplo de las mujeres, personas en situación de calle, personas con discapacidad, entre otros. Es decir, grupos vulnerables pueden no ser grupos numéricamente pequeños (WUCHER, 2000).

Un grupo pequeño en posición de no dominación puede no ser considerado una minoría (considerando trabajadores migrantes, por no ser ciudadanos del país en que viven, personas con discapacidad por no haber la solidaridad con el fin de proteger la cultura, las tradiciones, la religión y el idioma). (WUCHER, 2000)

Por lo tanto, el elemento nacionalidad es otro blanco de controversias. Sin embargo, la ONU comprendía que las personas que pertenecen a las minorías deben ser nacionales del Estado en que residan. Años después, el propio Francesco Capotorti afirmó lo contrario.

Conforme bien explica Karla Pérez Portilla (2001), Francesco Capotorti, Relator Especial de la ONU para las Minorías, elaboró el concepto clásico con el argumento de que existen otros grupos en situación de vulnerabilidad, a ejemplo de las mujeres, refugiados, migrantes, etc., que ya estarían protegidos por varios instrumentos internacionales de protección y promoción de derechos humanos, tales como la Declaración Universal de Derechos Humanos (1948), el Pacto Internacional de Derechos Civiles y Políticos (1966), el Pacto Internacional de Derechos Económicos, Sociales y Culturales (1966), la Convención sobre la Eliminación de todas las Formas de Discriminación Racial (1965). Por otro lado, la autora ha criticado al concepto clásico, expresándose de esta forma:

> Sin embargo, queda claro que esto no ha sido suficiente, que la protección de los derechos humanos y los principios de no discriminación e igualdad siguen estando muy condicionados y requieren de mecanismos que coadyuven a la identificación de grupos que no gozan efectivamente de estos derechos y que incluso son relevantes para la adscripción de algunos derechos más. Tampoco queda duda de que la vulnerabilidad de ciertos grupos continúa siendo un obstáculo para el desarrollo e incluso una amenaza para los sistemas políticos, por lo que la necesidad de apartados especiales sobre grupos vulnerables a nivel constitucional es una tarea inesquivable de este siglo. (PORTILLA,

2001, p. 261)

En este sentido, el criterio relativo a la ciudadanía sería excluyente, ya que existen grupos en situación de vulnerabilidad que no estarían contemplados por el concepto clásico, a ejemplo de los migrantes irregulares, refugiados, que, según las enseñanzas de Thornberry (1991, p. 7), serían protegidos por legislaciones infraconstitucionales u otras disposiciones legales distintos de los instrumentos de protección de minorías.

De otra manera, por una *óptica subjetiva*, las minorías tienen como característica el deseo común del grupo de preservar los elementos que definen y distinguen al grupo de los demás. Por lo tanto, existe la solidaridad.

El elemento de la solidaridad es relevante para la comprensión de las minorías, ya que debe existir la manifestación explícita o implícita de preservar las características del grupo (cultura, religión, tradiciones e idioma). La Sociedad de las Naciones (o Liga de las Naciones), en su régimen de protección a las minorías priorizaba criterios objetivos (lengua, religión o características étnicas). (WUCHER, 2000)

Se observa que el concepto clásico de minoría se encuentra obsoleto, por lo que es necesario su perfeccionamiento de acuerdo con los días actuales. En ese sentido, son aclaratorias las palabras de Ana María D'Ávila Lopes.

> [...] el tradicional concepto de minoría se ha limitado a considerar sólo las características lingüísticas, religiosas o étnicas de un grupo para su definición como minoritario. Este enfoque, hoy, está siendo prácticamente superado. (LOPES, 2008, p. 163)

Se evidencia, por lo tanto, que el concepto de naturaleza *objetiva* de Capotorti es excluyente, pues contempla las denominadas minorías culturales - étnicas, lingüísticas y religiosas, pero excluye a grupos que no están dotados de tales características, por ejemplo, mujeres, personas con discapacidad, ancianos, homosexuales, entre tantos otros que la sociedad confiere una posición excluyente. Es decir, en caso de adopción de la definición de Capotorti, habría una doble exclusión de los grupos arriba mencionados.

Se destaca que Capotorti adoptó un criterio con *punto de vista científico y cerrado* para conceptualizar a dichas minorías, ignorando los elementos subjetivos. La definición clásica fue la misma adoptada por el Tribunal Permanente de Justicia Internacional que, igualmente, ignoró los elementos subjetivos de definición de minorías. (WUCHER, 2000).

Siguiendo esa gira, el concepto de "minorías" fue mejor estudiado por la ONU, en 1991, a partir de la publicación de estudios realizados sobre los Estudios de los Derechos de las Personas pertenecientes a las Minorías Étnicas, Religiosas o Lingüísticas. Sin embargo, las minorías no disponen de un instrumento eficaz para proteger y promover sus derechos, aunque tales derechos están asegurados en el artículo 27 del Pacto de Derechos Civiles y Políticos, adoptado por la Asamblea General de la ONU en 1966. (SOUZA; SANTOS, 2013, p. 300)

En el año siguiente, la Declaración de las Naciones Unidas sobre las Minorías se aprobó (1992), refiriéndose en su artículo 1º a las minorías, sobre la base de la identidad nacional o étnica, cultural, religiosa y lingüística, estableciendo que los Estados deben proteger su propia la existencia. Con todo, una definición acordada e internacionalmente aceptada no existe hasta los días actuales. (UNITED NATIONS, 2010, p. 2) En otras palabras, "minoría" sigue siendo un concepto en construcción.

Aunque la Declaración de la ONU sobre las Minorías (1992) tiene carácter jurídico y no vinculante, aludido instrumento internacional es considerado el documento mundial más generoso en lo que se refiere a la denominada "discriminación positiva". Es decir, se considera el instrumento de alcance global que más establece derechos especiales a las minorías (WUCHER, 2000, p. 3).

La referida Declaración (1992) prohíbe la discriminación relativa a la raza, el sexo, la lengua y la religión. Sin embargo, es omiso en lo que se refiere a la efectiva protección de las minorías. De todos modos, aludido instrumento puede ser considerado un nuevo marco para la reflexión y ampliación del concepto de minorías.

Se constató que la dificultad de llegar a una definición amplia y universalmente aceptada reside en la variedad de situaciones vividas por las minorías, en la medida en que algunos viven en áreas bien definidas y separadas de la parte dominante de la población, mientras que otras están fragmentadas por un país.

The term minority as used in the United Nations human rights

> system usually refers to national or ethnic, religious and linguistic minorities, pursuant to the United Nations Minorities Declaration. All States have one or more minority groups within their national territories, characterized by their own national, ethnic, linguistic or religious identity, which differs from that of the majority population. (UNITED NATIONS, 2010, p. 2)

En la evolución del concepto tratado, el italiano Andrea Semprini llama la atención:

> Una segunda interpretación del multiculturalismo privilegia su dimensión específicamente cultural. Ella concentra su atención sobre las reivindicaciones de grupos que no tienen necesariamente una base 'objetivamente' técnica, política o nacional. Son movimientos sociales estructurados en torno a un sistema de valores comunes, de un estilo de vida homogéneo, de un sentimiento de identidad o pertenencia de valores colectivos, o incluso de una experiencia de marginación. Con frecuencia, es ese sentimiento de exclusión que lleva a los individuos a reconocerse, al contrario, como poseedores de valores comunes ya percibir como un grupo aparte. (SEMPRINI, 1999, p. 44)

Se constata que la propia ONU se ha esforzado por proteger y promover los derechos de las minorías con respecto a la preservación de sus valores culturales. En este contexto de controversias en cuanto al concepto de terminología "minorías" y de cuáles derechos son titulares, se ideó la **Teoría del Multiculturalismo**, que será tratada posteriormente.

En verdad, según la definición de la labranza de Capotorti, las minorías correspondería a grupos étnicos, lingüísticos y religiosos. Es decir, su foco está constituido por las minorías culturales. De esa manera, sólo los pueblos indígenas y personas de tez negra quedan contempladas por el aludido concepto. Por otro lado, en los grupos en situación de vulnerabilidad estarían englobadas las mujeres, las personas con discapacidades, ancianas, homosexuales, migrantes, refugiados, entre otros grupos.

En contraposición a la línea de raciocinio de Capotorti, el jurista Pedro Gonçalves propone la ampliación del concepto de minorías, de modo que no se promuevan situaciones de injusticia con aquellos grupos que estén alejados de la definición clásica.

> [...] se hace imperativo adoptar un concepto amplio de minoría y acoplar a tal concepto a otras realidades que, sin basarse en diferencias étnicas, lingüísticas o culturales, se han utilizado para

justificar discriminaciones sociales, como la diferencia de género, la opción sexual, la discapacidad física y la enfermedad mental. (GONÇALVES, 2009, p. 211)

Otro estudioso que hizo críticas al concepto clásico fue Andrea Semprini, que propone que todo grupo que tenga derechos restringidos o negados sea considerado un grupo minoritario. (SEMPRINI, 1999)

De modo similar, Jubilut aboga por que la idea de subyugación presenta relevancia, ya que permite la ampliación del concepto clásico de las minorías. En ese sentido, a partir del elemento subyugación existe la necesidad de ampliación del concepto, luego, habría la protección no sólo de las minorías tradicionales, sino de los grupos en situación de vulnerabilidad. (JUBILUT, 2013)

A pesar de que se discuten los derechos de las minorías en el escenario internacional e incluso existen varios instrumentos en los que figuran previsiones sobre la protección y promoción de los derechos de las minorías, como el Pacto de Derechos Civiles y Políticos (1966), la Declaración sobre los Derechos de las Minorías (1992), la Declaración de los Pueblos Indígenas (2007), todavía persiste una ausencia de un instrumento eficaz para la protección de los derechos humanos de las minorías.

Multiculturalismo y minorias

El multiculturalismo tiene como foco la "diversidad" en el interior de la "unidad", teniendo como característica primordial la diferencia 7. En este sentido, Ana María D'Ávila Lopes (2006a, p. 213) define de modo preciso el vocablo multiculturalismo.

> El multiculturalismo es la teoría que defiende la valorización de la cultura de los diversos grupos que componen la humanidad, que defiende que ser diferente no significa ser ni mejor ni peor que nadie, que está en contra de la uniformidad y la estandarización del ser humano, que valora a las minorías y sus especificidades y que entiende que lo más valioso que tiene la humanidad es su diversidad.

La autora afirma que durante siglos se consideró que el ser

---

[7] Énfasis añadido.

humano bueno sería el hombre blanco, sano, rico, cristiano, heterosexual y alfabetizado. En cambio, las mujeres, personas de tez negra, indígenas, no cristianos, homosexuales, personas con discapacidad, pobres y analfabetos fueron en varias ocasiones (y siguen siendo) considerados seres humanos de segunda clase, es decir, inferiores por no corresponder al estándar impuesto por la cultura occidental hegemónica. (Lopes, 2006a, p. 213)

Se destaca, pues, que el multiculturalismo tiene por objetivo analizar cómo las más variadas culturas, bajo el manto de una misma jurisdicción, pueden vivir de modo armónico, siendo protegidas o preservadas en este espacio.

La noción de multiculturalismo es de extrema relevancia para una mejor comprensión de los derechos de las minorías, constituyéndose indispensable para esta finalidad, en la medida en que viene a cuestionar el porqué de la "jerarquización del ser humano"[8] (LOPES, 2006a).

La Teoría del Multiculturalismo propone algo nuevo y que escapa a los principios e ideas oriundos de los teóricos de los derechos humanos, pues

> [...] lucha para que todo pueblo sea consciente de su propia historia y de sus valores para que así pueda construir sus propios derechos humanos, porque solamente de esa forma, asumirá la responsabilidad que le toca por la violación de los derechos de sus integrantes. Solamente un pueblo que se reconoce como tal, puede asumir sus éxitos o sus fracasos como propios. (LOPES, 2006a, p. 213)

El profesor canadiense Will Kymlicka (1996, p. 53) propone el reconocimiento de tres categorías de derechos para garantizar la protección de los derechos de las minorías y su inclusión en la sociedad, que son:

a) derechos de autogobierno, en los que la mayoría de las naciones minotitárias han reivindicado el derecho a la autonomía política o de jurisdicción territorial. Se resalta que ese derecho está previsto en la Carta de las Naciones Unidas, de 1945;

b) derechos especiales de representación, que tienen por fin la

---

[8]La expresión "jerarquización del ser humano" es utilizada por Ana María D'Ávila Lopes.

garantía de la participación política de las minorías en todas las instancias de Poder - Legislativo, Ejecutivo y Judicial;

c) derechos multiétnicos, que prevean la preservación cultural de las minorías.[9]

No obstante, Kymlicka no considera una incompatibilidad entre las Teorías de los Derechos Humanos y del Multiculturalismo, en la medida en que se complementan de modo a asegurar la efectividad de la dignidad humana, que es algo inherente a los seres humanos.

Un Estado es poseedor de muchos individuos, que forman grupos dotados de diversidad cultural, étnica, religiosa o lingüística, según apunta la clásica clasificación adoptada por la ONU, emergiendo de ahí las denominadas "minorías".

De este modo, se nota que la evolución del multiculturalismo tiene una relación umbilical con las "minorías", incluso no integrando la clásica clasificación, a ejemplo de mujeres, negros, indígenas, personas con discapacidad y etc.

El multiculturalismo defiende la valorización de la cultura de los más diversos grupos de una sociedad, que ser diferente no significa ser mejor o peor que los demás, que no acepta la uniformización o estandarización del ser humano, que prioriza la diversidad como el "más valioso" que, por fin, valora las minorías y sus especificidades, respetando las diferencias. (LOPES, 2006a)

El multiculturalismo es la teoría que viene a **cuestionar esa jerarquización de los seres humanos**, teniendo el punto clave la **diversidad**, siendo su principal característica la **diferencia**.[10]

• El derecho a la diferencia

La búsqueda del reconocimiento de derechos es histórica. Esto impulsa las campañas que llevan a la ruptura con lo que está puesto por los grupos dominantes de la sociedad. Los grupos en posición no dominante buscan el fin de la opresión de esos grupos, de manera que hay la búsqueda por el reconocimiento de los derechos

---

[9] Énfasis añadido.
[10] Énfasis añadido.

de las personas (minorías y grupos en situación de vulnerabilidad).

Asegura José Luiz Quadros de Magalhães (2010, p. 205):

> De otra forma, en las grandes metrópolis, surgen nuevos grupos sociales, nuevos grupos de identificación, fundados en valores más diversos, más allá de la cuestión étnica y lingüística. La diversidad de las metrópolis refleja, además de las cuestiones étnicas, lingüísticas y religiosas, aspectos de afirmación de identidad a partir de la lucha contra realidades de exclusión social, cultural, violencia, falta de vivienda, tierra y dignidad.

La singularidad de cada individuo en relación con la igualdad formal de todos los seres humanos se vuelve aún más distante en virtud de significar que basta sólo un trato igualitario para determinar el equilibrio de la justicia-igualdad formal. En las enseñanzas del jurista alemán Robert Alexy: "si no hay razón suficiente para la permisibilidad de un trato igual, entonces es obligatorio un trato desigual" (ALEXY, 2017, p. 409).

Las reflexiones de Robert Alexy representan un mandamiento por el respeto al principio de la igualdad de todos los seres humanos, evidenciando que la ley no es un factor determinante para asegurar la armonía entre los pueblos. La efectividad de los derechos de los grupos minoritarios y/o en situación de vulnerabilidad debe ser amplia, ya que es necesario reconocer el derecho a la diferencia.

> El derecho a la diferencia es una ampliación, en el interior de la cultura del derecho, de la afirmación de formas de lucha por reconocimiento. La ampliación elástica del concepto de derecho, para abarcar también la idea de un derecho a la diferencia, consolida la ambición de diferenciación, dentro de sociedades modernas que tienden a producir homogeneización y estandarización. Es de modo reactivo, por lo tanto, que la lucha por la diferencia se inscribe, dialécticamente, al lado de la identidad de una lucha no interrumpida por igualdad. (BITTAR, 2009, p. 553)

Hay que reflexionar que la elaboración de políticas públicas de integración que tienen como telón de fondo el derecho a la diferencia busca la minimización de desigualdades a fin de que se promueva justicia.

La defensa de los derechos de las minorías y de grupos vulnerables lleva a considerar que existen diversos modos para identificar a un individuo y demuestran el carácter diferenciado y plural de la condición de los seres humanos. De esa manera, se comprende que a partir del sentimiento de respeto a la diferencia se puede alcanzar la efectividad del principio de la igualdad.

En este sentido, son elucidantes las enseñanzas de la jurista Ana María D'Ávila Lopes:

> Se evidencia, así, que los problemas derivados de la diversidad cultural y la invocación del principio de la tolerancia para suavizarla no son recientes. Sin embargo, se constata también que, nunca como hoy, la tolerancia con lo diferente se ha vuelto crucial para la construcción de la paz en la sociedad mundial globalizada y la consolidación de los Estados democráticos. (LOPES, 2012, p. 72)

Por lo tanto, los instrumentos internacionales aseguran el derecho de cada individuo a ser reconocido con igualdad en relación con su conocimiento cultural, aunque no esté inserto en un modelo predominante de la sociedad. El derecho a la diferencia impide cualquier inclinación que tenga por objeto el irrespeto a las diferencias, que no observe el principio de proporcionalidad, es decir, para que un derecho sea negado a un grupo de personas debe existir una razón plausible para que ese hecho ocurra, y no de forma arbitraria, sin ninguna razón de ser.

El Derecho Constitucional Brasileño: las minorías y los grupos vulnerables

El concepto de minoría es complejo. Si utilizamos la definición clásica, se puede cometer injusticias con grupos no contemplados por el aludido significado. Lo que constituye la minoría no es cuestión numérica, sino la relación jurídico-política cuyos elementos varían de acuerdo con la importancia que en cada contexto histórico se atribuye a tales elementos. Se evidencia que el término minoría es concepto dinámico, ya que las minorías son redefinidas y, con ello, el concepto es revisado con el paso del tiempo y, consecuentemente, nuevos grupos surgen; y, así, nuevas demandas.

Se puede destacar que el significado de la minoría de Capotorti es considerado clásico, a pesar de no ser concepto absoluto. Además, algunos criterios como etnia, lengua, estatus socioeconómico, sexo, orientación sexual, y otros procesos de diferenciación social que se presentan actualmente. En este sentido, los procesos deben ser identificados por medio del respeto a las diferencias de manera que haya un efectivo combate a la discriminación, ya que ésta puede impulsar situaciones de exclusión tanto de minorías como de grupos vulnerables.

El Derecho Internacional Público refleja en los Estados lo que tiende a impulsar cambios legislativos. Esta tendencia se repitió en el Estado brasileño en cuanto a la protección de minorías y de grupos vulnerables.

En la Constitución Federal de 1988 - CF/88, se garantiza el derecho a la igualdad ya la no discriminación, permitiendo que se desarrollen dos características de los derechos de las minorías. Tales aspectos son el derecho a la existencia (la vida y los medios de supervivencia de modo digno); el derecho a la identidad, de ser reconocido como diferente y tener derecho a la diferencia.

En el art. 3° constan los principios fundamentales de la República, es decir, la igualdad, la prohibición del racismo, el deber de combatir las desigualdades regionales, sociales; la igualdad material, en general aplicada en los arts. 3 y 4. En el art. 5, se evidencia una igualdad más general, en la que se garantizan medidas concretas para la igualdad en la práctica (igualdad material). Por su parte, el art. 7° prevé medidas sociales y económicas para dicha igualdad.

Además, en un mundo globalizado, el respeto a la diversidad cultural es una dirección por seguir, basada en el principio de la dignidad de la persona humana. El respeto a los derechos de las minorías, tanto étnicas, lingüísticas o religiosas, debe ejercerse en todos los espacios del mundo. Esto no debe ser ignorado por el Estado brasileño.

Por último, Brasil, aunque en su CF/88 acogió los principios de la diversidad cultural, de la dignidad de la persona humana, de la igualdad y de la no discriminación, así como ratificó varios tratados, no puede despreciar o ignorar a las minorías ya los grupos vulnerables. Esto es parte del pasado y no merece ser repetido, pudiendo el Estado incurrir en un equívoco. Un país como Brasil, que se autoproclama Estado Democrático de Derecho, debe buscar medios para proteger y promover los derechos de los seres humanos, en respeto al principio de la dignidad de la persona humana, fundamento mayor de la República.

Por lo tanto, se justifica un estudio de esta envergadura para contribuir a que los profesionales del Derecho puedan conocer el tema Derecho de las Minorías y de los Grupos Vulnerables y, a partir de ello, puedan utilizar mecanismos para proteger y promover los derechos humanos grupos que carecen de la aplicación de sus derechos.

La interpretación de "minoría" por la jurisprudencia del Supremo Tribunal Federal

El Supremo Tribunal Federal - STF de Brasil ya ha decidido sobre los más diversos casos involucrando tanto a las minorías como a algunos grupos en situación de vulnerabilidad. Sin embargo, el STF no presenta en ninguno de sus juzgados el concepto clásico de minoría, emitido por Francesco Capotorti, ya explicitado anteriormente.

Aunque el STF no presenta el concepto clásico, se evidencia que los ministros interpretan de manera semejante los conceptos de minorías y grupos en situación de vulnerabilidad.

En este sentido, existe un caso paradigmático en el que el STF (Acción de Incumplimiento de Precepto Fundamental - ADPF n. 132 - Río de Janeiro - Acción Directa de Inconstitucionalidad – ADI n. 4.277[11]) decidió permitir la unión entre pares del mismo

---

[11] União civil entre pessoas do mesmo sexo. Alta relevância social e jurídico-constitucional da questão pertinente às uniões homoafetivas. Legitimidade constitucional do reconhecimento e qualificação da união estável homoafetiva como entidade familiar: posição consagrada na jurisprudência do Supremo Tribunal Federal (ADPF n. 132/RJ e ADI n. 4.277/DF). O afeto como valor jurídico impregnado de natureza constitucional: a valorização desse novo paradigma como núcleo conformador do conceito de família. O direito à busca da felicidade, verdadeiro postulado constitucional implícito e expressão de uma idéia-força que deriva do princípio da essencial dignidade da pessoa humana. Princípios de Yogyakarta (2006): direito de qualquer pessoa de constituir família, independentemente de sua orientação sexual ou identidade de gênero. Direito do companheiro, na união estável homoafetiva, à percepção do benefício da pensão por morte de seu parceiro, desde que observados os requisitos do art. 1.723 do Código Civil. O art. 226, § 3º, da lei fundamental constitui típica norma de inclusão. a função contramajoritária do Supremo Tribunal Federal no Estado Democrático de Direito. **a proteção das minorias analisada na perspectiva de uma**

sexo (unión homoafectiva). El principal argumento para la decisión es que todo ser humano tiene el derecho por la búsqueda de la felicidad. Por lo tanto, el argumento se centra en la afectividad.

Es necesario nombrar a las partes implicadas.[12]

Según el informe de la labranza del ministro Ayres Britto, se trata de ADPF, con solicitud de medida liminar, propuesta por el Gobernador del Estado de Río de Janeiro.

> Incumplimiento que resulta:
>
> I – de la interpretación que se ha conferido a los incisos II y V del art. 19 y los incisos I a X del art. 332, todos del Decreto-Ley n. 220/1975 (Estatuto de los Servidores Civiles del Estado de Río de Janeiro), en la medida en que tal interpretación implica efectiva reducción de derechos a personas de preferencia o concreta orientación homosexual;
>
> II – de decisiones judiciales dictadas en el Estado de Río de Janeiro y en otras unidades federativas del país, negando a las uniones homoafectivas estables el rol de derechos pacíficamente reconocidos a aquellos cuya preferencia sexual se define como "heterosexual". (STF, ADPF 132 – RJ: 9-10)

En la ADPF n. 132 - RJ y ADI n. 4.277, ambas de relatoría del ministro Ayres Britto, el STF decidió por el reconocimiento como entidad familiar la unión entre personas del mismo sexo, desde que atendidos los mismos requisitos exigidos para la constitución de la unión estable entre hombre y mujer. En ese diapasón, el STF

---

concepção material de democracia constitucional. Recurso Extraordinário conhecido e provido.

[12] Solicitante: Gobierno del estado de Rio de Janeiro;
Amicus curiae: Conectas Direitos Humanos, Escritório de Direitos Humanos do estado de Minas Gerais – EDH, Grupo Gay da Bahia – GGB, Anis - Instituto de Bioética, Direitos Humanos e Gênero, Grupo de Estudos em Direito Internacional da Universidade Federal de Minas Gerais - GEDI-UFMG, Centro de Referência de Gays, Lésbicas, Bissexuais, Travestis, Transexuais e Transgêneros do estado de Minas Gerais - Centro de Referência GLBTTT AM, Centro de Luta pela Livre Orientação, Sexual - CELLOS AM. Curiae. Associação de Travestis e Transexuais de Minas Gerais - ASSTRAV ADV, Grupo Arco-Íris de Conscientização Homossexual, Associação Brasileira de Gays, Lésbicas, Bissexuais, Travestis e Transexuais – ABGLT, Instituto Brasileiro de Direito de Família – IBDFAM, Sociedade Brasileira de Direito Público – SBDP, Associação de Incentivo à Educação e Saúde do estado de São Paulo, Conferência Nacional dos Bispos do Brasil – CNBB, Associação Eduardo Banks.

proclamó, con eficacia vinculante, que los mismos derechos y deberes de los compañeros en las uniones estables heteroafectivas se extienden a los compañeros en la unión estable homoafectiva (Informativo/STF n. 625). De esta manera, el STF deliberó que nadie "puede ser privado de derechos ni sufrir restricciones de orden jurídico por motivo de su orientación sexual". Se entiende que, así decidiendo, el STF cumplió su papel de guardián de la Constitución Federal - CF / 88, ya que el principio de la no discriminación está asegurado en la Ley Mayor de Brasil.

Es decir, las personas homosexuales, que forman un grupo en situación de vulnerabilidad, pero entendido por el STF como "minoría", tienen el derecho de recibir la protección legal y del sistema político-jurídico instituido por la CF/88, no pudiendo ser aceptado ninguno tipo de discriminación, cercenamiento de derecho o intolerancia, basados en su orientación sexual.

> En particular, en los casos en que se trata de derechos de **minorías** es que incumbe a la Corte Constitucional operar como instancia contramajoritaria, en la custodia de los derechos fundamentales plasmados en la Carta Magna frente a la acción de la mayoría o, como en el caso en testamento, para imponer la acción del " Poder Público en la promoción de esos derechos. Las plumas de magistrados no son capaces de extinguir el prejuicio, pero, en un Estado Democrático de Derecho, tienen el poder de determinar al aparato estatal la actuación positiva en la garantía de la igualdad material entre los individuos y en el combate ostensible a las discriminaciones odiosas. (STF, ADPF 132 – RJ: 9-10)[13]

El ministro Fux, introduciendo su voto, también cita el término "minorías", pero no lo conceptúa:

> Yo citaré - como ya lo hizo el ministro Ayres - el principio de la isonomía, el principio de la libertad, el principio de la dignidad de la persona humana, el principio de la protección que el Estado debe a esas **minorías** y muchos otros principios que aquí podría enunciar. Y como sabemos hoy el análisis de cualquier drama humano -que pasa por ese puente donde transitan todas las miserias y todas las aberraciones, que es el puente de la justicia-, estos dramas humanos, hoy, ellos no pueden ser resueltos sin pasar por el tejido normativo de la Constitución Federal. Hoy tenemos los principios instrumentales de interpretación de la Constitución Federal, y los propios principios materiales que informan el sistema

---

[13]Énfasis añadido.

> jurídico, como un todo, iluminan el sistema jurídico. Y, bajo esta óptica, el Hombre, el Ser Humano, hoy se encuentra como centro de gravedad de todo el ordenamiento jurídico. Entonces, es absolutamente incomprensible solucionar esta cuestión sin pasar por esos principios constitucionales, entre tantos, y éstos que guardan, tal vez, un poco más de afinidad con la cuestión aquí propuesta. (STF, ADPF 132 – RJ: 80)[14]

En su voto, el ministro Celso de Mello tiende a diferenciar minorías de grupos vulnerables, pero tampoco los conceptúa:

> En efecto, la necesidad de asegurar, en nuestro sistema jurídico, protección a **las minorías ya los grupos vulnerables** se califica, en realidad, como fundamento imprescindible a la plena legitimación material del Estado Democrático de Derecho, habiendo merecido tutela efectiva, por parte de esta Cuando los grupos mayoritarios, por ejemplo, actuando en el marco del Congreso Nacional, ensayaron medidas arbitrarias destinadas a frustrar el ejercicio, por organizaciones minoritarias, de derechos asegurados por el orden constitucional. (MS 24.831/DF, Rel. Min. CELSO DE MELLO – MS 24.849/DF, Rel. Min. CELSO DE MELLO – MS 26.441/DF, Rel. Min. CELSO DE MELLO, v.g.). (STF, ADPF 132 – RJ: 242-243)[15]

Al decidir en el sentido de reconocer la unión homoafectiva entre personas del mismo sexo, aplicó la CF/88, en el sentido de resguardar los principios constitucionales de la libertad, igualdad, no discriminación. En las palabras del ministro Celso de Mello:

> Esta afirmación, más que simple proclamación retórica, traduce el reconocimiento, que emerge del cuadro de las libertades públicas, de que el Estado no puede adoptar medidas ni formular prescripciones normativas que provoquen, por efecto de su contenido discriminatorio, **la exclusión jurídica de grupos, minoritarios o no**, que integran la comunión nacional. Esta Corte Suprema, al proferir dicho juicio, viabilizó la plena realización de **los valores de la libertad, de la igualdad y de la no discriminación**, que representan fundamentos esenciales para la configuración de una sociedad verdaderamente democrática, haciendo efectivo el principio de igualdad, asegurando respeto la libertad personal y la autonomía individual, dando primacía a la dignidad de la persona humana, rompiendo paradigmas históricos, culturales y sociales y removiendo obstáculos que, hasta entonces,

---

[14] Énfasis añadido.
[15] Énfasis añadido.

inviabilizaban la búsqueda de la felicidad por parte de homosexuales víctimas de trato discriminatorio. Con tal juicio se dio un paso significativo contra la discriminación y contra el trato excluyente que han marginado a grupos minoritarios en nuestro país, permitiendo la instauración y la consolidación de un **orden jurídico genuinamente inclusivo.**[16] (STF - RE: 477554 MG, Relator: Min. CELSO DE MELLO, Fecha del Juicio: 01/07/2011, Fecha de Publicación: DJe-148 DIVULG 02/08/2011 PUBLIC 03/08/2011 RT v. 100, n. 912, 2011: 575-588)

En este sentido, se evidencia que el STF adopta el concepto de minorías de forma ampliada, tal como se sugiere al inicio de este trabajo por varios juristas / estudiosos, que consideran el concepto clásico de minorías como obsoleto y que, por lo tanto, merece ser ampliado, hay vistas al surgimiento de nuevos grupos que demandan la protección y promoción de sus derechos asegurados en los ámbitos internacional y brasileño.

Referencias

ALEXY, Robert. **Teoria dos Direitos Fundamentais**. Trad. Virgílio Afonso da Silva. 2. ed. São Paulo: Malheiros, 2017.

ARP, Bjorn. **International norms and standards for the protection of national minorities:** bilateral and multilateral texts with commentary. Leiden: Martinus Nijhoff Publishers, 2008.

BERTOLDI, Márcia Rodrigues; GASTAL, Alexandre Fernandes; CARDOSO, Simone Tassinari. **Direitos Fundamentais e Vulnerabilidade Social**. Porto Alegre: Livraria do Advogado, 2016.

BITTAR, Eduardo. *Reconhecimento e Direito à Diferença: Teoria Crítica Diversidade e a Cultura dos Direitos Humanos*. **Revista da Faculdade de Direito da Universidade de São Paulo.** v. 104, pp. 551-565, enero/diciembre, 2009. Disponible en:<https://www.revistas. usp.br/rfdusp/article/view/67869/7477>

---

[16] Grifos en el original.

GONÇALVES, Pedro Correia. *O tribunal europeu dos direitos do homem e os direitos das minorias*. **Revista USCS. Direito**, año X, n. 16, enero/junio, 2009, pp. 206-218.

JUBILUT, Liliana Lyra. *Itinerários para a proteção das minorias e dos grupos vulneráveis: os desafios conceituais e de estratégias de abordagem*. **Direito à diferença:** aspectos teóricos e conceituais da proteção às minorias e aos grupos vulneráveis. Liliana Lyra Jubilut; Alexandre Gustavo Melo Franco Bahia; José Luiz Quadros de Magalhães (Coordinadores). São Paulo: Saraiva, 2013. v. 1.

KYMLICKA, Will. **Ciudadanía multicultural**. Barcelona: Paidós, 1996.

LAFER, Celso. **A reconstrução dos direitos humanos:** um diálogo com o pensamento de Hannah Arendt. São Paulo: Companhia das Letras, 1998.

LOPES, Ana Maria D'Ávila. **Os direitos fundamentais como limites ao poder de legislar**. Porto Alegre: Sergio Antonio Fabris Editor, 2001.

LOPES, Ana Maria D'Ávila. *Derechos humanos, indígenas y multiculturalismo*", en **Nomos**, Fortaleza, v. 25, enero-diciembre, 2006(a). Disponible en: <http://www.google.com.br/search?client=safari&rls=en&q =%22Derechos+humanos,+ind%C3% ADgenas+y+multiculturalismo%22&ie=UTF-8&oe=UTF-8&redir_esc=&ei=F2OnUNiiC4fM9ATVz4CgDA>

LOPES, Ana Maria D'Ávila. *A contribuição da teoria do multiculturalismo para a defesa dos direitos fundamentais dos indígenas brasileiros*", en **Anais do XV Congresso Nacional do CONPEDI**, Manaus, 2006(b). Disponible en: <http://www. conpedi.org/manaus/arquivos/anais/manaus/estado_dir_pov os_ana_maria_lopes.pdf >

LOPES, Ana Maria D'Ávila. *El derecho fundamental de los indígenas brasileños a la tierra*", en **Anuario de derecho constitucional latinoamericano**, Año XVII, Montevideo, 2011, pp. 275-289. Disponible en: <http://www.juridicas. unam.mx/publica/librev/rev/dconstla/cont/2011/pr/pr19.p df>

LOPES, Ana Maria D'Ávila. *Desafios e perspectivas dos direitos das minorias no século XXI*, en **Nomos**, v. 28, n. 2, 2008.2, pp. 161-169. Disponible en: http://www.periodicos.ufc.br/nomos/article/view/11759/9844

LOPES, Ana Maria D'Ávila. *Da Coexistência à Convivência com o Outro: entre o multiculturalismo e a interculturalidade*", en **REMHU-Revista Interdisciplinar da Mobilidade Urbana**, v. 20, n. 38, enero-junio, 2012, pp. 67-81.

LUÑO, Antonio Enrique Pérez et al. **Diccionario jurídico:** Filosofía y teoria del derecho e informática jurídica, Granada: Comares, 2004.

LUÑO, Antonio Enrique Pérez. **Los derechos fundamentales**. Décima edición, Madrid: Tecnos, 2011.

LUÑO, Antonio Enrique Pérez. **Derechos humanos, estado de derecho y constitución.** Novena edición, Madrid: Tecnos, 2005.

MAGALHÃES, José Luiz Quadros de. *Plurinacionalidade e cosmopolitismo: a diversidade cultural das cidades e diversidade comportamental nas metrópoles*, en **Jus Navigandi**, Teresina, año 15, n. 2457, 24 mar.2010. Disponible en:<https://jus.com.br/artigos/14564>.

PORTILLA, Karla Pérez. *Aproximaciones al concepto de 'minorías'*, en Valadés, Diego; Rivas, Rodrigo Gutiérrez. (Coordinadores). **Derechos Humanos:** memoria del IV Congreso Internacional de Derecho Constitucional. Ciudad de México: UNAM, 2001.

ROCHA, Carmen Lúcia Antunes. *Ação afirmativa: o conteúdo democrático do princípio da igualdade jurídica*, en **Revista de informação legislativa**, v. 33, n. 131, julio-septiembre, 1996, pp. 283-295.

ROCHA, Carmen Lúcia Antunes. *A dignidade da pessoa humana e o mínimo existencial*, en **Revista de Direito Administrativo**, n. 252, septiembre-diciembre, 2009, pp. 15-24. Disponible en: <http://bibliotecadigital.fgv.br/ojs/idex.php/rda/article/viewfile/7953/6819>.

RUBIO, David Sánchez. *Derechos humanos, no colonialidad y otras luchas por la dignidad: uma mirada parcial y situada*, en **Direitos humanos na América Latina**. Leal, Jackson da Silva; Fagundes, Lucas Machado, Curitiba: Multideia, 2016.

SARLET, Ingo Wolfgang. **A eficácia dos direitos fundamentais:** uma teoria geral dos direitos fundamentais na perspectiva constitucional. 11. Ed. Porto Alegre: Livraria do Advogado, 2012.

SARLET, Ingo Wolfgang. **Dignidade da pessoa humana e direitos fundamentais na Constituição Federal de 1988**. 8. Ed. Porto Alegre: Livraria do advogado, 2010.

SEMPRINI, Andrea. **Multiculturalismo**. Trad. Laureano Pelegrin. São Paulo: EDUSC, 1999.

SHELTON, Dinah. *Prohibición de Discriminación en el Derecho Internacional de los Derechos Humanos*, en **Anuario de Derechos Humanos**, 2008, pp. 15-39 . Disponible en: <http://www.revistas.uchile.cl/index.php/ADH/article/view File/13488/13756>.

SILVEIRA, Rebeca Costa Gadelha da; FREITAS, Raquel Coelho de. *Definindo minorias: desafios, tentativas e escolhas para se estabelecer critérios mínimos rumo à conceituação de grupos minoritários*, en **Revista de Teoria e Filosofia do Estado**, Maranhão, v. 3, n. 2, julio-dieciembre, 2017.

SOUZA, Mércia Cardoso de; SANTOS, Bráulio. *A União Europeia e sua perspectiva multiculturalista: reafirmação de respeito aos direitos humanos, en* **Themis**, v. 11, 2013, pp. 281-305. Disponible en: http://revistathemis.tjce.jus.br/index.php/THEMIS/article/view/71/70

SUPREMO TRIBUNAL FEDERAL. **Arguição de Descumprimento de Preceito Fundamental 132** Rio de Janeiro. Disponible en: http://redir.stf.jus.br/paginadorpub/paginador.jsp?docTP=AC&docID=628633

THORNBERRY, Patrick. **Minorities and Human Rights Law:** a minority rights group report, British Library, 1991.

UNITED NATIONS. **Study on the rights of persons belonging to ethnic, religious and linguistic minorities:** Chapter 2: The international protection of persons belonging to ethnic, religious and linguistic minorities since 1979 / by Francesco Capotorti, Special Rapporteur of the Sub-Commission on Prevention of Discrimination and Protection of Minorities. E/CN.4/Sub.2/384/Add.2, 1979. Disponible en: http://dag.un.org/discover?scope=%2F&query=E/CN.4/Sub.2/384&submit

UNESCO, *Declaración Universal sobre a diversidad cultural*, Disponible en: http://unesdoc.unesco.org/images/0012/001271/127160por.pdf.

UNITED NATIONS. **Carta de São Francisco** (1945). Disponible en: http://iusgentium.ufsc.br/wp-content/uploads/2016/08/CARTA-DA-ONU.pdf

UNITED NATIONS. **Pacto de Direitos Civis e Políticos** (1966). Disponible en: http://www.cne.pt/sites/default/files/dl/2_pacto_direitos_civis_politicos.pdf

UNITED NATIONS. **Pacto de Direitos Econômicos, Sociais e Culturais** (1966). Disponible en: https://www.oas.org/dil/port/1966%20Pacto%20Internacional%20sobre%20os%20Direitos%20Econ%C3%B3micos,%20Sociais%20e%20Culturais.pdf

UNITED NATIONS. **Declaração sobre os Direitos das Pessoas Pertencentes ou étnicas, religiosas e linguísticas Minorias Nacionais** (1992). Disponible en: https://www.oas.org/dil/port/1992%20Declara%C3%A7%C3%A3o%20sobre%20os%20Direitos%20das%20Pessoas%20Pertencentes%20a%20Minorias%20Nacionais%20ou%20%C3%89tnicas,%20Religiosas%20e%20Lingu%C3%ADsticas.pdf

UNITED NATIONS. **Declaração dos Povos Indígenas** (2007). Disponible en: http://www.un.org/esa/socdev/unpfii/documents/DRIPS_pt.pdf

UNITED NATIONS. **Minority Rights:** international standards and guidance for implementation. United Nations, 2010.

WALLERSTEIN, Immanuel. **O universalismo europeu:** a retórica do poder. Trad. Beatriz Medina, São Paulo: Boitempo, 2007.

WUCHER, Gabi. **Minorias:** proteção internacional em prol da democracia. São Paulo: Editora Juarez Oliveira, 2000.

A fala política e o discurso de ódio: uma análise jurídica do instituto da Imunidade Parlamentar

Raphael Moreira Maia[1]
Silvio Teixeira da Costa Filho[2]
Stener Carvalho Fernandes Barbosa[3]

INTRODUÇÃO

A sociedade brasileira vive, no início da segunda década do século XXI, um delicado momento no cenário político. O discurso político tem mobilizado, de forma permanente, a mentira como estratégia de convencimento (EMEDIATO, 2016b). Em meio às ações governamentais, muito se tem dito sobre as justificativas dos políticos eleitos, principalmente por meio das suas "opiniões" e "palavras", descompromissados com a ética da discussão (HABERMANS, 1989). Certa credibilidade está em jogo. Nesse sentido, alguns setores da sociedade têm questionado a produção de discursos polêmicos em meio a crises que recaem sobre o Estado brasileiro.

Paralelo ao cenário político, tem se fortalecido na sociedade o fenômeno da violência verbal. A emergência do discurso do ódio, reflexo direto dessa violência, veio acompanhada da disseminação das redes sociais. Uma pequena mentira é propagada em velocidade quase instantânea o que vem formando um terreno fértil para o

---

[1] Doutorando em Direito Público pela PUC-Minas, Mestre em Direito e Instituições Políticas (2010) Bacharel em direito pela UFMG (2007),. Professor de Direito Constitucional e Administrativo. E-mail: raphael@dgam.com.br

[2] Graduado em Direito pela UFMG (2007. Pós Graduado pela UGF-TJ (2008). Mestre em Direito Público pela PUC Minas (2017). Professor de Direito Administrativo, Direito Constitucional, Direitos Humanos e Direito Internacional nas Faculdades Faminas-BH, Kennedy e Promove. Advogado. Vice Presidente da 40ª Subseção da OAB/MG

[3] Mestre em Linguística na linha Análise do Discurso pela Universidade Federal de Minas Gerais (2020). Bacharel em Direito pela Faculdade de Minas (Faminas-BH - 2019). Graduado em História pela Universidade Federal de Minas Gerais (2007). E-mail: - stenercarvalho@hotmail.com

compartilhamento das *fake news*[4]. Com efeito, em tempos de "pós-verdade"[5] o mundo jurídico se defronta com a nova realidade das injúrias, difamações e calúnias nos ambientes virtuais (STROPPA, ROTHENBURG, 2015). A imagem, a honra e os direitos da personalidade estão sendo testados, atacados e mitigados. Contudo, esse fenômeno não está somente na *internet*. Para dizer o mínimo, observa-se manifestações de políticos eleitos cuja palavra violaria, em tese, o decoro parlamentar (TEIXEIRA, 2001). O discurso do ódio disseminado socialmente está na *fala* do poder político, nas suas manifestações verbais e no "uso da palavra" pelo Estado por meio de representantes eleitos (SCHÄFER, LEIVAS, SANTOS, 2015).

De forma mais concreta, alguns episódios divulgados pela imprensa de referência dão conta de manifestações de cunho discriminatório, homofóbico e misógino proferidos por congressistas no território nacional. Com efeito, o fenômeno de propagação do discurso de ódio chega até o plano institucional. Nesse artigo, foram abordados os limites das imunidades parlamentares frente ao discurso de ódio. Tentou-se responder se existem ou não existem limites às inviolabilidades das opiniões, palavras e votos dos congressistas. Conquanto, buscou-se uma análise da correlação entre os princípios da liberdade de expressão e da manifestação do pensamento no contexto do uso da palavra de cunho discriminatório e preconceituoso.

Nesse sentido, pode o parlamentar fazer uso de um discurso de ódio tutelado pela imunidade material? Pode proferir ofensas pessoais, divulgar calunias, difamar pessoas supostamente amparado pela inviolabilidade do "dizer"?

Foram propostas três frentes de argumentação neste artigo. Por um lado, um estudo e uma óptica sobre os alcances da imunidade

---

4 De acordo com o sitio eletrônico http://observatoriofakenews.eci.ufmg.br/ da Escola da Ciência da Informação da UFMG, *fake news* "pode apresentar uma narrativa unilateral para fomentar as opiniões e pontos de vista que possui um único compromisso, a desinformação".

5 O verbete "pós-verdade" foi considerado a palavra do ano em 2016 pelo dicionário de Oxford. O significado dicionarizado, conforme o departamento dessa universidade, refere-se a um substantivo "que se relaciona ou denota circunstância nas quais fatos objetivos têm menos influência em moldar a opinião pública do que apelos à emoção e a crenças pessoais".

parlamentar, observando o princípio da manifestação do pensamento e da liberdade de expressão, em choque com o discurso de cunho discriminatório, vulgar e ofensivo, também denominado "discurso de ódio". Por outro lado, um estudo avaliativo da restrição dos alcances da imunidade penal circunscrita aos crimes contra a honra. E por fim, o exercício da função parlamentar como prerrogativa essencial as imunidades.

A LIBERDADE DE EXPRESSÃO E A MANIFESTAÇÃO DO PENSAMENTO

Constitui um dos pilares do Estado democrático de direito, a liberdade de manifestação do pensamento. Todos os cidadãos têm esse direito, essa faculdade. Na Constituição Federal, trata-se de cláusula pétrea inserida nos direitos e garantias fundamentais (BRASIL, 1988).

Em razão da sua função, ao legislador é garantido maior proteção Constitucional para a realização da manifestação do pensamento. No intuito de tutelar o poder legislativo, o constituinte de 1988 garantiu as inviolabilidades civil e penal das palavras, opiniões e votos (BRASIL, 1988) no exercício do mandato de cada representante legislativo, seguindo uma conquista histórica das democracias modernas ocidentais (MORAES, 2014). A finalidade é essencialmente proteger a própria atividade política. Trata-se, como já dito, das imunidades parlamentares e de uma defesa da democracia.

Por outro lado há na Constituição da República de 1988 o princípio explícito da liberdade de expressão. Este diz respeito ao debate sobre os direitos da atividade da comunicação social. Direitos esses que atingem tanto as agências que produzem enunciados, opiniões, notícias e informações; como os que são seus receptores, telespectadores, leitores e ouvintes. Portanto, a liberdade de expressão e a manifestação do pensamento estão inseridos nos direitos conferidos ao sistema de comunicação e os sujeitos nela envolvidos (TORRES, 2013).

Além de figurar como um prolongamento do princípio da manifestação do pensamento, a liberdade de expressão se define como uma atividade da comunicação em sentido mais específico. É comum encontrar àqueles que defendem o princípio da manifestação do pensamento como uma liberdade de expressão em sentido estrito. Haveria, portanto, duas facetas da liberdade de expressão: uma mais subjetiva (manifestação do pensamento, direito de cada cidadão) e outra mais institucional (atividade da mídia e da imprensa). Portanto,

> [...] a liberdade de expressão consiste, em sentido amplo, num conjunto de direitos relacionados às liberdades de comunicação, que compreende: a liberdade de expressão em sentido estrito (ou seja, de manifestação do pensamento ou de opinião), a liberdade de criação e de imprensa, bem como o direito de informação. (TÔRRES, 2013, p. 62).

O debate acerca da imunidade parlamentar diz respeito à relação entre esses dois princípios. Mais especificamente sobre a liberdade de expressão em seu sentido estrito (manifestação do pensamento) no qual a discussão recai sobre o poder de dizer do congressista, ainda que ofensivamente, sem ser responsabilizado. Ao fundo, a atividade política do legislador, diga-se, diz respeito a uma correlação entre os princípios da manifestação do pensamento, da liberdade de expressão e da garantia da irresponsabilidade civil e criminal.

OS ACONTECIMENTOS DISCURSIVOS NO LEGISLATIVO

Em determinada fase da legislatura brasileira, o então deputado Jair Bolsonaro disse a também congressista Maria do Rosário que ela, enquanto mulher, *"não merecia ser estuprada porque era feia"* (RAMALHO, 2016). Nesse momento, uma polêmica foi instaurada nos meios midiáticos e na opinião pública sobre o teor, a qualidade e a reprovabilidade dessas palavras (RAMALHO, 2016). Outros episódios têm se espalhado pelas tribunas legislativas do Brasil (federais, estaduais e municipais), com o mesmo teor de ofender, ou atacar a honra de pessoas ligadas a um determinado grupo, uma determinada minoria (ERNESTO, 2019).

A palavra no mundo do direito

Existem três poderes no Estado Democrático de Direito. Trata-se do Legislativo, do Executivo e do Judiciário. Conforme o art.2º da Constituição Federal de 1988, entre eles, deve existir uma relação de independência e harmonia (BRASIL, 1988). Cada um, por sua vez, possui funções típicas e atípicas. Isso quer dizer que as atividades desses poderes são, na sua natureza, ou essenciais ou subsidiárias a cada poder, simbolizando um verdadeiro sinônimo da sua independência e harmonia tanto para garantir a "lealdade constitucional" como para se evitar a "guerrilha institucional" (CANOTILHO apud MORAES, A., 2014, p.427).

Ao Poder Legislativo, de forma típica, cabe a produção das leis. Seus ocupantes representam os interesses da sociedade brasileira sob o pálio da legitimidade do sufrágio eleitoral. É o exercício da cidadania por excelência (art.14 da CRFB/88), pois constituem o corpo dos representantes (os eleitos) por uma autorização dos seus representados (os eleitores). Conforme Alexandre de Moraes (2014, p. 436):

> A Câmara dos Deputados compõe-se de representantes do povo, eleitos pelo sistema proporcional, em cada Estado, em cada Território e no Distrito Federal, sendo que o número total de deputados, bem como a representação por Estado e pelo Distrito Federal, será estabelecido por lei complementar, proporcionalmente à população.

Para o exercício da democracia, o Poder Legislativo atua por meio dos ocupantes dos mandatos representativos, isto é, em especial na Câmara de Deputados, pelos "representantes do povo". A função típica (que é legislar), com efeito, se realiza na manifestação das opiniões e ideologias políticas dos legisladores. A produção das leis, o processo legislativo, todo ele, é permeado de opiniões, palavras e votações. Essas manifestações se reproduzem nas *falas* políticas e são protegidas e garantidas por norma constitucional expressa (art. 29, VIII e art.53 da CRFB/88) com intuito de tutelar os congressistas contra prisões arbitrárias e processos metajurídicos e temerários. Trata-se, ao fundo, de um paralelo aos princípios no exercício da liberdade de se exprimir (art.5º, IX, CRFB/88) e de manifestar o seu pensamento (art.5º, IV, CRFB/88) encapsuladas pela *imunidade parlamentar* (MARTINS, 2007). É direito de todo cidadão a manifestação do pensamento. Investido no cargo de congressista, o cidadão eleito pelo povo, é tutelado, ademais, pela imunidade nas suas opiniões, palavras e votos.

A doutrina discute o caráter da extensão das imunidades embasada nessa manifestação das ideias, opiniões ou ideologias. No seu extremo, poderia ser considerada uma garantia absoluta para a realização da atividade legislativa. Nesse caso, a imunidade se converteria em um poder irrestrito da palavra política legislativa, tanto para afamar os filiados e adeptos, como para ofender os adversários de toda ordem. Nesse sentido, a imunidade se apartaria do seu contexto social e histórico, dando ao exercício do mandato um caráter atemporal, pois:

> Ela protege, igualmente, os relatórios e os trabalhos nas Comissões. É absoluta, permanente, de ordem pública. A inviolabilidade é total. As palavras e opiniões sustentadas no exercício do seu mandato ficam excluídas de ação repressiva ou condenatória, mesmo depois de extinto o mandato (HORTA, R, 1995, p.597, *grifos nossos*).

Por outro lado, em outro extremo, se poderia observar as inviolabilidades políticas como garantias jurídicas gerais e renunciáveis, uma vez que seriam sempre relativizadas e ao sabor da conveniência de um governo tirano, vingativo e déspota. Nenhuma literatura especializada vai nesta direção pois a imunidade parlamentar se sustenta como garantia de independência do Poder Legislativo, isto é, como pilar do Estado Democrático de Direito. A jurisprudência não pensa diferente:

> [...] o instituto da imunidade parlamentar atua, no contexto normativo delineado por nossa Constituição, como condição e garantia de independência do Poder Legislativo, seu real destinatário, em face de outros Poderes do Estados. Estende-se ao congressista, embora não constitua uma prerrogativa de ordem subjetiva deste. (trecho do voto do Ministro-relator, Celso de Mello in RTJ 155/399 apud MORAES, 2014. *grifo nosso*).

Nesse sentido, as imunidades são garantias de ordem pública. Não podem ser renunciadas, pois não atendem as necessidades pessoais dos congressistas. Trata-se, fundamentalmente, de uma tutela constitucional ao cargo político do legislador, não da pessoa natural que o ocupa, embora a ela são estendidas as garantias de direito público do mandato.

Em linhas gerais, portanto, diz-se que nenhum direito, ainda que fundamental, é rigorosamente absoluto ou indiscriminadamente relativo. Este ponto é visível na colisão das normas e princípios constitucionais. Trata-se da restrição da manifestação do pensamento, por exemplo, frente ao discurso de ódio.

Ressalta-se que, esse dilema entre liberdade de manifestação e proibição de discurso de ódio, não pode ser solucionado pela discordância de opiniões opostas. Em tese, opiniões são de teor subjetivo e no campo político podem tão somente marcar um posicionamento ideológico, típico da atividade política. Logo, "[...] não é legítima a restrição a manifestação pelo simples fato de rejeitarem opiniões majoritárias ou divergirem dos posicionamentos oficiais adotados pelo governo" (STROPPA, ROTHENBURG, 2015, p.459).

Aqui tem-se um estudo sobre a correlação dos princípios constitucionais em concorrência para situar a discussão da manifestação verbal do congressista, de cunho discriminatório, dentro do mundo do direito. Nos dizeres de Martins (2015, online):

> A possibilidade de violação de dois direitos fundamentais exige que se verifique, preliminarmente, se se trata de uma concorrência aparente ou de uma concorrência ideal. Uma concorrência ideal estará presente quando dois ou mais direitos fundamentais concorrem para a fundamentação da violação de direito fundamental de um titular e não houver relação de generalidade/especificidade entre os dois.

Em outras palavras, a possível colisão entre dois direitos fundamentais gerará uma análise da concorrência dos princípios, pois em algum momento haverá a violação de algum deles em detrimento do outro. Nesse momento, alguns doutrinadores apontam de forma pragmática para a aplicação do parâmetro da *dignidade da pessoa humana* como norte para sopesar um ou mais direitos:

> [...] em algumas circunstâncias será legítima a restrição à autonomia privada para proteção dos direitos de terceiros ou para a imposição de determinados valores sociais. Isso vale para situações como defesa da vida, repressão à pedofilia ou cerceamento da liberdade de expressão em casos de calúnia ou *hate speech* (BARROSO, 2010, p.29-30).

Nesse sentido, fora de um diapasão entre princípios harmônicos, a dignidade da pessoa humana serviria para por fim a contradição de forma a resolver o problema concreto. De outro modo, frente ao *hate speech*, não poderá a manifestação do pensamento – através da liberdade de expressão –, ser tutelada de forma irrepreensível pela imunidade material parlamentar. A partir de agora ter-se-á uma leitura sobre um possível posicionamento do direito – e, porque não, dos próprios operadores do direito – frente ao fenômeno da proliferação, inclusive dos representantes do Estado, no discurso do ódio.

AS IMUNIDADES E A HONRA

Poder-se-ia pensar que as imunidades têm alcance tamanho que serviria a qualquer fim. Nesse sentido, pensar na liberdade de expressão associada à garantia política de um congressista, poderia suscitar uma proteção irrepreensível, inelutável, invencível, configurando uma forma de expressar as ideologias políticas sem qualquer contrapeso. Seria difícil pensar numa ofensa sem resposta ou sem responsabilização. A dimensão ética clama essa necessidade (PAVEAU, 2015). De novo, pensar nas inviolabilidades das palavras e opiniões de forma absoluta nos levaria a um direito afastado dos princípios do constitucionalismo contemporâneo (BARROSO, 2015). Ou seja, na direção de embate com outro princípio constitucional, a imunidade prevaleceria como forma total frente a qualquer outro instituto. Mas, como se sabe, não há direito absoluto e a totalidade é artificial.

Propõe-se, portanto, uma imunidade que possua duas restrições para garantir a plena atividade política: uma, vinculada a concorrência dos direitos, garantias e princípios constitucionais; e outra, associada a, tão somente, um afastamento da punibilidade referente a consumação dos crimes contra a honra. Tratando dessa forma, nas "irresponsabilidades políticas" (MORAES, 2016, p.427) ter-se-á uma configuração precisa do alcance da tutela constitucional da imunidade material.

Falando do segundo ponto, diz-se que os crimes contra honra são, pela dogmática penal, formais. Não precisam da realização de possível dano, ou melhor, "se consuma independente de efetivo dano ou prejuízo à vítima ou à sua reputação" (QUEIROZ, 2019). Em outras palavras, ainda que apareça um resultado naturalístico para a sua consumação, ele dispensa a modificação do exterior de tal forma que com prejuízos ou não, bastaria atingir a honra.

Contudo, a honra se divide, na doutrina majoritária, entre subjetiva e objetiva. A primeira dizendo respeito ao foro íntimo, a segunda, a reputação que se distribui socialmente. Nesse sentido, para a invocação da imunidade material, em tese, o sujeito da ação delituosa (o parlamentar) teria de ou caluniar (art.138, CP), ou difamar (art.139), ou injuriar (art.140) tão somente com o objetivo de atingir a honra sem atacar direitos humanos e fundamentais de forma a cumprir o papel de liberdade na manifestação do pensamento.

O DISCURSO E O EXERCÍCIO DA FUNÇÃO POLÍTICA

Na teoria da Análise do Discurso Político o debate em uma democracia é marcado por uma pluralidade. Muitos *falam* e muitos *ouvem* na arena democrática. Muitos participam da prática cidadã, discutindo e votando. Outros, se propõe aos mandatos representativos, lançando candidaturas para compor as ações governamentais. Ou seja, em alguma medida, a democracia é uma relação entre a *palavra* dos cidadãos e a *ação* política dos governantes.

Contudo, a instância política eleita também se manifesta, fala e delibera. Isto é, ela discursa em plenário, polemiza nas redes sociais, exige, legisla, administra e fiscaliza, mas, em tese, para atender às exigências de uma instância política de origem, ou melhor, uma "instância cidadã" (CHARAUDEAU, 2013, p.58). Trata-se, o discurso político, de um sistema de debates representativo[6], de um conjunto de reivindicações do polo cidadão e de um quadro de deliberações para responder a essas reivindicações. Assim sendo, constitui interesse da comunidade política o debate sobre as ações dos eleitos democraticamente, pois são eles os responsáveis pela realização da esperança depositada no voto. Os que votam exigem dos que são votados, isto é, a *palavra* exige *ações* concretas dos seus eleitos. Essas *ações* – em sentido mais amplo – podem ser traduzidas

---

[6]Ainda que a democracia representativa, tal como a conhecemos, esteja sofrendo severas críticas, trataremos do "poder da representatividade" como força do imaginário político democrático. Mas sempre ressaltando que "o desafio que se coloca para além da criação de espaços de partilha de poder decisório é o fortalecimento dos atores da sociedade civil (movimentos sociais, associações, ONGs) e o desenvolvimento de outras formas de ação política [...]". (PEREIRA, 2018, p. 255)

em discursos em plenário, opiniões ideológicas e votos concretos na casa legislativa. Além disso, a instância política busca justificar suas ações para defender a sua legitimidade mesmo depois do pleito eleitoral. Ela utiliza, inclusive, meios institucionais para realizar as suas ações e proferir os seus discursos.

Por outro lado, o discurso político é mais do que o "pronunciamento oficial" do plano governamental. A palavra política viaja pelos diferentes espaços através dessa exigência cidadã, no público e no particular (CHARAUDEAU, 2013). Tanto nos espaços institucionais, quanto nos ambientes privados, a discussão suscita a defesa dos mais diferentes interesses. Na hora do jantar, por exemplo, discute-se os melhores rumos da economia; em uma mesa de bar ouve-se as opiniões sobre os melhores candidatos; na Câmara dos Deputados delibera-se sobre as formas e os meios de se chegar ao interesse público. Muitas são as expectativas presentes no dia a dia do debate político. São cada vez mais diversas as situações em que se manifestam as expectativas políticas dos eleitores e dos eleitos (CHARAUDEAU, 2013).

A palavra política, contudo, tem circulação privilegiada nos espaços institucionais, em especial, nas casas legislativas. Lá existe o palco para o exercício político por excelência, arena onde acontecem as atividades típicas (legislar) e atípicas (julgar e fiscalizar) do legislador. O exercício típico da sua função giraria em torno de uma dupla atividade traduzida em *ações* (votos) e *falas* (palavras e opiniões expressas). Nesse sentido, o legislador "age" – em sentido mais estrito – ao propor um projeto de lei, ao votar nas comissões e ao autorizar pagamentos das verbas de gabinete, por exemplo. Ele "fala", para discursar na tribuna, dar declarações à imprensa e mobilizar eleitores nas campanhas eleitorais, etc. Constitui, portanto, o exercício da função do congressista *agir* e *falar* em nome do interesse público, sempre prestando contas à sua instância de origem, isto é, à instância cidadã (CHARAUDEAU, 2013).

No Direito Constitucional, isto é, na Constituição Federal de 1988 o mandato político é protegido por locução expressa do art.53. Isto é:

> Art. 53. Os Deputados e Senadores são invioláveis, civil e penalmente, por quaisquer de suas opiniões, palavras e votos. (BRASIL, 2017)

Com efeito, o congressista que *age* e *fala* no exercício da sua função está tutelado pela imunidade política. Isto quer dizer que haveria um terceiro dispositivo a ser considerado quando posto em análise o instituto da imunidade material. Associada ao entendimento da dupla restrição (concorrência com princípios fundamentais e a não punibilidade de crimes contra a honra) a imunidade parlamentar tem de acontecer no exclusivo exercício da função política do legislador.

Para se ter uma ideia, o poder constituinte originário estabeleceu na constituição regras específica aos legisladores municipais no que diz respeito ao "exercício da função". Conforme art. 29, inciso VIII, da CRFB/88, somente estariam amparados pela imunidade os vereadores que exercem o poder da palavra política dentro da circunscrição do município (BRASIL, 2017). Essa restrição avança para uma delimitação territorial, isto é, além da manifestação das "palavras, opiniões e votos" seria preciso uma relação direta com o exercício da função política circunscrita ao espaço territorial do município do vereador. Todavia, essa prerrogativa não atinge os legisladores estaduais e federais, bastando, apenas, que estejam no exercício da função parlamentar.

Diante do quadro exposto, a imunidade política dos legisladores não pode violar direitos humanos, pois atingiriam outras matrizes fundamentais dos direitos constitucionais. Também, não poderiam suscitar ou perpetrar crimes fora da órbita dos "crimes contra a honra" previstos no Código Penal. E por fim, não poderiam agir ou falar de situações fora do exercício da sua função, extrapolando a atividade política ao qual lhe foi conferida legitimidade.

- DOS DISCURSOS DE ÓDIO

Os discursos de ódio se referem aos ataques contra as minorias (LENZ, 2017). Permeados por incitações linguísticas, o discurso dessa natureza tem como objetivo estigmatizar, excluir e ofender diferenças sociais, culturais ou, até mesmo, religiosas. Estudando as recorrências lexicográficas na imprensa francesa, a linguista Beatrice Turpin concluiu que os "ciganos", desde o aparecimento dos movimentos migratórios na Europa, sempre foram alvo de uma estigmatização negativa através de discursos com prevalência de "adjetivos desvalorizantes" (2016, p.122). Tais desqualificações linguísticas, afirma a estudiosa, se inseriram como formas de indutores jurídicos e avaliativos acerca dos ciganos e de sua comunidade na Europa. A realidade europeia tem, portanto, um discurso de ódio contra minorias migratórias estruturada, de alguma forma, no discurso jurídico (TURPIN, 2018).

No Brasil esse fenômeno pode ser percebido através das intolerâncias frente as religiões afrodescendentes. A comunidade LGBT também se configura como uma minoria atacada pelo poder político por se tratar de uma minúscula representatividade nos quadros do poder estatal. O "favelado"[7], do mesmo jeito, uma vez que constitui um natural exemplo de marginalidade social (EMEDIATO, 2016a). Por fim, a própria mulher, sempre submetida a constante violência física e simbólica, muitas vezes destituída da sua dignidade pelo simples fato de ser mulher (BRASÍLIA, 2019).

A Constituição Federal não permite ambivalências interpretativas quanto ao princípio republicano. Nesse sentido, conforme o artigo 5º, "todos são iguais perante a lei" (BRASIL, 2017, p.9). Mas, essa norma constitucional se especifica nas suas predicações, pois não basta dizer que "todos" são iguais, é necessário que se determine as designações desse "pronome" que o torna, por exemplo, mais próximo do reconhecimento e acolhimento no princípio republicano. Isto é, "homens e mulheres são iguais em direitos e obrigações" (BRASIL, 2017, p.9), conforme o inciso I do mesmo artigo. Além disso, esse "todos" está descrito em *numerus apertus* nos objetivos da carta cidadã brasileira, pois é fundamental que se alcance os fins para "promover o bem de todos, sem preconceitos de origem, raça, sexo, cor, idade e quaisquer outras formas de discriminação" (BRASIL, 2017, p.9).

O discurso de ódio, portanto, não está aberto a acolhimentos jurídicos e normativos pela expressa proibição da Constituição frente a essas manifestações de ofensas discriminatórias a minorias políticas e sociais inseridas no "todos" normativo da Constituição Federal de 1988.

---

[7] As aspas em "favelado" são para indicar a estigmatização, através da imprensa escrita, das pessoas que vivem na periferia dos grandes centros urbanos, conforme nos explica Emediato (2016a). A designação possui uma construção histórica que nos remete ao fim da guerra de canudos e o posterior desalojamento dos soldados que retornaram ao Rio de Janeiro ao final do século XIX.

CONSIDERAÇÕES FINAIS

O discurso do ódio não possui amparo constitucional. Nenhuma expressão discriminatória possui ressonância na carta cidadã de 1988. "Todos" estão protegidos pelas garantias e direitos fundamentais da Constituição Federal brasileira. Os predicados decorrentes dos objetivos da Contituição, em *numerus apertus*, definem o alcance da tutela. Óbvio, portanto, que as imunidades materiais dos congressistas não podem se valer de uma proteção do mandato político para proferirem discursos espúrios contra minorias.

Além disso, a colisão de princípios tèm como solução a prevalência da dignidade da pessoa humana. A manifestação do pensamento, encapsulada pela imunidade parlamentar, não pode sobressaltar a imagem e a honra das minorias reconhecidamente vulneráveis na sociedade brasileira.

Por outro lado, se a imunidade protege a atividade política dos congressistas contra perseguições temerárias ao sistema político, por outro não pode servir de "carta branca" aos legisladores para, reivindicando a inviolabilidade das "opiniões, palavras e votos" (BRASIL, 2019, p.26), atacar os mais pobres, os negros, as mulheres, homossexuais, *at al.* Com efeito, no choque de dispositivos constitucionais concorrentes, prevalecerá aquele que atenda a proteção à dignidade da pessoa humana.

De outro lado, a restrição das imunidades políticas são pontuais, concorrentes e necessárias. Ter-se-á, em primeiro lugar, a atenção aos limites da manifestação do pensamento, pois nenhum direito ou princípio é absoluto. Em segundo lugar, a imunidade material tão somente afasta a punibilidade dos crimes contra a honra, não prevalecendo qualquer autorização para prática delituosa fora da órbita da difamação, calúnia e injúria. Por fim, em terceiro lugar, a tutela imunitária só se justifica no exercício da função parlamentar, não podendo se amplificar aos espaços e atividades distantes do exercício do cargo legislativo.

Têm-se, no cenário atual, a emergência de estudos que ilustrem e esclareçam os institutos jurídicos que tutelem o cidadão, isto é, que o protejam. Para isso, nunca foi tão necessário a proeminência dos estudos acerca dos direitos e garantias constitucionais. Na política só há razão de existir "democracia" se se definir o protagonismo da cidadania, ou melhor, o "todos" definido constitucionalmente no artigo 5º. Não só na perspectiva de "votar e ser votado" (BRASIL, 2019, p.849), mas na legitimidade conferida à comunidade política em cobrar, interpelar e reivindicar direitos ao corpo político eleito para representar. Só existem mandatos políticos porque existem cidadãos, e não o contrário. Discursos de ódio, desprezo, denegação e violências verbais direcionadas a minorias, não possuem espaço no mundo do direito. Para o político eleito, ainda que exista a legítima proteção das imunidades, não há exceção quando o assunto é enunciação do ódio. A imunidade, do ponto de vista jurídico, é restrita a função e limitada pelos direitos fundamentais. Não existe outra forma senão prevalecer o óbvio: a Constituição da República Federativa do Brasil de 1988.

REFERÊNCIAS

BARROSO, Luís Roberto. *A Dignidade da Pessoa Humana no Direito Constitucional Contemporâneo*: Natureza Jurídica, Conteúdos Mínimos e Critérios de Aplicação. Versão provisória para debate público. Mimeografado, 2010.

BARROSO, Luís Roberto. *Curso de Direito Constitucional contemporâneo*: os conceitos fundamentais e a construção do novo modelo. São Paulo: Saraiva. 2016.

BRASIL. *Constituição da República Federativa do Brasil*. 52. ed. Brasília: Câmara dos Deputados, Edições Câmara, 2017.BRASIL. Código Eleitoral (1965). Código Eleitoral. In: BRAVIN, F. **Vade mecum saraiva compacto**. 21. ed. São Paulo: Saraiva, 2019. p. 847-886.

BRASÍLIA. Senado Federal, Painel de Violência contra Mulheres. 2019. Disponível em: <http://www9.senado.gov.br/QvAJAXZfc/opendoc.htm?document=senado%2FPainel%20OMV%20-%20Viol%C3%AAncia%20contra%20Mulheres.qvw&host=QVS%40www9&anonymous=true>. Acesso em 05 nov.2019.

EMEDIATO, Wander. Representações discursivas das mídias sobre as favelas. In: LARA; LIMBERTI (orgs.). Representações do outro: discurso (des)igualdade e exclusão. Belo Horizonte: Autêntica, 2016a, p.187-204.

EMEDIATO, Wander. Dimensões e faces da mentira no discurso político. In:

EMEDIATO org. Análises do Discurso Político. Belo Horizonte: Editora Fale/UFMG, NAD, 2016b, p. 14-49.

ERNESTO, Marcelo. Deputado do PSL que atacou colega transexual em discurso assume ser gay. Estado de Minas, Belo Horizonte, 2019. Disponível em < https://www.em.com.br/app/noticia/politica/2019/04/05/interna_politica,1044208/deputado-do-psl-que-atacou-colega-transexual-em-discurso-assume-ser-ga.shtml >. Acesso em 25 jun.2019.

FÁBIO, André Cabette. O que é "pós-verdade", a palavra do ano segundo a Universidade de Oxford. Nexo Jornal, 2016. Disponível em < https://www.nexojornal.com.br/expresso/2016/11/16/O-que-%C3%A9-%E2%80%98p%C3%B3s-verdade%E2%80%99-a-palavra-do-ano-segundo-a-Universidade-de-Oxford >. Acesso em 20 mai.2019.

HABERMANS, Jurgen. Para o uso pragmático, ético e moral da razão prática. Revista Estudos Avançados, 3(7), p.4-19. Disponível em < http://www.revistas.usp.br/eav/article/view/8528 >. Acesso em 06 jun.2019.

HORTA, Raul Machado. Estudos de direito constitucional. Belo Horizonte: Del Rey, 1995.

LENZ, Fernanda Schirmer. O tratamento jurídico da imunidade parlamentar em face do discurso de ódio: um conflito não previsto pela Constituição de 1988. Curitiba: CRV, 2017. 101 p.

LIMA, Jefferson do Nascimento de Souza; CARDOSO, Fernando da Silva. Discursos de ódio em meios virtuais e o exercício da liberdade de expressão: o Judiciário brasileiro em três atos.

Revista Direitos Sociais e Políticas Públicas [Recurso Eletrônico]. Bebedouro, SP , v.6, n.1, 2018.

MARTINS, Leonardo. SigfriedEllwanger: liberdade de expressão e crime de racismo - Parecer sobre o caso decidido pelo STF no HC 82.424/RS. Revista Brasileira de Estudos Constitucionais, Belo Horizonte , v. 1, n. 4, p. 179-209, out./dez. 2007.

MORAES, Alexandre de. Direito Constitucional. Editora Atlas S/A, 31ª ed. 2015

PAULA, Lorena Tavares de. **Observatório Fake News**. 2018. O **observatório Fake News** é um projeto de pesquisa vinculado à Escola de Ciência da Informação da Universidade Federal de Minas Gerais. Disponível em: < http://observatoriofakenews.eci.ufmg.br/ >. Acesso em 25 mai.2019.

PAIXÃO, Alessandro Gonçalves; SILVA, Debora Pereira; CABRAL, NuriaMicheline Meneses. **Liberdade de expressão e *hate speech* no Estado democrático de direito**. Revista de Direito [Universidade Federal de Viçosa], Viçosa, MG , v.10, n.1, jan./jun. 2018, p. 23-51.

PAVEAU, Marie-Anne. **Linguagem e moral: uma ética das virtudes discursivas**. Campinas: Unicamp, 2015.

PEREIRA, Marcus A. P. **A relação entre movimentos sociais e democracia: algumas questões relevantes**. In: MENDONÇA, R. F. e CUNHA, E. S. M. (orgs). Introdução à teoria democrática: conceitos, histórias, instituições e questões transversais. Belo Horizonte: Editora UFMG, 2018, p.243-262.

QUEIROZ, Paulo; COUTINHO, Lilian. Crimes contra a honra e contra a dignidade sexual. Salvador, Juspodivm, 2019.

RAMALHO, Renan. Bolsonaro vira réu por falar que Maria do Rosário não merece ser estuprada. G1, Brasília, 2016. Disponível em < http://g1.globo.com/politica/noticia/2016/06/bolsonaro-vira-reu-por-falar-que-maria-do-rosario-nao-merece-ser-estuprada.html >. Acesso em 11 mai.2018.

SCHÄFER, Gilberto; LEIVAS, Paulo Gilberto Cogo; SANTOS, Rodrigo Hamilton dos. Discurso de ódio: da abordagem conceitual ao discurso parlamentar. Revista de Informação Legislativa, Brasília , v.52, n.207, p. 143-158, jul./set. 2015.

STROPPA, Tatiana; ROTHENBURG, Walter Claudius. Liberdade de expressão e discurso do ódio: o conflito discursivo nas redes sociais. Revista Eletrônica do Curso de Direito da UFSM [Recurso Eletrônico]. Santa Maria, RS , v.10, n.2, 2015.

TEIXEIRA, Carla Costa. Os usos da indisciplina: decoro e estratégias parlamentares. 2001, UnB. Disponível em < http://www.dan.unb.br/images/doc/Serie307empdf.pdf > Acesso em 05 abr.2019.

TÔRRES, Fernanda Carolina. O direito fundamental à liberdade de expressão e sua extensão. Revista do Senado, Brasília, n.200, ano 50, p.61-80, out./dez. 2013. Disponível em < https://www12.senado.leg.br/ril/edicoes/50/200/ril_v50_n2 00_p61.pdf >. Acesso em 11 out.2019.

TURPIN, Beatrice. A discriminação dos ciganos na imprensa francesa. In: LARA; LIMBERTI (orgs.). Representações do outro: discurso (des)igualdade e exclusão. Belo Horizonte: Autêntica, 2016, p.117-134.

A crise dos refugiados na União Europeia

Wiliander França Salomão[149]

Introdução

"Deem-me seus cansados, seus pobres. Suas massas em desordem, ansiando por respirar livres. Os infelizes rejeitados de suas costas cheias. Mandem-me esses, os desabrigados, os tangidos pela tempestade. Eu suspenderei minha lâmpada ao lado da porta de ouro." [150]

O Direito Internacional, ao longo de sua história, evoluiu dentro da realidade social do grupo de indivíduos no cenário internacional e na medida em que suas normas são criadas e aceitas pelos Estados. Sendo o direito esse elemento social, a sua aplicabilidade se faz necessária para reger a vida dos indivíduos inseridos nos diversos Estados e, da mesma forma, existe para reger as inúmeras relações, sejam comerciais, culturais, humanitárias, ambientais, entre outras com os outros entes.

A proteção à pessoa humana em seus direitos individuais, inseridos dentro do núcleo dos Direitos Humanos se tornou esse valor e sendo necessária a sua imediata positivação e efetivação logo após os eventos da segunda metade do século XIX e na primeira metade do século XX, com relevos atribuídos ao surgimento do Direito Humanitário idealizado por Henry Dunant.

---

[149]Pós-Doutor, Doutor e Mestre em Direito Internacional pela Pontifícia Universidade Católica de Minas Gerais (PUC-MINAS). Formado em Direito pela Universidade de Itaúna/MG. É Professor de Direito Internacional e Direitos Humanos. Participou do curso de Verão da Academia de Direito Internacional da Corte Internacional de Justiça das Nações Unidas em Haia, Países Baixos; do Módulo Nações Unidas para África e Oriente Médio na Tunísia; do curso de segurança internacional do Instituto Clingendael de Relações Internacionais da Holanda. É autor de livros sobre os Emirados Árabes, sobre conflitos entre palestinos e israelenses, publicados em português e inglês.
[150] Poema intitulado "O Novo Colosso", escrito na Estátua da Liberdade, em Nova York por Emma Lazarus.

Os eventos internacionais que colocam o indivíduo em situação de perigo agravou consideravelmente nos últimos anos, principalmente no Oriente Médio por intermédio da guerra civil na Síria e Iraque pela criação do chamado Estado Islâmico. A Síria está em guerra civil desde o início de 2011. As manifestações originais eram pacíficas por protestos de maior liberdade e democracia do governo de Assad, mas a ação violenta do exercido desencadeou a revolta de grupos rebeldes que logo tiveram apoio de grupos terroristas e a população, muitas das vezes, tinha que integrar esse conflito, seja pelo lado do exército ou pelos grupo dos rebeldes.

Para escaparem da perseguição e extermínio do Estado Islâmico no Iraque e Síria, milhões de pessoas se deslocaram daqueles países e buscaram abrigo na região, e mais de 300 mil, fugiram para a Europa, levando o caso humanitário ao continente em meio às denúncias de violações às regras de refúgio da União Europeia e de sua Carta de Direitos Fundamentais pelos próprios Estados europeus.

O ACNUR calcula que 205.000 refugiados entraram na Grécia, em sua maioria 69% de sírios e 18% de iraquianos. Esta crise somente igualada após a Segunda Guerra Mundial levantou profundos debates na Europa e no mundo a respeito da urgência de acolhimento e tratamento eficaz aos refugiados por parte dos Estados.

A foto que mostrou a morte do menino sírio Alyan Kurdi na Turquia, além de causar comoção no mundo, acelerou os debates sobre a urgência de acolhimento pelos europeus dos refugiados. A questão dos refugiados reclama atenção imediata na garantia do Direito ao Acolhimento de inegável separação do núcleo de proteção dos Direitos Humanos como aspecto da humanização do Direito Internacional antes preocupado apenas em regular ações dos Estados.

A Normatividade Da Proteção Internacional Aos Refugiados

Até o século XX, a questão dos refugiados não era positivada pelo Direito Internacional e o tratamento e acolhimento deles dependia somente da generosidade das pessoas.

Segundo Grahl Madsen (1982, p. 86-96) após a Primeira Guerra e as consequências da Revolta Bolchevique e massacres do Império Otomano, o fluxo de pessoas fugindo destes países aumentou em direção à Europa. A proteção internacional do refugiado, de acordo com Pellet (2003, p. 691) teve início após a Primeira Guerra por intermédio da Liga das Nações que criou regulamentos a esse respeito, principalmente pelo Alto Comissariado para os Refugiados em 1921.

Os refugiados da época, na Europa mais especificadamente, eram compostos por vários grupos vindos da Rússia, Grécia, Turquia, Armênia e Alemanha. A precária questão dos refugiados na Segunda Guerra se somou à crise de existência enfrentada pela Liga que foi extinta logo no início da guerra.

Neste sentido, a presença de milhares de refugiados na Europa após a Segunda Guerra auxiliou na maior contribuição da ONU em referência à proteção das pessoas deslocadas de seus países foi a criação do Alto Comissariado das Nações Unidas para Refugiados (ACNUR), conhecido como a Agência da ONU para Refugiados cujas atividades tiveram início em 1950, cujo objetivo é conduzir ações internacionais em prol da proteção de refugiados nos locais para onde se dirigiram.

O primeiro tratado a respeito do tema foi a Convenção do Estatuto dos Refugiados criado pela ONU em 1951[151], cuja finalidade de criação levou em consideração:

> Considerando que a Carta das Nações Unidas e a Declaração Universal dos Direitos Humanos aprovada em 10 de dezembro de 1948 pela Assembleia Geral afirmaram o princípio de que os seres humanos, sem distinção, devem gozar dos direitos humanos e das liberdades fundamentais. Considerando que a Organização da Nações Unidas tem repetidamente manifestado a sua profunda preocupação pelos refugiados e que ela tem se esforçado por assegurar a estes o exercício mais amplo possível dos direitos humanos e das liberdades fundamentais. Considerando que é desejável rever e codificar os acordos internacionais anteriores relativos ao estatuto dos refugiaços e estender a aplicação desses instrumentos e a proteção que eles oferecem por meio de um novo acordo. Considerando que da concessão do direito de asilo podem

---

[151] Disponível em: http://www.acnur.org/t3/fileadmin/Documentos/portugues/BDL/Convencao_relativa_ao_Estatuto_dos_Refugiados.pdf?view=1. Acesso em: 10/03/2020.

> resultar encargos indevidamente pesados para certos países e que a solução satisfatória dos problemas cujo alcance e natureza internacionais a Organização da Nações Unidas reconheceu, não pode, portanto, ser obtida sem cooperação internacional.

Para a citada Convenção, a definição dos requisitos para um indivíduo ser considerada um refugiado é descrito no artigo 1º:

> Art. 1º - Definição do termo "refugiado" A. Para os fins da presente Convenção, o termo "refugiado" se aplicará a qualquer pessoa: 1) Que foi considerada refugiada nos termos dos Ajustes de 12 de maio de 1926 e de 30 de junho de 1928, ou das Convenções de 28 de outubro de 1933 e de 10 de fevereiro de 1938 e do Protocolo de 14 de setembro de 1939, ou ainda da Constituição da Organização Internacional dos Refugiados; As decisões de inabilitação tomadas pela Organização Internacional dos Refugiados durante o período do seu mandato, não constituem obstáculo a que a qualidade de refugiados seja reconhecida a pessoas que preencham as condições previstas no parágrafo 2 da presente seção; 2) Que, em consequência dos acontecimentos ocorridos antes de 1º de janeiro de 1951 e temendo ser perseguida por motivos de raça, religião, nacionalidade, grupo social ou opiniões políticas, se encontra fora do país de sua nacionalidade e que não pode ou, em virtude desse temor, não quer valer-se da proteção desse país, ou que, se não tem nacionalidade e se encontra fora do país no qual tinha sua residência habitual em consequência de tais acontecimentos, não pode ou, devido ao referido temor, não quer voltar a ele.

Pelo exposto no documento internacional, a definição do instituto do refúgio residia em dois pressupostos: o limite temporal e limite geográfico. Para ser considerado um refugiado, por este Tratado, o indivíduo deveria ser europeu e as circunstâncias que motivaram a fuga deveriam ter existido antes de 1º de janeiro de 1951, ou seja, com referência à Segunda Guerra. Pela Convenção, diversos direitos dos nacionais dos Estados onde se encontram os refugiados também serão concedidos a eles, a exemplo de acesso à educação pública, à previdência social, assistência administrativa, liberdade de locomoção, entre outros.

O grande nome da defesa dos Direitos Humanos, Antônio Augusto Cançado Trindade (2006, p. 110), relata bem o panorama jurídico internacional que vigorava no início do século XX, em que:

> O direito internacional, vigente no início do século marcava-se pelo voluntarismo estatal ilimitado, que se refletia na

> permissividade do recurso à guerra, da celebração de tratados desiguais (...) Em meados do século reconheceu-se a necessidade de reconstrução do direito internacional com atuação aoOs direitos do ser humano, do que deu eloquente testemunho a adoção da Declaração Universal em 1948.

Quando a proteção internacional ao refugiado foi criada pela Liga das Nações, preocupou-se em viabilizar um documento de identificação destas pessoas acenando para sua situação crítica e a permitir uma passagem sem interrupções ou impedimentos por entre os países europeus. Foi criado o conhecido "Passaporte Nansen", com referência ao nome do Alto Comissário dos Refugiados Fridtjof Nansen dessa organização.[152] Mas a Convenção de Genebra de 1951 substituiu do passaporte pelo Documento de Viagem, conforme art. 28 da citada Convenção de Genebra:

> Os Estados Contratantes entregarão aos refugiados que residam regularmente no seu território documentos de viagem destinados a permitir-lhes viajar fora desse território, a menos que a isto se oponham razões imperiosas de segurança nacional ou de ordem pública; as disposições do Anexo a esta Convenção se aplicarão a esses documentos. Os Estados Contratantes poderão entregar tal documento de viagem a qualquer outro refugiado que se encontre no seu território; darão atenção especial aos casos de refugiados que se encontre em seu território e que não estejam em condições de obter um documento de viagem do país de sua residência regular.

No âmbito desta normatividade internacional, um tema muito delicado a respeito dos refugiados é a liberdade de circulação nos países em que se encontram, principalmente se estes Estados possuírem uma situação precária a nível social e de estrutura financeira comprometida o que pode prejudicar, e muito, a situação dos refugiados que não encontraram estruturas adequadas para seu alojamento e garantia da preservação de seus direitos básicos como alimentação, cuidados médicos e trabalho.

Independentemente da situação e estrutura do país, na maioria dos casos os refugiados são colocados em diversos campos de abrigo e acabam, por esse motivo, a restringir o seu acesso a

---

[152] Disponível em: www.justica.gov.br/noticias/entenda-as-diferenças-entre-refugio-e-asilo. Acesso em: 10/03/2020.

emprego e à educação. Neste sentido, de acordo com as convenções internacionais de proteção ao refugiado, os requisitos a serem preenchidos para ser considerado um refugiado e acolhido por um terceiro Estado são: Extraterritoriedade (está fora de seu país); fundado pavor de permanecer no Estado; perseguição ou fundado medo de perseguição por motivo religioso, convicções políticas ou pertencer a um determinado grupo social, entre outros

Da mesma forma, os Estados devem respeitas os princípios relativos aos refugiados como a proteção internacional da pessoa humana, cooperação e solidariedade internacional, princípio da unidade familiar, princípio da não-discriminação e o mais importante deles, o princípio da "non-refoulement" (art. 33 da Convenção de Genebra sobre Refugiados), onde não se devolve o refugiado ao país de onde ele está fugindo:

> Proibição de expulsão ou de rechaço 1. Nenhum dos Estados Contratantes expulsará ou rechaçará, de maneira alguma, um refugiado para as fronteiras dos territórios em que a sua vida 16 ou a sua liberdade seja ameaçada em virtude da sua raça, da sua religião, da sua nacionalidade, do grupo social a que pertence ou das suas opiniões políticas.

O princípio do *non refoulement*, de acordo com André de Carvalho Ramos (2010, pp. 347-376), esse é um princípio de *jus cogens*, uma norma imperativa que vincula os Estados a cumprirem sob pena de responsabilização internacional. Da mesma forma, os refugiados terão acesso à naturalização nos países que os abrigaram, cujos processos poderão ser acelerados, como indica o artigo 34 da Convenção:

> Naturalização Os Estados Contratantes facilitarão, na medida do possível, a assimilação e a naturalização dos refugiados. Esforçar-se-ão notadamente para acelerar o processo de naturalização e reduzir, na medida do possível, as taxas e despesas desse processo.

A Convenção de 1951 foi alterada pelo Protocolo sobre Refugiados em 1966 para se adequar aos fatos ocorridos após a Segunda Guerra e não limitar o conceito de refugiado nos limites acima indicados. O Protocolo superou as limitações geográficas e temporais antes descritas pelo tratado de 1951 em que a Convenção de Genebra somente tinha aplicação aos refugiados em decorrência dos acontecimentos ocorridos antes de 1º de janeiro de 1951, e que já existem inúmeras categorias de refugiados que não são contemplados pelos dispositivos da Convenção e é necessário estender a garantia antes fornecida aos europeus para todas pessoas, independentemente do prazo de 1º de Janeiro de 1951.

Essas duas exigências foram alteradas pelo Protocolo sobre Refugiados de 1966 que redefiniu a figura do refugiado como qualquer indivíduo vítima de perseguição por determinados motivos e sem nenhuma limitação temporal e geográfica. O Protocolo acabou por universalizou o alcance do instituto.

Aos refugiados são concedidos os mesmos direitos civis garantidos aos nacionais do Estado onde estão abrigados.

Refugiados na Europa durante as duas Grandes Guerras Mundiais no Século XX

A questão dos refugiados é o que se chama de Direito ao Acolhimento. Inegável e inseparável do núcleo de proteção dos direitos humanos e fundamentais.

Até o século XX, a questão dos refugiados não foi normatizada pelo Direito Internacional, assim, o tratamento e acolhimento deles dependia somente da generosidade das pessoas. Os conflitos desenvolvidos na Europa durante a Primeira Guerra Mundial (1914-1918) provocaram a fuga e, por conseguinte, o deslocamento forçado, de milhares de pessoas na Europa onde a maioria era proveniente da Bélgica, França, Itália e Romênia. Ouetro evento existente a aumentar o número de refugiados europeus foi a eclosão da Revolução Russa em 1917 que expulsou mais de um milhão de pessoas para fora do país.

Segundo Grahl Madsen, (1982, p. 86-96), o Império Otomano, no mesmo sentido, contribuiu para o aumento sistemático do número de refugiados na Europa e para o Oriente Médio. Talvez uma dos fatos mais notórios desta história foi a fuga de centenas de milhares de armênios da Turquia que fugiram para a Síria e Palestina entre 1915 e 1923, e também provocando o extermínio de 1,5 milhões de armênios (até hoje não reconhecido pelo atual governo turco).

Dentre os principais fatores que criaram essa situação ao povo judeu estavam as violentas perseguições ocorridas sobretudo na

Rússia czarista de onde surgiram os chamados pogroms[153], entre 1881 e 1884, causando uma grande emigração de judeus para outros locais da Europa, sobretudo para a Alemanha onde auxiliaram a construir diversas fábricas e indústrias. (SALOMÃO, 2014).

Além da precária situação do deslocamento ocorrida na Primeira Guerra, essa situação foi alterada na ocorrência da Segunda Guerra (1939-1945), causando mais de sessenta milhões de pessoas deslocadas. Muitas destas pessoas fugiram para os países da América, incluindo EUA e Brasil. Milhares de pessoas fugiram do regime nazista na Alemanha e Polônia, muitos deles em direção à antiga União Soviética. Os países aliados auxiliaram na manutenção de um outro Alto Comissariado. Mas a atuação normativa inédita da Liga fez com que a questão dos refugiados fosse introduzida nas relações internacionais.

Na atual crise dos refugiados, a Alemanha se torna mais sensível a esse problema, talvez devido as fatores históricos provocados tanto pela Primeira quanto pela Segunda Guerra Mundial, conforme o estudo de H.P.Willmott (2008, p. 287) em que:

> (...) mais de 700 mil alemães morreram de doenças relacionadas à subnutrição entre 1914 e 1918 (...) a falta de carvão e de sabão significou que os civis alemães não só estavam passando fome como também estavam com frio e sujos (...).

A Regulamentação Convencional da União Europeia sobre os refugiados

No sistema de integração da União Europeia conta com um sistema jurídico próprio do bloco conhecido por Direito Comunitário. Este ordenamento jurídico supranacional coordena as ações dos países do bloco com supremacia sobre o direito interno de cada um deles.

Nesse sistema jurídico, inúmeras convenço-os são reguladas para tutelar as ações dos Estados nos mais diversos assuntos. A questão dos refugiados foi regulada pelo "Sistema Dublin" através

---

[153] O termo russo "Pogrom" designa um ataque violento à pessoas com a destruição simultânea de vários locais, como casas, lojas, escolas. Os ataques podem ser espontâneos ou premeditados. O termo é usado para identificar ataques contra judeus, protestantes e outras minorias étnicas na Europa.

da Convenção de Dublin[154] assinada em 15/06/1990 e entrou em vigor em 1991e trata de forma exclusiva a situação do refugiado em solo europeu.

Nesta Convenção, não se fez diferenciação propriamente dita a respeito dos institutos de asilo e refúgio, referindo ao termo "asilo" decorrente do refúgio por fazer especial conexão com a Convenção de Genebra que disciplina o refúgio, de acordo com as denominações decorrentes do artigo 1º[155], a respeito do que é entendido por estrangeiro e por pedido de asilo, como visto a seguir:

> Artigo 1º. 1. Para os efeitos da presente convenção, entende-se por: a) Estrangeiro: qualquer pessoa que não tenha a nacionalidade de um Estado-membro; b) Pedido de asilo: requerimento pelo qual um estrangeiro solicita a um Estado-membro a proteção da Convenção de Genebra invocando a qualidade de refugiado na acepção do artigo 1º da Convenção de Genebra, com a redação que lhe foi dada pelo Protocolo de Nova Iorque;

Percebe-se que nesta convenção menciona o termo "asilo" sem diferenciar do refúgio, como o direito brasileiro faz, enquanto que a legislação internacional não traz esta distinção, como será visto a seguir. O Pacto de San José (Convenção Americana de Direitos Humanos) da mesma forma regulamenta o asilo em seu artigo 22, §7º mas traz especial referência ao asilo na modalidade política, e não ao refúgio, onde qualquer pessoa "tem o direito de buscar e receber asilo em território estrangeiro por perseguição de delitos políticos". Flávia Piovesan também apresenta as similaridades entre os dois institutos, onde o núcleo de análise entre esses dois fatos versa sobre a perseguição, trazendo o disposto do artigo 14 da Declaração Universal:

> Na hipótese de perseguição, decorre o direito fundamental de procurar e gozar do asilo em outros países. A perseguição a uma pessoa caracteriza grave violação aos direitos humanos (...). Quando pessoas têm que abandonar seus lares para escapar da perseguição, toda uma série de direitos humanos são violados (...).

---

[154] A Convenção possui a seguinte designação: Convenção sobre a Determinação do Estado responsável pela análise de um pedido de Asilo apresentado num Estado membro das Comunidades Europeias.

[155] Disponível em: http://eur-lex.europa.eu/legal-content/PT/TXT/?uri=celex:41997A0819(01). Acesso em: 10/03/2020.

> Os refugiados abandonam tudo em troca deum futuro incerto em uma terra desconhecida (...).
>
> (...) É assim, necessário que as pessoas que sofram esta grave violação a direitos humanos possam ser acolhidas em local seguro, recebendo proteção efetiva contra devolução forçosa ao país em que a perseguição ocorre (...). (Piovesan, 2003, p. 118)

O Estado membro da União Europeia e signatário da Convenção é responsável por aqueles que lhe pede refúgio, determinando o art. 3º da Convenção de que os Estados-membros se comprometem a analisar qualquer pedido de asilo (no sentido do refúgio) a qualquer estrangeiro que estiver em sua fronteira ou território.

O dispositivo jurídico mais definidor a respeito da operatividade da análise do pedido de refúgio no Sistema Dublin é a exigência descrita no artigo 3º do tratado em que o pedido seja analisado por um só Estado membro da União Europeia e este deverá atender às exigências legais de seu ordenamento jurídico interno e do Direito Internacional:

> Art. 3º. 2. Esse pedido será analisado por um único Estado-membro, determinado de acordo com os critérios definidos na presente convenção. Os critérios enunciados nos artigos 4º a 8º aplicam-se segundo a ordem por que são apresentados. 3. O pedido será analisado por esse Estado-membro em conformidade com a sua legislação nacional e as suas obrigações internacionais.

A convenção impede que o indivíduo peça refúgio em mais de um Estado do bloco e determina a obrigação de solicitar asilo no primeiro Estado em que chegar a fim de diminuir as chances de estarem "vagando" por vários países de forma ilegal.

Em 18/02/2006 foi feita o Regulamento de Dublin II[156] a respeito dos critérios da concessão de refúgio e que alterou a Convenção de 1990, ao especificar a metodologia aplicada no estabelecimento da análise de um pedido de asilo.

O Regulamento determina de forma mais priorizada a indicação de critérios de forma hierarquizada na indicação de um Estado membro responsável pela análise do pedido de refúgio. Caso um

---

[156]Disponível em: www.eur-lex.europa.eu/legal-content/PT/TXT/?uri=uriserv:i33153. Acesso em: 10/03/2020.

refugiado entre ilegalmente em um Estado, será este o responsável pela análise do pedido e esta responsabilidade de garantir a proteção a essas pessoas irá durar pelo prazo máximo de 12 meses.

A proposta de cotas na distribuição dos refugiados pela Comissão Europeia prevê uma rápida solução à situação que se tornou caótica dos refugiados nas últimas semanas que já é considerada como um mecanismo que tornaria inválido o Sistema Dublin que impõe a regra de análise do pedido de refúgio no Estado em que o indivíduo chegou na primeira ocasião.

A proposta da Comissão Europeia consiste em que a distribuição dos refugiados levaria em consideração alguns critérios como número da população do Estado, PIB e sua situação social. Contudo, o plano de cotas enfrenta forte oposição da Inglaterra e Hungria. A fim de esclarecer qual o Estado tem a responsabilidade de um requerente ao refúgio, o Conselho Europeu criou o Regulamento CE nº 343/2003 em fevereiro de 2003 informando a respeito da adoção de critérios e mecanismos por um Estado membro que está responsável pela acolhida da análise de um pedido de refúgio.

O citado regulamento determina que somente um Estado é responsável pela análise do pedido a fim de evitar o envio destas pessoas para outros países e designou critérios para atender a essa exigência, dentre eles está[157] o da unidade familiar (onde o Estado responsável pelo pedido será aquele onde estiverem os parentes do refugiado.

No sentido de agilizar a estrutura da acolhida dos pedidos de refúgio, o citado Regulamento foi alterado pelo Regulamento UE 604/2013[158] em junho de 2013 em que novamente são criados critérios para o Estado responsável pela análise do pedido de proteção internacional. O Regulamento determinou que a garantia pelo Estado ao acesso à proteção internacional fosse de forma

---

[157] Informações em: www.eur-europa.eu/legal-content/PT/TXT/?uri=uriserv:l33153. Acesso em: 12/03/2020.
[158] Segundo dados disponíveis em: www.jrsportugal.pt/images/memos/Regulamento%20Dublin%20III.pdf. Acesso em: 13/03/2020.

rápida e, pelo art. 2º do Regulamento, criou o SECA[159] – Sistema Europeu de Concessão de Asilo:

> Uma política comum no domínio do asilo, que inclua um sistema europeu comum de asilo (SECA), faz parte integrante do objetivo da União Europeia que consiste em estabelecer progressivamente um espaço de liberdade, de segurança e de justiça aberto às pessoas que, forçadas pelas circunstâncias, procuram legitimamente proteção na União.

Da mesma forma, o artigo 18 determinou a existência de um mecanismo capaz de facilitar a entrevista para análise do pedido:

> Deverá ser realizada uma entrevista pessoal com o requerente a fim de facilitar a determinação do Estado-Membro responsável pela análise de um pedido de proteção internacional. Logo que o pedido de proteção internacional seja apresentado, o requerente deverá ser informado da aplicação do presente regulamento e, para facilitar o processo de determinação do Estado-Membro responsável, da possibilidade de, durante a entrevista, facultar informações acerca da presença de membros da família, de familiares ou de outros parentes nos Estados-Membros.

Neste modo, uma entrevista pessoal será determinante para definir qual Estado membro será o responsável pela análise do pedido de refúgio e proporcionar a obtenção de todo o tipo de informação necessária deste procedimento a estas pessoas e lhes proporcionar o devido recurso contra a negativa do pedido.

O artigo 13 do Capítulo III determina as medidas a serem adotadas pelos Estados a respeito da entrada e saída dos refugiados em seus territórios de forma ilegal igualmente é responsável pela análise do pedido de refúgio:

> Caso se comprove, com base nos elementos de prova ou nos indícios descritos nas duas listas referidas no artigo 22º, nº3, do presente regulamento, incluindo os dados referidos no Regulamento (UE) nº 603/2013, que o requerente de asilo atravessou ilegalmente a fronteira de um Estado-Membro por via terrestre, marítima ou aérea e que entrou nesse Estado-Membro a partir de um país terceiro, esse Estado-Membro é responsável pela análise do pedido de proteção internacional. Essa responsabilidade cessa 12 meses após a data em que teve lugar a passagem ilegal da

---

[159] Regulamento disponível em: http://eur-lex.europa.eu/LexUriServ/LexUriServ.do?uri=OJ:L:2013:180:0031:0059:PT:PDF. Acesso em: 13/03/2020.

fronteira. 2. Quando um Estado-Membro não possa ser ou já não possa ser tido como responsável nos termos do n° 1 do presente artigo e caso se comprove, com base nos elementos de prova ou indícios descritos nas duas listas referidas no artigo 22°, n° 3, que o requerente – que entrou nos territórios dos Estados-Membros ilegalmente ou em circunstâncias que não é possível comprovar – permaneceu num Estado-Membro durante um período ininterrupto de pelo menos cinco meses antes de apresentar o seu pedido de proteção internacional, esse Estado-Membro é responsável pela análise do pedido de proteção internacional

Refugiados: a crise na Europa é migratória?

Pietro Alarcon (2012, p. 52), informa que "o ser humano, ser social, racional ao qual lhe é inerente a dignidade como qualidade jurídica, passa a ser o centro motor do Direito, na medida em que se orienta por escolhas éticas".

A discussão que se levanta atualmente é a respeito de uma crise migratória ou de refugiados, ou seria tudo o mesmo instituto? A crise que se vê hoje não é uma crise migratória e sim uma crise *de refugiados*. Imigrantes chegam aos países por vontade própria com intuito particular em busca de um padrão melhor de vida, e é uma saída espontânea do país. A questão dos refugiados envolve uma saída não desejada porque esta é a única alternativa para salvar as vidas destas pessoas.

Tanto a emigração e imigração são fenômenos espontâneos relacionados ao ato de estabelecer nova residência em outro país ou região distante de seu país ou loca de origem. A emigração está disciplinada na Declaração Universal, artigo 13, II, onde "toda pessoa tem o direito abandonar o seu país".

A emigração pode ser temporária ou permanente. Emigrar é deixar o país e se dirigir para outro. Imigrar é chegar a um país vindo de outro. Ao final das duas guerras mundiais no início do século XX, o movimento de refugiados na Europa era ininterrupto. Milhões de pessoas foram deslocados de seus países. Na guerra Greco-Turca, milhares de gregos se refugiaram em Esmirna, Turquia em 1922.

O drama dos refugiados atuais na Europa agitou os debates no continente sobre o que fazer com estas pessoas. Somente o enorme desespero pelo qual estas pessoas passaram pode explicar fugas tão perigosas como transportar famílias inteiras em precários botes de borracha pelo mar agitado ou atravessar centenas de quilômetros a pé carregando velhos e crianças em busca de um abrigo. As pessoas são forçadas a tomarem rotas ilegais para chegar à Europa e ficam à mercê de bandidos e traficantes de pessoas para fazer essa travessia. Eles partem para a Turquia ou Grécia, chegam pela Itália para avançarem no continente.

O roteiro que muitos refugiados seguem desde o Oriente Médio e África é definido pela entrada na Turquia (desde a Síria) seguem para a Macedônia até a Hungria e de lá para a Áustria até chegar na Alemanha, ou pelo mar egeu na Grécia (desde a África) até a Sérvia, passando também pela Hungria e Áustria. Ocorre que até se chegar a Alemanha, muitos são barrados na Hungria que tem se mostrado violadora das regras europeias sobre a liberdade de locomoção e atribuem um nacionalismo e questões religiosas à questão.

A Comissão Europeia já reconhece que o Sistema Dublin não previu uma onda de refugiados sem precedentes quando foi criado e seus regulamentos são ineficientes para a atual crise e, por isso, defende a criação de um novo regulamento onde a distribuição dos refugiados por cotas entre os países europeus.

A Jurisprudência dos Tribunais da União Europeia a respeito da concessão de refúgio e as violações pelos Estados Membros

O Tribunal Europeu de Direitos Humanos, em 23/03/2012, condenou a Itália, no caso Khlaifia e outros vs. Itália[160], a respeito da detenção ilegal de africanos em condições degradantes na Ilha de lampedusa e com atos de expulsão de quase 200 pessoas que fugiam da África, especialmente da Líbia, por ocasião da Primavera Árabe.

O Tribunal condenou a Itália por violação da Convenção Europeia de Direitos Humanos nos artigos 3º (proibição de tratamento desumano e degradante), 5º, §1º (direito de liberdade e

---

[160] Dados consultados em: www.hudoc.echr.coe.int/app/conversion/pdf. Acesso em: 20/03/2020.

segurança), art. 5º, §4º (direito a uma rápida decisão por um Tribunal sobre detenções arbitrárias) e artigo 4º do Protocolo IV da Convenção a respeito da expulsão coletiva. A Corte considerou insustentável a medida de expulsão aos países dos regulados pois violou o princípio do non-refoulment da Convenção de Genebra de 1951 e determinando à Itália o pagamento de 15 mil euros de indenização aos africanos pelos danos causados.

O Tribunal sentenciou em 02/12/2014 no processo C-148/13 e C-150/13[161] sobre a concessão de refúgio sob o receio de perseguição por orientação sexual de indivíduos homossexuais que teriam pedido refúgio nos Países Baixos e este não reconheceu essa condição. A Corte ressaltou que a autonomia pessoal é um elemento vital ao direito à vida privada e protegido pelo art. 1º e 7º da Carta dos Direitos Fundamentais da União Europeia, importando que a declaração de perseguição de pessoas por este motivo seu país é o ponto de partida para qualquer apreciação do pedido de refúgio.

A Advogada Geral junto ao Tribunal disseque "não pode ser exigido aos requerentes nada que viole a sua dignidade humana ou sua integridade pessoal". E os Estados devem ter o máximo de cuidado na utilização de métodos de "natureza intrusivo a e humilhante" e violar "os direitos à integridade física e mental do refugiado".

Em outra oportunidade, o mesmo Tribunal, pelo Acórdão em 21/12/2011 no Processo C-411/10 e C-493/10[162] contra a Court of Appeal of England and Wales (Inglaterra) e a High Court of Ireland (Irlanda) sobre a questão em que "um requerente ao refúgio não pode ser transferido para um Estado da União Europeia onde correr o risco de ser sujeito à tratamento desumano".

O caso versou sobre seis refugiados do Afeganistão, Iraque e Argélia que teriam entrada na União Europeia pela Grécia e pediram refúgio na Inglaterra e Irlanda em 2008. Esses dois países informaram aos refugiados que eles seriam devolvidos para a

---

[161] Disponível em: www.curia.europa.eu/juris/document/document.jsf;jsessionid=9ea7d2dc30dd2b3e802a. Acesso em: 20/03/2020.

[162] Referências em: www.curia.europa.eu/juris/liste.jsf?language=pt&num=C-411/10. Acesso em: 20/03/2020.

Grécia. Os juízes se manifestaram no sentido de que um requerente de refúgio não pode ser transferido para um Estado membro onde corra risco de ser submetido a tratamentos desumanos e degradantes"

Os Regulamentos de Dublin II determinam que o pedido de asilo deve ser feito no primeiro Estado europeu onde o refugiado chegou mas, no referido caso, os refugiados seriam devolvidos à Grécia para lá solicitar o refúgio. O Tribunal informou que isso não poderia ser possível já que é notória a condição degradante de acolhimento de refugiados pela Grécia, cuja estrutura é precária e a devolução poderia colocar os requerentes a situação de risco.

A devolução violaria as disposições de Dublin II, pois seu objetivo é acelerar os pedidos de refúgio ao interesse dos requerentes e dos Estados signatários. No Acórdão, os juízes determinaram que o Estado só pode transferir essas pessoas para outro local mediante exame prévio ante a possibilidade dos direitos fundamentais seriam respeitados no outro Estado e sem a ocorrência de violação aos direitos humanos, conforme artigo 4º da Carta de Direitos Fundamentais da União Europeia. O Tribunal determinou que Inglaterra e Irlanda não devolvessem os requerentes para a Grécia e que ambos se comprometeriam a analisar o pedido de refúgio.

No Acórdão proferido em 26/02/2015 no Processo C-472/13[163] sobre normas mínimas de preenchimento dos requisitos para obtenção de status de refugiado, o Tribunal analisou o caso de um soldado americano, Andre Sheperd que havia requerido refúgio na Alemanha em 2008 alegando que após ter recebido sua segunda ordem de missão no Iraque, este considerou a guerra como ilegal e pediu deserção.

Informou que a deserção é crime penal nos EUA e a consequência de gerar marginalização social. A Alemanha indeferiu o requerimento. O Tribunal entendeu que se um nacional de outro Estado tem receio de perseguição por seu Estado por razão de convicção política é considerado ato de perseguição que autoriza o régio. Os juízes basearam no art. 9º, II, b, c, e da Diretiva 2004/83/CE do Conselho Europeu que rege as disposições sobre

---

[163] Disponível em: www.curia.europa.eu/juris/documents.jsf?num=C-472/13. Acesso em: 21/03/2020.

normas mínimas de preenchimento do requisito de refugiado.

O Tribunal declarou que a proteção ao refugiado abrange o pessoa militar que tiver receio de praticar crimes de guerra e que a recusa na prestação do serviço militar para não cometer a prática de crime, que poderá gerar perseguição estatal e discriminação, preenchendo os requisitos necessários para o refúgio e sendo este o único meio que permite ao requerente a pleitear aquele status.

Os juízes determinaram que o militar norte-americana tinha fundado temor de perseguição e a Alemanha teria que analisar o pedido de refúgio, posto que o refúgio também é destinado a um militar com receio de sofrer punição por deserção.

Conclusão

Tradicionalmente, o Direito Internacional se preocupou muito mais em questões ligadas à soberania e nas relações comerciais entre os Estados, no contexto westfaliano. As discussões em torno dos Direitos Humanos não integravam a agenda de tais compromissos.

Ao longo da história construída no último século, a evolução das medidas protetivas da pessoa humana fez surgir uma vasta produção convencional a exemplo da Declaração Universal de 1948, dos Pactos internacionais de Direitos Econômicos, Sociais e Culturais e de Direitos Civis e Políticos de 1966 e da Declaração de Viena de 1993 que proclamou o caráter universal dos direitos do homem.

É preciso revisar as atuais regeras da união europeia para os refugiados e garantias de asilo, com distribuição justa destes refugados por entre os países. Os refugiados palestinos forma acolhidos pela Jordânia, Líbano e Egito e a grande ajuda a eles vem do ACNUR-ONU, e a Europa tem muito mais dinheiro, estrutura e desenvolvimento para acolher os atuais refugiados.

Enquanto o projeto de construção constante da paz pela humanidade não for objeto de uma consciência mais ativa por parte dos Estados e buscando uma convivência e preservação de direitos da sociedade de forma civilizada, com especial proteção ao indivíduo em situação de risco, como é visto nos graves acontecimentos estatais que geram perseguições e deslocamentos de milhares de pessoas para que seus direitos básicos não sejam ainda mais violados.

A crise dos refugiados vem mostrando uma Europa "sem união", um espaço comunitário fragmentado causando a ruptura do próprio alicerce central do bloco que é justamente a integração e derrubada de barreiras territoriais e ideológicas, substituindo o projeto de unidade europeia pelo projeto do interesse comum de cada Estado e pela manutenção do discurso próprio de não aceitação do estrangeiro em situação de risco.

Estamos diante de uma crise do Estado na União Europeia que deixa o os princípios comunitários em prol de direcionamentos próprios e isolados sepultando décadas de construção de integração regional através de um constitucionalismo inédito no mundo com um corpo jurídico de normas a proteger o nacional e o estrangeiro.

Recusar o refugiado que deixou seu país para salvar a sua própria vida e a de seus familiares fere todos os dispositivos internacionais de proteção aos Direitos Humanos e traz de volta o fantasma da intolerância contra o não nacional.

Não se pode pensar mais em um Direito Internacional focado a regular tão somente as relações entre Estados, sendo impossível desassociar o sistema normativo internacional da observância na temática dos Direitos Humanos ligados aos refugiados da África e Oriente Médio que fogem para a Europa confiando que ali estarão à salvo e com garantias de preservação de seus direitos individuais.

É preciso maior comprometimento não só estatal, mas principalmente pelo envolvimento no âmbito institucional das organizações internacionais e na importância da prevalência dos Direitos Fundamentais no cenário normativo interno. Esse é o principal foco de um novo Direito Internacional, um direito mais humanista, onde a preservação dos Estados está atrelada, de forma conjunta, com a preservação da vida e integridade dos indivíduos que os compõem.

Referências

ALARCON, Pietro. **Direito Constitucional Internacional dos direitos humanos**/Coordenadores Alexandre Coutinho Pagliarini, Dimitri Dumoulis. Belo Horizonte: Fórum, 2012.

ALMEIDA, Roberto Moreira. **Os Diritos Internacionais fundamentais de refúgio, de asilo e o procedimento legal para obtenção de refúgio no Brasil**. Direitos Humanos: desafios humanitários contemporâneo: 10 anos do Estatuto dos Refugiados (Lei 9.474 de 22 de julho de 1997) /João Carlos de Carvalho Rocha, Umberto Parreiras Henriques Filho, Ubiratam Cazetta (Coord.), Belo Horizonte: Del Rey, 2008.

DIH, Nguyen Quoc; DAILLIER, Patrick; PELLET, Alain. **Direito Internacional Público.** Lisboa: Fundação Calouste Gulbenkian, 2003.

GRAHL-MADSEN, A. **The league of Nations and the refugees in association for the study of the world refugee problem.** AWR Bulletin, vol. 20:29, 1982.

H.P.Willmott. **Primeira Guerra Mundial**. Tradução Cecília Bartalotti, Myrian Campello e Renato Aguiar. Rio de Janeiro: Nova Fronteira, 2008.

LIGA DAS NAÇÕES. **Passaporte Nansen**. Disponível em: www.justica.gov.br/noticias/entenda-as-diferenças-entre-refugio-e-asilo. Acesso em: 10/03/2020.

NAÇÕES UNIDAS. **Convenção do Estatuto dos Refugiados.** Disponível em: http://www.acnur.org/t3/fileadmin/Documentos/portugues/BDL/Convencao_relativa_ao_Estatuto_dos_Refugiados.pdf?view=1. Acesso em: 10/03/2020.

PIOVESAN, Flávia. **Temas de direitos humanos**. São Paulo: Max Limoned, 2003.

RAMOS, André de Carvalho. **Direito ao acolhimento: principais aspectos da proteção aos refujgiados no Brasil**. Direitos Humanos: desafios humanitários contemporâneo: 10 anos do Estatuto dos Refugiados (Lei 9.474 de 22 de julho de 1997) /João Carlos de Carvalho Rocha, Umberto Parreiras Henriques Filho, Ubiratam Cazetta (Coord.), Belo Horizonte: Del Rey, 2008.

RAMOS, André de Carvalho. **O princípio do non-refoulement no direito dos refugiados: do ingresso à extradição**, in Revista dos Tribunais, ano 99, vol. 892, São Paulo, fev/2010.

REGULAMENTO DE DUBLIN II. Disponível em: www.eur-lex.europa.eu/legal-content/PT/TXT/?uri=uriserv:i33153. Acesso em: 10/03/2020.

SALOMÃO, Wiliander França. **Os conflitos entre Palestinos e Israelenses: trajetória dos fatos históricos e do Direito Internacional**. Belo Horizonte: Editora D´Plácido, 2014.

TRINDADE, Antônio Augusto Cançado. **A humanização do direito internacional**. Belo Horizonte: Del Rey, 2006.

UNIÃO EUROPEIA. **Regulamento CE nº 343/2003.** Disponível em: www.eur-europa.eu/legal-content/PT/TXT/?uri=uriserv:l33153. Acesso em: 12/03/2020.

UNIÃO EUROPEIA. **Corte Europeia dos Direitos Humanos. Caso TEDH, M.S.S. v. Bélgica e Grécia/2011.** Disponível em: www.hudoc.echr.coe.int/eng?i=001-103050. Acesso em: 20/03/2020.

UNIÃO EUROPEIA. **Corte Europeia dos Direitos Humanos. Caso Khlaifia e outros vs. Itália/2011**. Disponível em: www.hudoc.echr.coe.int/app/conversion/pdf. Acesso em: 20/03/2020.

UNIÃO EUROPEIA. **Regulamento UE 604/2013**. Disponível em: www.jrsportugal.pt/images/memos/Regulamento%20Dublin%20III.pdf. Acesso em: 12/03/2020.

UNIÃO EUROPEIA. **Tribunal de Justiça da União Europeia. Processo C-148/13 e C-150/13** (concessão de refúgio sob o receio de perseguição por orientação sexual de indivíduos homossexuais). Disponível em: www.curia.europa.eu/juris/document/document.jsf;jsessionid=9ea7d2dc30dd2b3e802a. Acesso em: 20/03/2020.

UNIÃO EUROPEIA. **Tribunal de Justiça da União Europeia. Processo Processo C-411/10 e C-493/10** (o requerente ao refúgio não pode ser transferido para um Estado da União Europeia onde correr o risco de ser sujeito à tratamento desumano). Disponível em:

www.curia.europa.eu/juris/liste.jsf?language=pt&num=C-411/10. Acesso em: 20/03/2020.

UNIÃO EUROPEIA. **Tribunal de Justiça da União Europeia. Processo C-472/13** (normas mínimas de preenchimento dos requisitos para obtenção de status de refugiado). Disponível em: www.curia.europa.eu/juris/documents.jsf?num=C-472/13. Acesso em: 21/03/2020.